GÜNTHER HANDL

Grenzüberschreitendes nukleares Risiko und völkerrechtlicher Schutzanspruch

Schriften zum Völkerrecht

Band 100

Grenzüberschreitendes nukleares Risiko und völkerrechtlicher Schutzanspruch

Von

Günther Handl

Duncker & Humblot · Berlin

Die Deutsche Bibliothek – CIP-Einheitsaufnahme

Handl, Günther:
Grenzüberschreitendes nukleares Risiko und völkerrechtlicher Schutzanspruch / von Günther Handl. – Berlin : Duncker und Humblot, 1992
(Schriften zum Völkerrecht ; Bd. 100)
ISBN 3-428-07402-5
NE: GT

Fremddatenübernahme: Hagedornsatz, Berlin 46
Druck: Berliner Buchdruckerei Union GmbH, Berlin 61
Printed in Germany

ISSN 0582-0251
ISBN 3-428-07402-5

Vorwort

Die vorliegende Studie ist das Endprodukt eines längerfristigen Untersuchungsprozesses, der zunächst durch einen, seitens der Vorarlberger Landesregierung an Prof. Bruno Simma und den Verfasser erteilten Auftrag zu einem völkerrechtlichen Gutachten über die rechtliche Beurteilung grenzüberschreitender Einwirkungen kerntechnischer Anlagen, in Gang gesetzt wurde. Mit dem Abklingen der unmittelbar nach Tschernobyl ihren Höhepunkt erreichenden Welle der öffentlichen Besorgnis über die Nutzung der Kernkraft im allgemeinen und der mit Atomanlagen verbundenen grenzüberschreitenden Risiken im besonderen, schien das Thema weniger brisant, die Arbeit am Manuskript kam zum Stocken.

Die zunächst im Zuge der deutschen Wiedervereinigung gewonnenen detaillierten Erkenntnisse über den im allgemeinen desolaten Zustand der kerntechnischen Industrie in Zentral- und Osteuropa, gaben nicht nur Auftrieb zu neuerlichen diplomatischen, rechtlichen und wirtschaftlichen Vorstößen zur Reduzierung des Risikopotentials dieser kerntechnische Anlagen. Sie ermunterten auch zur Fertigstellung des nun in Buchform vorliegenden Manuskripts.

Angesichts fortschreitender politischer Disintegration und großer wirtschaftlicher Schwierigkeiten im östlichen Europa, sowie des Problems alternder Kernkraftwerke weltweit, stellt heute die von kerntechnischen Anlagen ausgehende grenzüberschreitende Gefährdung ein ernstes internationales Problem dar. Von der Thematik her ist damit die gegenständliche Untersuchung im Augenblick sicherlich hochaktuell. An der Aktualität des Themas dürfte sich aber (leider) auch in absehbarer Zukunft nichts wesentlich ändern: In den westlichen Staaten scheint es unter dem Eindruck einer drohenden globalen Klimaveränderung zu einem Umdenken in Sachen Kernergieoption zu kommen, während viele Entwicklungsländer, entweder trotz finanzieller Schwierigkeiten an dieser Option hartnäckig festhalten, oder aber nach wie vor den Ausbau einer nationalen Kernenergieindustrie energisch vorantreiben.

Unter den vielen Personen, die zur Fertigstellung des Manuskripts beitrugen, muß in erster Linie Bruno Simma erwähnt werden, dem ganz spezieller Dank gebührt für seinen intellektuellen Eintrag in das Manuskript. Dank gebührt auch Daniel Khan und Hans-Peter Folz (beide München) und Christoph Partsch (Durham, N.C.), die zu verschiedenen Zeitpunkten tatkräftig bei der Erarbeitung des dieser Untersuchung zugrundeliegenden Datenmaterials mitwirkten. Zu danken ist hier aber auch Georgia Clark, Director, Wayne State University Law Library, für ihren unermüdlichen Einsatz bei der Beschaffung manch „exotischer“ Dokumente und Materialen.

Schließlich sei der Leser darauf hingewiesen, daß die im Abschnitt „A. Einführung“ (Erster Teil) enthaltenen Überlegungen zusammen mit einem Teil der Thesen der „Kurzfassung der Ergebnisse“ (Dritter Teil des Buches) bereits als Handl & Simma, “Grenzüberschreitende Auswirkungen von Kernkraftanlagen und Völkerrecht“, 39 *ÖZöRV* 1 (1988), veröffentlicht wurden. Der Abschnitt „Gleichbehandlung von Auslandsbewohnern“ ist eine revidierte und erweiterte Fassung eines Vortragsmanuskripts, das unter dem Titel „Das völkerrechtliche Gebot der Gleichbehandlung von Auslandsbewohnern im Atomenergierecht“ in N. Pelzer, Hrsg., *Deutsches Atomenergierecht im internationalen Rahmen* (1992) im Nomos Verlag erscheinen wird.

Durham, N.C., im Herbst 1991.

Günther Handl

Inhaltsverzeichnis

Erster Teil

Internationalisierung des Genehmigungsverfahrens für kerntechnische Anlagen als Funktion grenzüberschreitender Gefährdung des Nachbarstaates

A. Einführung 11

B. Gefährdung durch kerntechnische Anlagen: Ein Überblick 12

C. Risikobegriff und völkerrechtliches Nachbarrecht 15

D. Das Störfallrisiko kerntechnischer Anlagen im „Grenzbereich": Standortbedingtes Mitentscheidungs- bzw. Mitspracherecht des gefährdeten Staates 20

I. „Grenzkraftwerke": Grenzüberschreitende Schutzzonen als Auslöser für ein völkerrechtliches Mitentscheidungsrecht des gefährdeten Staates ... 20

II. „Grenznahe" Kernkraftwerke und Mitspracherecht des Nachbarstaates 35

III. Endlagerstätten für radioaktive Abfälle und Wiederaufbereitungsanlagen im Grenzbereich: Das Störfallrisiko als Anknüpfungspunkt für ein völkerrechtliches Mitentscheidungs- bzw. Mitspracherecht 42

Zweiter Teil

Der individuelle völkerrechtliche Anspruch des gefährdeten Staates auf Sicherung gegen grenzüberschreitende Auswirkungen von kerntechnischen Anlagen

E. Vorbemerkungen 48

F. Materiellrechtliche Ansprüche 49

I. Anspruch auf grundsätzliche Betriebssicherheit und Umweltverträglichkeit der kerntechnischen Anlagen 49

1. Das Gebot der fortschrittlichsten Technologie 51
2. Völkerrechtliche Relevanz der Umweltschutzstandards des gefährdeten Staates 55
3. Völkerrechtliches Diskriminierungsverbot 56
4. Zusammenfassung 57

II. Vorsorgeansprüche 58

1. Aufbau von grenzüberschreitenden Warn- und Kommunikationssystemen 59
2. Gemeinsame grenzüberschreitende Notfallplanung 62
3. Vorabregelung grenzüberschreitender Hilfeleistung 65

III. Ansprüche im Stör- bzw. Katastrophenfall 67

1. Benachrichtigungspflicht 67

2. Hilfeleistungspflicht ... 73

G. Allgemeine verfahrensrechtliche Ansprüche ... 74

I. Informationspflicht ... 74

II. Die Pflicht zur grenzüberschreitenden Umweltverträglichkeitsprüfung .. 79

III. Konsultationspflicht ... 81

IV. Gleichbehandlung von Auslandsbewohnern ... 87

1. Die grundsätzliche Fragestellung ... 87

2. Der Zugang zu innerstaatlichen Entscheidungsinstanzen ... 92

a) Die völkerrechtliche Grundlage des Grundsatzes des gleichberechtigten Zugangs ... 92

b) Der Zugang zu umweltrechtlichen Entscheidungsinstanzen im nationalen Atomenergierecht ... 95

c) Zusammenfassung ... 99

3. Zur Frage der praktischen Umsetzbarkeit des Zugangsrechts des Auslandsbewohners ... 100

4. Ausländergleichbehandlungspflicht unter dem Vorbehalt der Gegenseitigkeit? ... 102

5. Das Recht auf Zugang zu Umweltinformation ... 104

a) Entwicklung eines „Grundrechts“ auf Umweltinformation im internationalen Umweltschutzrecht ... 104

b) Der Anspruch auf Zugang zu umwelt- bzw. atomrechtliche Information im nationalen Recht ... 105

c) Ausländergleichbehandlung und aktive Informationspflicht der Behörden ... 106

d) Aktive kerntechnische Informationsvermittlung: Die Grenzen der Ausländergleichbehandlungsmaxime ... 109

6. Zusammenfassung ... 111

Dritter Teil

Kurzfassung der Ergebnisse

H. Zusammenfassung ... 113

I. Summary ... 118

Vierter Teil

Vertrags- und Dokumentenregister

J. Erläuternde Bermerkungen ... 123

K. Bilaterale Verträge ... 124

L. Multilateral Verträge ... 157

M. Entscheidungen/Richtlinien/Empfehlungen Internationaler Organisationen 158

Literaturverzeichnis 160

Sachverzeichnis 168

Abkürzungsverzeichnis

AECB	Atomic Energy Control Board (Kanada)
AJIL	American Journal of International Law
Ann.Inst.D.I.	Annuaire de l'Institut de Droit International
ASIL	American Society of International Law
ASLAB	Atomic Safety and Licensing Appeals Board (USA)
AtVfV	Atomverfahrensverordnung
atw	Atomtechnik-Atomwirtschaft
Austr.YBIL	Australian Yearbook of International Law
AVR	Archiv des Völkerrechts
BImSchV	Verordnung zum Bundesimmissionschutzgesetz
BlgNR	Beilage zum Nationalrat
BMA	Bundesministerium f. Äußeres (Österreich)
BNA,IER	Bureau of National Affairs, International Environment Reporter, Current Developments
BOE	Boletin Oficial del Estado (Spanien)
BYIL	British Yearbook of International Law
Can.YBIL	Canadian Yearbook of International Law
CCH	Commerce Clearing House
C.E.	Conseil d'Etat
C.F.R.	Code of Federal Regulations (USA)
Col.J.Env.L.	Columbia Journal of Environmental Law
DöV	Die öffentliche Verwaltung
DVBl.	Deutsches Verwaltunsgblatt
ECE	Economic Commission for Europe (U.N.)
ELQ	Ecology Law Quarterly
Env.Policy & L.	Environmental Policy and Law
EuGRZ	Europäische Zeitschrift für Grundrechte
Eur.Y.B.	European Yearbook
FS	Festschrift
GAOR	General Assembly Official Records (U.N.)
Hrsg.	Herausgeber
IAEA	International Atomic Energy Agency
IGH	Internationaler Gerichtshof
ILA	International Law Association
ILC Y.B.	Yearbook of the International Law Commission
ILM	International Legal Materials
J.Env.L.	Journal of Environmental Law
J.O.	Journal Officiel
JZ	Juristen Zeitung
Nat.Res.J.	Natural Resources Journal
NethILRev	Netherlands International Law Review
NethYBIL	Netherlands Yearbook of International Law

NLB	Nuclear Law Bulletin
NRC	Nuclear Regulatory Commission (USA)
NYBIL	Netherlands Yearbook of International Law
OECD	Organisation for Economic Co-Operation and Development
ÖJZ	Österreichische Juristen Zeitung
ÖZöRV	Österreichische Zeitschrift f. öffentliches Recht und Völkerrecht
Parl.Deb.	Parliamentary Debates
RBDI	Revue Belge de Droit International
R.C.D.I.P.	Revue Critique de Droit International Prive
RdC	Recueil des Cours
Rev.J.Env.	Revue Juridique de l'Environnement
RGDIP	Revue General de Droit International Public
Riv.D.I.	Rivista di Diritto Internazionale
Riv.Giur.Amb.	Rivista Giuridica dell'Ambiente
Schweiz.JIR	Schweizerisches Jahrbuch des internationalen Rechts
SÖ	Sveriges överenskommelser med främmande makter
StIGH	Ständiger Internationaler Gerichtshof
UKTS	United Kingdom Treaty Series
U.N. RIAA	United Nations Reports of International Arbitral Awards
UNTS	United Nations Treaty Series
UPR	Umwelt- und Planungsrecht
Vers.R.	Versicherungsrecht
Y.B.Int'l Env.L.	Yearbook of International Environmental Law
ZaöRV	Zeitschrift für ausländisches öffentliches Recht und Völkerrecht

Erster Teil

Internationalisierung des Genehmigungsverfahrens für kerntechnische Anlagen als Funktion grenzüberschreitender Gefährdung des Nachbarstaates

A. Einführung

Seit der Atomkatastrophe in Tschernobyl, die die Möglichkeit weiträumiger grenzüberschreitender Auswirkungen von Kernkraftunfällen nur allzu drastisch vor Augen geführt hat, stellt sich in verschärfter Form die Frage, unter welchen Vorausetzungen ein, durch eine ausländische kerntechnische Anlage potentiell beeinträchtigter Staat, dem Anlagestaat gegenüber einen, auf bilateraler Ebene durchsetzbaren, völkerrechtlichen Anspruch auf Sicherung der Unversehrtheit des eigenen Territoriums und seiner Bevölkerung hat. Trotz zunehmender Multilateralisierung nicht nur von Umweltagenden im allgemeinen,[1] sondern auch von Fragen der nuklearen Sicherheit und des Strahlenschutzes,[2] ist mit dieser Frage ist ein aktueller Themenkreis angeschnitten, der in der völkerrechtlichen „Aufarbeitung" der Katastrophe von Tschernobyl gegenüber den Problemen der völkerrechtlichen bzw. zivilrechtlichen Haftung und der Staatenimmunität stark vernachläßigt worden ist. Diesem Versäumnis soll mit der vorliegenden Studie entgegengetreten werden. Die Klärung der völkerrechtlichen Möglichkeiten der Verhinderung sowie Minderung grenzüberschreitender nuklearer Schäden verdient mindestens ebensoviel Aufmerksamkeit wie die Frage der Schadensregulierung *ex post*.[3]

---

[1] Vgl. allgemein Handl, „Environmental Security and Global Change: The Challenge to International Law", 1 *Y.B.Int'l Env.L.* 3 (1990).

[2] s. z.B. unten F.I.1.

[3] Aus dem umfangreichen Schrifttum zum Problemkreis „Tschernobyl — Schadenersatz für grenzüberschreitende nukleare Schäden" seien hier u. a. erwähnt: Adede, „Toward a Convention for the Settlement of International Claims Arising from Transboundary Nuclear Pollution Damage", *BNA, IER, Analysis & Perspective* 351 (1988); Kapteyn, „Vergoeding schade Tsjernobyl — volkenrechtelijke aspecten", 42 *NJB*, 1329 (1986); M. Kloepfer/C. Kohler, *Kernkraftwerk und Staatsgrenze* 132ff.(1981); Malone, „The Chernobyl Accident: A Case Study in International Law Regulating State Responsibility for Transboundary Nuclear Pollution", 12 *Col.J. Env.L.* 203 (1987); Pelzer, „The Impact of the Chernobyl Accident on International Nuclear Energy Law", 25 *AVR* 294 (1987); Rest, „Tschernobyl und die internationale Haftung — Völkerrechtliche Aspekte", *Vers.R.* 933 (1986); P. Sands, *Chernobyl: Law and Communication: Transboundary Nuclear Air Pollution — The Legal Materials* (1986); Strohl, „Tchernobyl et le problème des obligations internationales relatives aux accidents nucleaires", 4 *Politique Etrangère* (1986); Uibopuu, „Tschernobyl im Lichte des Sowjetrechts", 30 *Recht in Ost und West* 269 (1986); and Uschakow, „Tschernobyl und das sowjetische Recht", *Vers.R.* 17 (1986).

Schon aus rein verfahrensökonomischen Gründen ist anzunehmen, daß nicht bereits jeder theoretisch gefährdete Staat einen individuellen völkerrechtlichen Anspruch auf Sicherung gegen grenzüberschreitende atomare Schäden haben kann. Von einer kerntechnischen Anlage ausgehende grenzüberschreitende Gefahren, die alle Staaten in dem Sinne betreffen, daß sie legitime Sicherheitsinteressen der Staatengemeinschaft im ganzen berühren, werden vielmehr im Wege multilateraler Vereinbarungen, etwa über global geltende Mindestsicherheitsstandards u. dgl., zu regeln sein.[4] Für einen besonderen, individuellen Anspruch seitens eines gefährdeten Staates setzt das Völkerrecht dagegen ein spezifisches, mit der ausländischen kerntechnischen Anlage verbundenes, grenzüberschreitendes Gefahrenmoment voraus.

Entsprechend der grundsätzlichen Themenstellung werden in der hier vorliegenden Studie drei Problemkreise angeschnitten und zwar:

1. die Frage nach der objektiven Eingrenzung des grenzüberschreitenden nuklearen Gefährdungstatbestandes, der im bilateralen Rechtsverhältnis von gefährdetem Staat und Anlagestaat anspruchauslösende Wirkung hat;
2. die Frage nach der Ausgestaltung dieses besonderen bilateralen Anspruchs auf Sicherung gegen das nukleare Risiko, also nach dem Umfang und Grad der „Internationalisierung" jener Entscheidungsprozeße, die dem Aufbau, Betrieb und der Entsorgung kerntechnischer Einrichtungen zugrunde liegen; und
3. die Frage nach den zwischenstaatlichen Rechtspflichten zur Minderung nuklearer Schäden wenn ein Stör- bzw. Unfall in einer kerntechnischen Anlage eingetreten ist.

Die Erörterung multilateraler Anliegen, die die Sicherheit oder die Umweltverträglichkeit nationaler kerntechnischer Anlagen betreffen, ist nur insoferne Gegenstand dieser Untersuchung, als sie direkt zum Verständnis der bilateralen Rechtslage notwendig erscheint. Nicht speziell behandelt werden ferner Fragen, die mit nicht-nuklearen grenzüberschreitenden Umwelteinwirkungen kerntechnischer Anlagen zusammenhängen, wie z. B. der Aufwärmung von Grenzflüßen und dergleichen. Die vorliegende Studie beschäftigt sich also ausschließlich mit dem für kerntechnische Anlagen charakteristischen nuklearen Risiko.

B. Gefährdung durch kerntechnische Anlagen: Ein Überblick

Vorausetzung für die völkerrechtliche Bewertung der von kerntechnischen Anlagen ausgehenden grenzüberschreitenden Gefährdung ist zunächst ein klares Verständnis hinsichtlich der Art des Risikos, das für Anlagen des

[4] s. dazu allgemein N. Pelzer (Hrsg.), *International Harmonization in the Field of Nuclear Energy Law, Proceedings of NUCLEAR INTER JURA '85* (1986); ins Detail gehend, Handl, „Transboundary Nuclear Accidents: The Post-Chernobyl Multilateral Legislative Agenda, 15 *ELQ* 203, 205-211 (1988); und Boyle, „Nuclear Energy and International Law: An Environmental Perspective", 60 *BYIL* 257ff., 260-269 (1989).

nuklearen Brennstoffkreislaufes, die für Nachbarstaaten möglichwerweise von Bedeutung sein könnten, als typisch oder dominierend gelten kann. Damit stellt sich die Frage, ob bei einer bestimmten Anlage das Stör- bzw. Unfallrisiko überwiegt oder aber, ob im Normalbetrieb der Anlage erfolgende Umwelteinleitungen radioaktiver Stoffe als auschlaggebend für das charakteristische Gefährdungspotential dieser kerntechnischen Einrichtung gelten müssen.

In Bezug auf Kernkraftwerke fällt die Antwort leicht. Sowohl die Unfälle in Tschernobyl und Harrisburg (Three Mile Island), als auch die theoretischen Unfallsberechnungen — etwa der amerikanischen Reactor Safety Study von 1975[5] oder der Deutschen Reaktor Sicherheitsstudie von 1979[6] — räumen jeden Zweifel aus: Bei Kernkraftwerken muß das Stör- bzw. Unfallrisiko den völkerrechtlichen Ausgangspunkt für die Beurteilung des bilateralen Rechtsverhältnisses bilden.

Weniger einfach ist die Bewertung dessen, was für eine Wiederaufbereitungsanlage als das dominierende Risiko gelten muß. Je nach emissionstechnischer Auslegung der betreffenden Anlage werden mehr oder weniger Radionuklide routinemässig an die Umwelt abgeführt.[7] Die daraus resultierende langfristige Belastung der Umwelt v.a. durch Krypton-85 und Jod-129, aber auch Kohlenwasserstoff-14 und Tritium, ist sicherlich nicht unbeachtlich.[8] Aufgrund der großräumigen, ja globalen Ausbreitung dieser Radionuklide, stellt ihre Kontrolle im Wiederaufbereitungsverfahren eigentlich ein Problem für die Staatengemeinschaft insgesamt dar. Eine echte Lösung wird daher letztlich wohl einen multilateralen Ansatz voraussetzen. Die radiologische Belastung unmittelbar benachbarter Staaten durch einen geringfügigen Anstieg dieser Isotopen in der Umwelt und damit in der Nahrungskette, steht jedenfalls in ihrer Bedeutung weit hinter den bei einem Störfall nicht auszuschließenden grenzüberschreitenden Auswirkungen zurück.

Daß die Wiederaufbereitung abgebrannter nuklearer Brennstoffe mit ernstlichen Umweltrisiken verbunden ist, kann nicht geleugnet werden. Die vielen

---

[5] *U.S. Nuclear Regulatory Commission, Reactor Safety Study: An Assessment of Accident Risks in U.S. Commercial Nuclear Power Plants*, WASH-1400 (NUREG 75/014), Executive Summary 9-11 (1975).

[6] *Gesellschaft für Reaktorsicherheit, Deutsche Risikostudie Kernkraftwerke*, Dezember 1979. Vgl. weiters Heuser, „Risikountersuchungen zu Unfällen in Kernkraftwerken", 32 *atw* Januar 1987, 79.

[7] So war z.B. laut 1. Teilgenehmigung für die WAA Wackersdorf — anders als dies in einschlägigen U.S. Rechtsvorschriften gefordert wird — keine Rückhalteeinrichtung für Kr-85 geplant: *Bayrisches Staatsministerium für Landesentwicklung und Umweltfragen, Wiederaufbereitungsanlage für bestrahlte Kernbrennstoffe aus Leichtwasserreaktoren und Mischoxid-Brennelementfabrik im Taxöldener Forst bei Wackersdorf (WAA), 1. Teilgenehmigung vom 24.9.1985*, S.165f.

[8] Vgl. allgemein *OECD Nuclear Energy Agency, Radiological Significance and Management of Tritium, Carbon-14, Krypton-85, Iodine-129 Arising from the Nuclear Fuel Cycle: Report by an NEA Group of Experts* 43ff.(1980).

Zwischenfälle in der englischen Wiederaufbereitungsanlage Sellafield, dem ehemaligen Windscale, veranschaulichen besonders die mit Störfällen möglicherweise einhergehende Umweltsgefährdung.[9] Sellafield wird nicht notwendigerweise als repräsentativ für die Wiederaufbereitungsindustrie im allgemeinen gelten können.[10] Doch sind auch modernere Anlagen nicht vor Pannen gefeit, die eine erhebliche Beeinträchtigung der Umwelt nach sich ziehen könnten. Wenngleich umweltgefährdende Störfälle als äußerst unwahrscheinlich gelten, so sind doch Explosionen, Brände oder Kritikalitätsunfälle,[11] bei denen Radionuklide freigesetzt werden, nicht von vorneherein und prinzipiell auszuschließen.[12] Zu diesem Schluß kam auch das österreichische Bundesumweltamt in seiner Bewertung des für Österreich spezifischen Risikos der Anlage in Wackersdorf.[13] Kurzum, bei der Beurteilung der völkerrechtlichen Aspekte einer grenzüberschreitenden Gefährdung durch Wiederaufbereitungsanlagen wird daher in erster Linie auf das Störfallrisiko abzustellen sein.

Was schließlich das Gefährdungspotential von Endlagerstätten für nukleare Abfälle betrifft, so überwiegt eindeutig das Störfallrisiko. Abgesehen vom intertemporalen Bezugspunkt, d. h. der möglichen Belastung zukünftiger Generationen durch derartige Anlagen,[14] der hier nicht weiter zur Diskussion steht,[15]

---

[9] s. z. B. „Sellafield: Edge of Darkness", The Observer, 23.Februar 1986, 11.

[10] s. z. B. „System for Treating Sellafield Waste ‚Outdated', German Scientists Say in Report", *BNA, IER* 159 (1985); und „Stop New Sellafield Project, Say MPs", The Guardian, 13. März 1986, 1, Spalte 2.

[11] Die Wahrscheinlichkeit eines solchen Unfalls wird im allgemeinen als höchst gering bewertet: s. *U.S. AEC, The Safety of Nuclear Power Reactors (Light-Water Cooled) and Related Facilities*, Final Draft, WASH-1250, 5-15 (1973). Andererseits sind aber Kritikalitätsprobleme, bei denen es zu keiner Freisetzung von Radionukliden kommt, sowohl in zivilen wie militärischen Nuklearanlagen eher häufig. Als Beispiel dafür sei lediglich Rocky Flats, die in Colorado gelegene und der Herstellung von Plutonium für militärische Zwecke dienende Anlage erwähnt: s. „Plutonium Plant Accused in Civil Suit", New York Times, 26.10.1991, 6, Spalte 4. Daß diese Probleme auch einen anderen Verlauf nehmen können, zeigt ein Unfall mit (militärischen) nuklearen Abfällen, der sich 1957 in der Sowjetunion, in der Nähe der Ortschaft Kasli im südlichen Ural, ereignete. Die Freisetzung von radioaktiven Stoffen, hatte schwerwiegende Folgen: Ein Gebiet von 100 km Länge und einer Breite von 8-9 km wurde verseucht, wodurch die Evakuierung von mehr als 100.000 Menschen erforderlich wurde. Vgl. „Report on 1957 Nuclear Accident in the USSR", 4 *IAEA, Newsbriefs* No. 7, 4 (1989).

[12] Vgl. dazu etwa Schleisiek, „Nukleare Sicherheit von Wiederaufbereitungsanlagen", *Kernforschungszentrum Karlsruhe, Wie sicher ist die Entsorgung?* 9, 12-14 (1982).

[13] s. *Bundesumweltamt, Zweite Information für den Herrn Bundesminister Franz Kreuzer über die Wiederaufbereitungsanlage Wackersdorf* 9 (1986): „Gravierende Störfälle, bei denen Mengen an Radioaktivität freigesetzt werden, die auch für Österreich Gefahren mit sich bringen, sind zwar äußerst unwahrscheinlich, jedoch nicht völlig auszuschließen".

[14] s. dazu z. B. Handl, „Managing Nuclear Wastes: The International Connection", 21 *Nat.Res.J.* 275-80 (1981).

[15] Eine deartige, langfristige Gefährdung der Umwelt ist sicherlich völkerrechtlich bedeutsam, doch sind damit in erster Linie Interessen der internationalen Gemeinschaft im allgemeinen angesprochen. Eine Lösung des Problems müßte daher wohl auf multilateralem Weg erfolgen.

sind zwar auch „kurzfristigere" Austritte von Radionukliden aus dem Endlager denkbar. Da aber die geplante Integrität des Lagers in aller Regel als langfristig gesichert wird gelten dürfen,[16] sind radiologisch bedeutsame Freisetzungen kurz- oder mittelfristig wohl nur im Zuge einer Störung des Lagers von außen zu erwarten. Dementsprechend ist im Falle von Endlagerstätten das Störfallrisiko Anknüpfungspunkt der völkerrechtlichen Diskussion.

C. Risikobegriff und völkerrechtliches Nachbarrecht

Bei der Beurteilung der völkerrechtlichen Bedeutung akuter oder potentieller grenzüberschreitender Auswirkungen kerntechnischer Anlagen, muß zunächst der Umstand berücksichtigt werden, daß die einen solchen grenzüberschreitenden Tatbestand regelnden Völkerrechtsnormen grundsätzlich schadensorientiert sind: Laut Prinzip 21 der Stockholmer Umweltdeklaration von 1972[17] sind die Staaten verpflichtet, dafür zu sorgen, daß durch Tätigkeiten („activities") innerhalb ihres Hoheits- oder Kontrollbereichs der Umwelt in anderen Staaten oder in Gebieten außerhalb ihres nationalen Hoheitsbereichs kein Schaden zugefügt wird. Diese Verpflichtung kann heute als im universell geltenden Völkergewohnheitsrecht verankert angesehen werden.[18] Der von dieser Norm verbotene grenzüberschreitende Erfolg läßt sich im Einklang mit der internationalen Rechtsprechung,[19] der Staatenpraxis, sowie Entschliessungen internationaler Organisationen[20] als „erheblich" negative Auswirkung näher umschreiben.[21]

---

[16] Zum Langzeitsicherheiterfordernis für Endlager für hochaktive Abfälle, vgl. z. B. das der schweizerischen Planung zugrundeliegende Schutzziel einer maximalen zusätzlichen Strahlenbelastung von 10 mrem/Jahr/Person nach Verschluß des Lagers: „Projekt Gewähr-Erwartungen und Resultate", Neue Zürcher Zeitung, (Fernausgabe) vom 20.Februar 1988, 27. Dieser Wert entspricht auch der Betriebsauflage für die bundesdeutsche Endlagerstätte Gorleben: s. Regierungserklärung des niedersächsischen Ministerpräsidenten Ernst Albrecht vom 16. Mai 1979, in: H. Hatzfeld, H. Hirsch/R. Kollert (Hrsg.), *Der Gorleben Report* 185ff., 187 1979).

Vgl. die analogen U.S.-amerikanischen Bestimmungen, die eine zusätzliche, langzeitige maximale Ganzkörperdosis von 25 mrem/Jahr/Person erlauben: s. 40 C.F.R. 191.15 und 10 C.F.R. 60.113; und vgl. *U.S. Department of Energy, Environmental Assessment, Yucca Mountain Site, Nevada Research and Development Area, Nevada,* Doc. DOE/RW-0073, May 1986, Bd. 2, S. 6-383ff.

[17] Englischer Text in 11 *ILM* 1416, 1420 (1972).

[18] s. dazu u. a. die Präambel der ECE Konvention über die weiträumige Verfrachtung von Luftschadstoffen von 1979, welche diese Rechtspflicht als Ausdruck einer „common conviction" bezeichnet: 18 *ILM* 1442 (1979).

[19] Wie z. B. der Entscheidung des amerikanisch-kanadischen Schiedsgerichts im *Trail Smelter* Fall, 3 *U.N. RIAA* 1906.

[20] s. Hinweise bei Rauschning, „Allgemeine Völkerrechtsregeln zum Schutz gegen grenzüberschreitende Umweltbeeinträchtigungen", in *FS für Hans-Jürgen Schlochauer,* 557, 562-563 (1981); Salmon, „La pollution des fleuves et lacs et le droit international, Rapport provisoire", 58 *Ann.Inst.D.I.* (Bd. 1) 193, 218-22 (1979); und Handl, „Balancing of Interests and International Liability for the Pollution of International Watercourses: Customary Principles of Law Revisited", 13 *Can.YBIL* 156, 173-174 (1975).

Diese Verbotsnorm bedeutet freilich nicht, wie ab und zu noch in der Literatur behauptet wird,[22] daß der geschädigte Staat erst bei Schadenseintritt einen völkergewohnheitsrechtlichen Anspruch auf Absicherung gegen weitere unzulässige Einwirkungen auf sein Territorium hat. Im Gegenteil: die im Prinzip 21 zum Ausdruck kommende Beschränkung der souveränen Verfügungsgewalt des Anlagestaates zugunsten allfällig gefährdeter Nachbarstaaten, impliziert logischerweise eine Verhinderungspflicht. Ja, diese Präventionspflicht kann geradezu als der Inbegriff des völkergewohnheitsrechtlichen Umweltschutzrechts gelten.[23] Sie erwächst dann, wenn der Anlagestaat Grund zur Annahme hat, daß Tätigkeiten, die in seinem Territorium oder unter seiner Kontrolle durchgeführt werden, ein signifikantes Risiko im Sinne der völkerrechtlich verbotenen grenzüberschreitenden Einwirkung nach sich ziehen. Dieser Ansatz deckt sich nicht nur mit der bereits erwähnten Entscheidung im *Trail Smelter* Fall,[24] sondern entspricht mittlerweile auch eindeutig der Staatenpraxis, wie etwa am Beispiel der Seerechtskonvention von 1982 ersichtlich;[25] er ist auch Kernpunkt der den Beratungen der Völkerrechtskommission der Vereinten Nationen zum Thema „Haftung für Schäden aus rechtsmäßigem Verhalten".[26]

---

[21] s. Handl, *ebenda*, 173-77; Jain, „Shared Natural Resources and the Concept of Appreciable or Significant Damage in Internartional Law", 26 *Indian JIL* 138 ff. (1986); und jüngst Sachariew, „The Definition of Thresholds of Tolerance for Transboundary Environmental Injury under International Law: Development and Present Status", 37 *NethILRev* 193 ff. (1990).

Unzutreffend ist daher die Meinung wonach das völkerrechtliche Tatbestandsmerkmal neben der „Erheblichkeit" grenzüberschreitender Einwirkungen, auch deren „Unüblichkeit" erfordert. Die Forderung nach dem zusätzlichen Element der „Unüblichkeit" scheint auf eine nicht gerechtfertigte, direkte Übernahme innerstaatlicher Rechtsvorstellungen in das internationale Umweltschutzrecht zurückzuführen sein. Zum einen findet das Erfordernis der „Unüblichkeit" einfach nicht jene Stütze in der Staatenpraxis, die den Schluß zuließe, daß es sich bei diesem Element tatsächlich um ein weiteres völkergewohnheitsrechtliches Tatbestandsmerkmal handelt. Zum anderen würde aber auch eine solche Inkorporation eine rückschrittliche und daher abzulehnende Rechtsentwicklung darstellen.

[22] s. z. B. Diez, „Probleme des internationalen Nachbarrechts", 35 *Schweiz.JIR* 9, 20 (1979); Wetstone/Rosencranz, „Transboundary Air Pollution: The Search for an International Response", 8 *Harvard Environmental Law Review* 89, 123 (1984); und Wolfrum, „Die grenzüberschreitende Luftverschmutzung im Schnittpunkt von nationalem Recht und Völkerrecht", *DVBl.*1984, 493, 495-96.

[23] s. Handl, „National Uses of Transboundary Air Resources: The International Entitlement Issue Reconsidered", 26 *Nat.Res.J.* 405, 426-27 (1986), mit weiteren Hinweisen.

[24] s. u. a. Kirgis, „Technological Challenge to the Shared Environment: United States Practice", 66 *AJIL* 290, 294 (1972).

[25] s. Art. 194-96, 198 und 204 der U.N. Seerechtskonvention von 1982, in *United Nations, The Law of the Sea: United Nations Convention on the Law of the Sea with Index and Final Act of the Conference of the Law of the Sea* (1983).

[26] s. Quentin-Baxter, Third Report on International Liability for Injurious Consequences Arising out of Acts not Prohibited by International Law, Schematic Outline, Section 2 (1), U.N. Doc. A/CN.4/360, 25 (1982).

Der allgemeinen völkerrechtlichen Pflicht des Anlagestaates, erhebliche grenzüberschreitende Einwirkungen auf die natürliche Umwelt zu vermeiden, entspricht jedenfalls der Rechtsanspruch des potentiell gefährdeten Staates auf Gewährleistung, daß die risikobehafteten Tätigkeiten im Anlagestaat tatsächlich dieser Rechtspflicht entsprechend durchgeführt werden, d.h. unter Bedingungen, die berechtigterweise eine Vermeidung des völkerrechtlich sanktionierten Erfolgs erwarten lassen. Es liegt damit auf der Hand, dass gefährdeten Staaten eine gewisse Beteiligung am Entscheidungsprozess des Anlagestaates bezüglich Standortwahl, Betriebsparameter, Vorsorgemaßnahmen für Stör- und Katastrophenfälle u. dgl., grundsätzlich nicht verwehrt werden kann.[27] Die Frage inwieweit dieser Rechtsanspruch konkrete Form annimmt, also ob und in welchem Ausmaß der Nachbarstaat ein individualisiertes Mitsprache-, gegebenenfalls auch Mitentscheidungsrecht bezüglich Bau, Betrieb oder Entsorgung einer Kernkraftanlage hat, hängt letztlich davon ab, was unter einem völkerrechtlich signifikantem Risiko zu verstehen ist.

Als „signifikant" gilt ein Schadensrisiko dann, wenn vorauszusehen ist, daß die grenzüberschreitende Einwirkung jenseits der Staatsgrenze „erheblichen Ausmaßes" ist und mit einer an Sicherheit grenzenden Wahrscheinlichkeit eintreten wird.

Nachdem aber „Risiko" als ein zusammengesetzter Begriff zu verstehen ist, nämlich als Produkt der Wahrscheinlichkeit eines Ereignisses und der damit verbundenen Schadensfolgen, kann ein „signifikantes" Risiko auch dann vorliegen, wenn eine grenzüberschreitende Einwirkung einerseits zwar von sehr geringer Wahrscheinlichkeit ist, andererseits aber die damit verbundenen Schadensfolgen massiver, vielleicht sogar katastrophaler Art sein mögen.

Diese Art der Risikoabschätzung ist charakteristisch nicht nur für die sicherheitstechnische Arbeit des technisch-wissenschaftlichen Experten, sondern auch für die Bewertung der rechtlich-sozialen Bedeutung des Risikos durch den Juristen.[28] Für den völkerrechtlichen Bereich hat als erster Prof. Kirgis die Logik dieser Betrachtungsweise nachgewiesen, ebenso wie die Tatsache, daß dieser Ansatz durchaus vereinbar ist mit der klassischen Umweltrechtsentscheidung im *Trail Smelter*-Fall.[29] Die „modifizierte Beweisformel", wonach der Nachweis einer lediglich geringen Wahrscheinlichkeit eines schädigenden Ereignisses wettgemacht werden kann durch den Nachweis der besonderen Größe des Schadens, muß wohl heute in jeder völkerrechtlichen Diskussion über grenzüberschreitende Gefährdungstatbestände als vorgegeben gelten.[30]

---

[27] So bereits Moser, „Offene Fragen des Genehmigungsverfahrens bei Kernkraftwerken an der Staatsgrenze, insbesondere im Hinblick auf das Völkerrecht", *73 NUCLEAR INTER JURA* 195, 205 (1973).

[28] s. Nachweise bei Handl, „An International Legal Perspective on the Conduct of Abnormally Dangerous Activities in Frontier Areas: The Case of Nuclear Power Plant Siting", 7 *ELQ* 1, 32-33 (1978).

[29] s. Kirgis (Fn. 24) 294.

Was den Betrieb von kerntechnischen Anlagen betrifft, läßt sich festhalten, daß eine signifikante Gefährdung dann vorliegt, wenn durch im Normalbetrieb der Anlage erfolgende Umwelteinleitungen von radioaktiven Stoffen registrierbare radiologische Auswirkungen im Nachbarstaat auftreten oder mit Sicherheit zu erwarten sind. Allein die Tatsache, daß es im Betrieb der kerntechnischen Anlage zu Immissionen von Radionukliden jenseits der Staatsgrenze kommt bzw. kommen muß, macht die Festlegung der Betriebsparameter der kerntechnischen Einrichtung zu einer internationalen Angelegenheit. Denn, zum Unterschied vom Export von Umweltschadstoffen im allgemeinen, läßt sich bezüglich Radionuklide keine Toleranzgrenze festlegen. Es ist daher ein vorrangiges Gebot des Strahlenschutzes, jegliche zusätzliche Strahlenexposition der Bevölkerung soweit wie möglich zu verhindern.[31] Obwohl in den Kernwaffenversuch-Fällen Mitte der siebziger Jahre, die damit zusammenhängenden Rechtsfragen nicht zur Entscheidung kamen,[32] ist mittlerweile die völkerrechtliche Sonderbehandlung grenzüberschreitender Umweltverschmutzung durch besonders gefährliche Schadstoffe, wie eben auch durch Radionuklide, ganz offenkundig:[33] Es ist nicht erst der Nachweis faktisch „erheblicher" Auswirkungen im Nachbarstaat notwendig, bevor dieser einen Rechtsanspruch auf Schutz vor dem unerwünschten Import hat. Schon der nachweisbare grenzüberschreitende Transport an sich wirkt anspruchsbegründend.[34]

---

[30] s. insbesondere auch Randelzhofer / Simma, „Das Kernkraftwerk an der Grenze", in D. Blumenwitz / A. Randelzhofer (Hrsg.), *FS für Friedrich Berber* 389, 416-17 (1973); und Wildhaber, „Die Öldestillerieanlage Sennwald und das Völkerrecht der grenzüberschreitenden Luftverschmutzungen", 21 *Schweiz.JIR* 97, 119 (1975).

[31] s. die entsprechende Empfehlung der internationalen Strahlenschutzkommission zum „Optimierungsprinzip" oder „ALARA" (as low as reasonably achievable), in Recommendations of the International Commission on Radiological Protection, ICRP Publication 26, 1 *Annals of the ICRP*, Nr. 3, 3 (1977).
Zur Umsetzung dieser Empfehlung im EG-Bereich, s. Art. 6 der Richtlinie des Rates [der Europäischen Atomgemeinschaft] vom 15.7.1980 zur Änderung der Richtlinien, mit denen die Grundnormen für den Gesundheitsschutz der Bevölkerung und der Arbeitskräfte gegen die Gefahren der ionisierenden Strahlen festgelegt wurden, 80 / 836 / EURATOM, ABl. L 246, vom 17.9.1980, 1; zuletzt geändert durch die Richtlinie 84 / 467 / EURATOM vom 3.9.1984, ABl. L 265, vom 5.10.1984.

[32] s. z. B. die Entscheidung im *Nuclear Tests* (Australia v. France), 1974 ICJ Reports 253, 272, in welcher eine Mehrheit der Richter das australische Klagebegehren aufgrund der Erklärung Frankreichs, oberirdische Atomwaffenversuche einzustellen, als „gegenstandlos" bezeichnete. Vgl. weiters, Handl, „Territorial Sovereignty and the Problem of Transnational Pollution", 69 *AJIL* 50 (1975).

[33] s. allgemein Prinzip 7 der Stockholmer Umweltsdeklaration (Fn. 17); Art.III(2) der Entschließung des Institut de Droit International zum Thema „The Pollution of Rivers and Lakes and International Law", 58 *Ann.Inst.D.I.* (Bd. 2) 199 (1979); Art. 4 der sog. Montreal Rules of International Law Applicable to Transfrontier Pollution, *International Law Association, Report of the Sixtieth Conference, Montreal 1982,* 2 (1983); sowie Bestimmungen in den diversen Umweltabkommen zum Schutz der Meere, wie z. B. der Londoner „Dumping Convention" von 1972 (Art.IV und Anhang I), welche die Umwelteinleitung von radioaktiven Stoffen besonderen Beschränkungen unterwerfen.

Schwierig ist allerdings die völkerrechtliche Bewertung der gernzüberschreitenden Gefährdung dann, wenn es sich um ein Stör- oder Unfallrisiko im Betrieb der nuklearen Anlage handelt. Natürlich, je größer die Wahrscheinlichkeit der Realisierung des Risikos, desto klarer der Rechtsanspruch des gefährdeten Staates auf Absicherung dagegen, solange eben die zu erwartenden Schadensfolgen zumindest noch als „erheblich" einzustufen sind. Ebenso logisch erscheint es, entsprechend der „modifizierten Beweisformel", grenzüberschreitende Schadensrisiken als grundsätzlich signifikant zu klassifizieren, solange eine geringe Wahrscheinlichkeit durch schwerwiegende Folgen kompensiert wird. Die Frage stellt sich freilich, bis zu welchen Extremwerten die Anwendung dieser Formel noch völkerrechtlich vertretbar bleibt. Mit anderen Worten, die rechtliche Einstufung eines theoretisch denkbaren, äußerst unwahrscheinlichen Unfalls, der gravierende, möglicherweise katastrophale Schadensfolgen im Nachbarstaat zur Folge haben könnte, ist prinzipiell problematisch, da sich die Frage nach der Relevanz der Analyse des Unwahrscheinlichen in schärfster Form stellt.

Dieses Dilemma präsentiert sich typischerweise bei der Einschätzung des von einem Kernkraftwerk ausgehenden Gefährdungspotentials.[35] Aber auch für Endlagerstätten für nukleare Abfälle bestimmt der Stör- bzw. Unfall das für diese Anlagen charakteristische Gefahrenmoment.[36]

Das hier vorliegende Bewertungsproblem verschärft sich noch dadurch, daß insbesonders bei einer Risikoabschätzung für Kernkraftwerke, die Berechnung von Wahrscheinlichkeitswerten für denkbare Unfallfolgen nach wie vor nicht nur ein äußerst aufwendiges Verfahren ist, sondern trotz beachtlicher Fortschritte in jüngster Zeit weiterhin mit großen Unsicherheitsfaktoren belastet bleibt.[37]

---

[34] s. dazu insbesondere die Ausführungen des Berichterstatters Rauschning zum Art. 4 der Montreal Rules of International Law Applicable to Transfrontier Pollution, in: *International Law Association* (Fn. 33) 167; sowie Reporters' Note 3 to § 601 *Restatement (Third), Foreign Relations Law of the United States* (Bd. 2) (1988).

s. auch Art. 3 (3) des Resolutions-Entwurfs über weiträumige Luftverschmutzung, in Lammers, „First (Preliminary) Report of the Committee", in *International Law Association, Report of the Sixty-First Conference, Paris 1984*, 377, 401 (1985).

[35] Zu der für die Risikoabschätzung entscheidenden Frage des „source terms" für Atomunfälle mit Kernschmelze, s. *U.S. Nuclear Regulatory Commission, Reassessment of the Technical Bases for Estimating Source Terms,* NUREG-0956, July 1985.

[36] s. oben, B.I.

[37] s. u.a. *Nuclear Energy Agency, Organisation for Economic Co-pperation and Development, Severe Accidents in Nuclear Power Plants* 7-8 (1986); und *U.S. Nuclear Regulatory Commission, Severe Accident Risks: An Assessment for Five Nuclear U.S. Nuclear Power Plants*, NUREG-1150, Second Draft for Peer Review, June 1989, vol. 1 & 2. Die Ergebnisse dieser NRC Untersuchung bestätigen möglicherweise, daß die, im Jahr 1975 veröffentlichte, amerikanische Reaktorsicherheitsstudie WASH-1400, sowohl die Wahrscheinlichkeit als auch die Konsequenzen eines Reaktorunfalls zu hoch einschätzte; gleichzeit wird aber auch betont, daß die Untersuchung keine allgemeine Rückschlüsse zuläßt.

Im Zusammenhang mit diesen kerntechnischen Anlagen stellt sich somit die Frage, nach der rechtlichen „Operationalisierung“ des diesen Einrichtungen innewohnenden Restrisikos, d. h. nach den konkreten Umständen, unter denen ein solches nukleares Risiko auf bilateraler Ebene rechtsgestaltend wirksam werden kann. Angesichts der Bewertungsunsicherheiten ist eine ad hoc Risikoabschätzung stets ein politisch heikles Unterfangen. Aus diesem Grunde werden in der Praxis überwiegend andere Kriterien zur Beurteilung der völkerrechtlichen Relevanz des grenzüberschreitenden nuklearen Restrisikos herangezogen. In erster Linie ist damit der Entfernungsparameter, also die Distanz der kerntechnischen Anlage zum gefährdeten Nachbarstaat angesprochen, obschon damit klarerweise ein in seiner Aussagekraft nicht völlig befriedigendes Kriterium ins Spiel gebracht wird.[38]

D. Das Störfallrisiko kerntechnischer Anlagen im „Grenzbereich“: Standortbedingtes Mitentscheidungs- bzw. Mitspracherecht des gefährdeten Staates

I. „Grenzkraftwerke“: Grenzüberschreitende Schutzzonen als Auslöser für ein völkerrechtliches Mitentscheidungsrecht des gefährdeten Staates

Ein völkerrechtlich begründeter, individueller Anspruch des gefährdeten Staates auf Mitwirkung am Entscheidungsprozeß im Anlagestaat ist dann gegeben, wenn schwerwiegende Auswirkungen als notwendige Folge der Nähe des Kernkraftwerks zu den Grenzen des gefährdeten Staates zu erwarten sind, selbst wenn der schadenauslösende Unfall als höchst unwahrscheinlich gelten muß. Was den kritischen Entfernungsparameter betrifft, so ist darauf abzustellen, daß erstens, im allgemeinen bei einem nuklearen Unfall die radioaktive Umweltbelastung mit der Distanz vom Unfallsort rapide abnimmt,[39] und zweitens, daß dieses Faktum sich bei innerstaatlichen Vorkehrungen bezüglich nuklearer Unfallssituationen in spezifischen Richtwerten niederschlägt, die für die Bewertung dessen, was auf internationaler Ebene als signifikantes Risiko gelten muß, ebenso relevant erscheinen wie jene Kriterien, die sich in der internationalen Staatenpraxis selbst abzuzeichnen beginnen.[40]

---

[38] s. dazu unten D.

[39] s. z. B. *Planning Basis for the Development of State and Local Government Radiological Emergency Response Plans in Support of Light Water Nuclear Power Plants* I-37, NUREG-0396, EPA 520/1-78-016, December 1978. Tschernobyl hat allerdings auch gezeigt, daß das Verhalten der radioaktiven Wolke sehr unberechenbar sein kann und relativ hohe radioaktive Umweltmeßwerte auch über weite Distanzen hin verzeichnet werden können. s. dazu *Nuclear Energy Agency / Organisation for Economic Co-operation and Development, The Radiological Impact of the Chernobyl Accident in OECD Countries (1987).*

[40] Es ist klar, daß das einem Kernkraftwerk inhärente Gefährdungspotential aufgrund des Typs und der Größe des Reaktors, der spezifischen nationalen Sicherheitskonzeption

Innerstaatliche Notfall- oder Katastrophenpläne teilen die Umgebung eines Kernkraftwerks in verschiedene Notfallplanungszonen zur Durchführung von Vorsorgemaßnahmen für bestimmte Reaktorunfälle ein. Ein Kernstück jeder Planung ist die Festlegung einer inneren Schutzzone für Sofortmaßnahmen, welche die Belastung der Bevölkerung in dieser Zone durch die von der radioaktiven Wolke ausgehende äußere Bestrahlung (Submersion) bzw. die Inhalation von Radionukliden, so weit wie möglich reduzieren sollen. Abgesehen von der Einrichtung von Warn- und Alarmsystemen, umfassen Vorkehrungen für Sofortmaßnahmen insbesonders die organisatorische Vorbereitung für eine Evakuierung der Bevölkerung.[41] Die Größe dieser Schutzzone mag zwar von Staat zu Staat etwas variieren. Festzuhalten bleibt jedoch, daß im innerstaatlichen Verwaltungsbereich jedes Anlagestaates auch ein höchst unwahrscheinliches Unfallrisiko innerhalb einer gewißen Zone, deren Radius mehrere Kilometer ausmacht, als dermaßen relevant gilt, daß für diesen räumlichen Bereich umfassende, administrative Sicherheitsvorkehrungen gesetzlich zwingend vorgeschrieben werden. Diese Tatsache ist auch international bedeutsam. Sie bietet eine gewiße Richtschnur[42] für die völkerrechtliche Bewertung des standortbedingten grenzüberschreitenden Risikos eines Kernkraftwerkes und damit für die Art und den Umfang des Beteiligungsanspruchs des gefährdeten Staates bezüglich der das Kernkraftwerk betreffenden Entscheidungen.

Es liegt auf der Hand, daß der Standort eines Kernkraftwerks, innerhalb dieser kritischen Entfernung von einer Staatsgrenze einen völkerrechtlich bedeutsamen *fait accompli* schafft.[43] Müßte sich nämlich die vom Anlagestaat festgesetzte Schutzzone sinngemäß auch auf ausländisches Territorium erstrecken, so steht der benachbarte Staat in einem solchen Fall vor folgender „Wahl": Entweder akzeptiert er in diesem Grenzbereich ein signifikantes Unfallsrisiko ohne jene Vorsorgemaßnahmen, die im Anlagestaat als gesetzlich erforderlich, weil aufgrund einer Risikoabwägung als nicht nur ratsam, sondern unabdingbar gelten; oder aber, er setzt ergänzende Vorsorgemaßnahmen auf eigenem Territorium, möglicherweise weitreichender und kostspieliger Natur, wie die administrative Vorbereitung von Evakuierungen aus den gefährdeten

---

und örtlicher Gegebenheiten, insbesondere der exponierten Bevölkerung im gefährdeten Gebiet, von Staat zu Staat variieren wird. Dennoch lassen sich in der innerstaatlichen Praxis gewisse grundsätzliche Gemeinsamkeiten feststellen, die konkrete Ansatzpunkte zur Lösung der grenzüberschreitenden Problematik bieten.

[41] Eine weitere grundsätzliche Vorsorgemaßnahme, ist die Bereitstellung von Kaliumjodtabletten zur Reduzierung der Schilddrüsenbelastung der exponierten Bevölkerung. s. allgemein *IAEA, Planning for Off-Site Response to Radiation Accidents in Nuclear Facilities, Safety Series No. 55*, 44-51 (1981).

[42] Als solche darf sie sicherlich nicht als exakte Determinante des grenzüberschreitenden Riskos mißverstanden werden. In diesem Sinne wohl auch Lenaerts, „Nuclear Border Installations: A Case-Study", 13 *European Law Review* 159 (1988).

[43] Zur normativen Bedeutung der sogenannten „Grenzzone", s. allgemein U. Beyerlin, *Rechtsprobleme der lokalen grenzüberschreitenden Zusammenarbeit* 20-25 (1988).

Gebieten.[44] In der Praxis aber ist er zu dem zweiten Weg gezwungen. Sowohl in dem einen wie auch dem anderen Fall, ist die Souveräntität des Nachbarstaates auf völkerrechtlich unzulässige Weise beschnitten. Grenzüberschreitende „Einwirkungen" dieser Art könnten demnach nur als zulässig gelten, wenn es bezüglich des Risikomanagements im Anlagestaat, der Vorabregelung allfälliger Haftungs- und Entschädigungsfragen sowie, möglichwerweise, eines zwischenstaatlichen Vorteilausgleichs (etwa über eine Beteiligung des gefährdeten Staates am Kraftwerk oder aber Lieferung von kostengünstiger Elektrizität), zu einem Einvernehmen zwischen den beiden Staaten kommt. Tatsächlich gibt es in der Praxis Beispiele einer derartigen zwischenstaatlichen Lösung des mit einem Grenzkernkraftwerk verbundenen Souveränitätskonflikts.[45]

Anders wäre die Rechtslage wohl zu bewerten, wenn zum einen, der belastete Staat seinerseits, durch ein eigenes Grenzkraftwerk, den (anderen) Anlagestaat auf ähnliche Weise belastet. Eine derartige Gegenseitigkeit der Gefährdung könnte unter den Umständen des Einzelfalles vielleicht sogar als stillschweigende Einwilligung in das Vorgehen des Nachbarn gedeutet werden. Selbst wenn dies nicht der Fall wäre, würde der *tu quoque* Gedanke[46] die erfolgreiche Geltendmachung völkerrechtlicher Abwehransprüche, die den Staaten angesichts des mit dem Grenzkraftwerk verbundenen Eingriffs in ihre Souveränitätsrechte normalerweise zustünden, erschweren oder gar vereiteln.[47] Zum anderen erscheint der Anspruch auf ein Mitentscheidungsrecht dann wesentlich reduziert, wenn der belastete Staat direkten Nutzen aus der Anlage zöge, sei es, daß er oder eine seiner öffentlichen Körperschaften etwa am Kraftwerk finanziell beteiligt ist oder die Abnahme von Elektrizität aus diesem Kernkraftwerk vereinbart hat. Liegen aber besondere Umstände weder der einen noch der anderen Spielart vor, so hat der belastete Nachbarstaat ein Mitentscheidungs-

---

[44] Vgl. in diesem Zusammenhang, die Vorsorgemaßnahmen, die die saarländische Landesregierung zum Schutz der Bevölkerung des in einem Umkreis von 20 km von Cattenom gelegenen Gebiets trifft. s. dazu *BNA, IER* 457 (1986).

[45] So wurden z. B. belgisch-französiche Meinungsverscheidenheiten in Bezug auf die geplanten neuen Blöcke des französische Grenzkraftwerks Chooz, u. a. dadurch entschärft, daß der belgischen Regierung die Beteiligung belgischer Firmen am Bau des Kernkraftwerks, sowie die Lieferung von Strom in Aussicht gestellt wurde. s. dazu allgemein Salmon / Ergec, „La pratique du pouvoir executif", 19 *RBDI* 571 (1986).

[46] Zur allgemeinen schuldrechtlichen Diskussion, s. z. B. Fletcher, „Fairness and Utility in Tort Theory", 85 *Harvard Law Review* 531, 540-42 (1972).

[47] s. u.a die Meinung des Richters Hudson in *Diversion of Water from the Meuse* (Neth.v.Belg.) 1937 PCIJ,(ser.A / B) No. 70, S.73, 77: „It would seem to be an important principle of equity that where two parties have assumed an identical or a reciprocal obligation, one party which is engaged in a continuing non-performance of that obligation should not be permitted to take advantage of a similar non-performance of that obligation by the other party".

Vgl. auch die Ausführungen in der abweichenden Meinung des Richters Schwebel in *Military and Paramilitary Acitivities* (Nicar. v. U.S.),(Merits), 1986, ICJ Rep., 259, 392-94.

recht hinsichtlich des Baus und Betriebs, möglicherweise auch der Entsorgung[48] eines solchen Kernkraftwerks.

Zur Begründung eines derartigen Abwehr- bzw. Mitentscheidungsrechtes hat die Völkerrechtslehre bislang ganz überwiegend versucht, dahingehendes Völkergewohnheitsrechts nachzuweisen. In Folge der Disparität der Staatenpraxis konnte aber dieser Nachweis nicht gelingen. So hat zwar die Grenznähe von kerntechnischen Anlagen[49] in einer Reihe von Fällen zu offiziellen diplomatischen Protesten, Entschliessungen internationaler Organisationen oder aber Bekundungen der öffentlichen Besorgnis Anlaß gegeben. Hier sei nur stichwortartig auf Lubmin (Greifswald),[50] Rüthi,[51] Barsebäck,[52] Cattenom,[53] Chooz,[54] Sellafield,[55] Fermi-2,[56] Krsko,[57] Bohunice,[58] oder auf die in Bau befindlichen Kernkraftwerke in der Daya-Bucht[59] oder in Cienfuegos (Kuba)[60] verwiesen.

---

[48] Zur Tatsache, daß auch die Entsorgung eines Grenzkernkraftwerkes ein wesentliches grenzüberschreitendes Risiko mit sich bringen kann, s. z.B.: Note by the Secretariat, *Decommissioning of Nuclear Installations in the Framework of the Paris Convention*, OECD/NEA Doc.LEG/DOC (88)9, Appendix II, S.7, §§ 12-13 (1988). Da bei einem möglichen Unfall u.a. mit einer Umweltkontamination von mehreren Dutzend Quadratkilometern zu rechnen ist, erscheint eine Evakuierungsplanung seitens des gefährdeten Staates auch nach Betriebsstillegung, bis zur endgültigen Entsorgung des Kernkraftwerks ratsam.

[49] Die folgenden Beispiele schließen allerdings auch kerntechnische Anlagen ein, die keinesfalls als „Grenzanlagen" bezeichnet werden können.

[50] Zu skandinavischen Protesten bezüglich des ehemaligen DDR-Kernkraftwerks in Lubmin am Greifswalder Bodden, s. Pelzer, „Errichtung und Betrieb von Kernanlagen im Lichte des Völkerrechts", 25 *Energiewirtschaftliche Tagesfragen* 563, 568 (1975).

[51] Nachweise bei Handl (Fn. 28) 27-30.

[52] s. „Dänische Sorgen über schwedischen Reaktor", Frankfurter Allgemeine Zeitung, 14.5.1986, 6, Spalte 5; sowie das dänisch-schwedische Abkommen über Barsebäck, DK-S/11/4/85.

[53] Vgl. u.a. „Five EEC Foreign Ministers Protest Building of Nuclear Power Plants Near Borders", *BNA,IER* 350 (1986); oder „Luxemburg will gegen Cattenom intervenieren", Süddeutsche Zeitung, 15.9.1986, 7, Spalte 1. Vgl. auch Kloepfer, „Internationalrechtliche Probleme grenznaher Kernkraftwerke", 25 *AVR* 277 (1987).

[54] s. z.B. Salmon, „La pratique du pouvoir executif (Protection de l'environnement — Installation de la centrale nucleaire à Chooz)", in 18 *RBDI* 464 (1984-85).

[55] s. oben B.I.; und „New Call to Shut Sellafield After Report", Irish Times, 1/2. Januar 1988, 1, Spalte 6.

[56] Bezüglich kanadischer Proteste gegen das U.S.-amerikanische Kernkraftwerk Fermi-2, s. z.B. „Canadian Lawmakers want Fermi II Closed", Detroit News, 4. Februar 1988, A1, Spalte 4; und 27 *Can.YBIL* 409-10 (1989).

[57] Zur italienischen Debatte über die Sicherheit des in Slowenien gelegenen Kernkraftwerks, s. z.B. „Un brivido atomico incombe sul Nordest", Il Gazzetino, 16. Jänner 1989, 5, Spalte 1; und „Jugoslavia. Troppi incidenti in una centrale nucleare. Il Psi chiede di disattivarla", Il Gazzetino, 28. März 1989, 6, Spalte 5.

[58] s. dazu „Kernkraftwerke in der CSSR im Gerede", Neue Zürcher Zeitung, 15.5.1987, 3, Spalte 1; und inbesonders unten G.III.

[59] Kernkraftwerkprojekt Chinas in der Nähe Hongkongs: s. „Nuclear Alarm Stirs Hong Kong Activism", New York Times, 4.1.1987, E3, Spalte 4.

Andererseits läßt sich aber nach wie vor keine internationale Abmachung nachweisen, in der sich diese Besorgnis in so „radikaler" Weise niedergeschlagen hätte, daß der Vertrag, von einem grundsätzlichen Verbot von kerntechnischen Grenzanlagen, insbesondere von Kernkraftwerken, ausgeht und dieses Verbot dann unter ganz konkreten Bedingungen auflockern würde.[61]

Ferner ist auch die außervertragliche Staatenpraxis letztlich hinsichtlich ihrer Beweiskraft für die Existenz einer völkerrechtlichen Verbotsnorm unergiebig. So muß z.B. die genaue rechtliche Bedeutung der Änderung von Plänen der amerikanischen Regierung, Endlagerstätten im unmittelbaren Grenzbereich mit Kanada[62] einzurichten, schon deswegen unklar bleiben, weil aus der diplomatischen Protestnote Kanadas, auf welche die US-Behörden reagierten, nicht klar hervorgeht, ob Kanada prinzipiell von einem völkerrechtlichen Verbot solcher Projekte an der Grenze ausgeht oder nicht. Selbst der Fall Rüthi, in welchem die österreichische Bundesregierung zunächst von der Unzulässigkeit dieses Grenzkraftwerks auszugehen schien,[63] liefert wenig Überzeugendes für die Verbotsthese. Die österreichische Bundesregierung präzisierte ihren Rechtsstandpunkt bald darauf dahingehend, daß aus dem allgemeinen Völkerrecht ein „generelles und nicht weiter qualifizierbares Verbot" von Grenzkraftwerken nicht ableitbar sei.[64] Zudem kann das Abstandnehmen der Schweiz von der Realisierung des Projekts auch anders als eine Anerkennung der völkerrrechtlichen Fundiertheit der ursprünglichen Argumente Österreichs interpretiert werden.[65] Ganz ähnliche Beweisprobleme ergeben sich auch beim Versuch, die 1988 in Aussicht gestellte vorzeitige Stillegung des nur 20 km von Kopenhagen entfernten schwedischen Kernkraftwerks Barsebäcks,[66] im Sinne eines völkerrechtlich bedeutsamen schwedischen Einlenkens — nach jahrelangem Drängen Dänemarks — zu interpretieren. Unter dem Eindruck der Katastrophe von Tschernobyl hatte sich zwar die schwedische Regierung mit Dänemark im Sommer 1986 dahingehend geeinigt, daß Schweden eine vorzeitige Stillegung Barsebäcks ins Auge fassen würde. Dieser Vereinbarung war unter anderem auch ein Entschliessungantrag des dänischen Parlaments vorausgegangen, der die Stillegung

---

[60] s. „Florida Fears Accidents at Cuban Nuclear Plant", Detroit News, 31.5.1991, 4A, Spalte 4; und „Havanna weist Zweifel an Reaktorsicherheit zurück", Süddeutsche Zeitung, 5.6.1991, 8, Spalte 2.

[61] Vgl. dazu Zieger, „Rechtsfragen grenznaher kerntechnischer Einrichtungen" *Siebtes Deutsches Atomrechts-Symposium, 16/17. März 1983 in Göttingen, Referate und Diskusionberichte* 213, 227 (1983).

[62] s. dazu unten B.III.3.

[63] s. Anwort des BMA auf die parlamentarische Anfrage Nr 866/J Teil II-1659 BlgNR 14. GP 3; Antwort Nr 828/AB, Teil II-1814 BlgNR 14. GP 2, vom 17.1.1977.

[64] s. Beantwortung der schriftlichen Anfrage Nr 220/1/J1978 vom 28.11.1978, durch den BMA, in 30 *ÖZöRVR* 379 (1979).

[65] Dazu Handl (Fn. 28).

[66] s. dazu „Stillegung des Kernkraftwerks Barsebäck 1995", Frankfurter Allgemeine Zeitung, 5. März 1988, 4, Spalte 1.

des Kernkraftwerks forderte.[67] Angesichts der Tatsache aber, daß die schwedische Regierung bereits von sich aus eine Politik des allgemeinen, allmählichen Rückzugs aus der Kernenergie zu verfolgen begonnen hatte,[68] sind aus diesem Sachverhalt kaum verläßliche Rückschlüsse auf die völkerrechtliche Bedeutung der nunmehr angekündigten Schließung Barsebäcks möglich.[69]

Der Ansatz, der aus der Staatenpraxis zu grenznahen Kernanlagen einen völkergewohnheitsrechtlichen Abwehranspruch ableiten will, ist von vornherein verfehlt. Die Forderung, daß diese abwehrende Staatenpraxis den Bedingungen für die Entstehung von Völkergewohnheitsrecht genügt, verkennt die rechtliche Ausgangslage.[70] Zwar hat auch die Beantwortung der Frage nach den völkerrechtlichen Bedingungen der Errichtung und des Betriebs von Grenzkernkraftwerken, wie diejenige nach der Lösung anderer zwischenstaatlicher Umweltskonflikte, ihren Ausgangspunkt in den Grundrechten der Staaten, d. h. den völkerrechtlich garantierten Positionen der territorialen Integrität und der souveränen Gleichheit der Staaten.[71] Diese Grundrechte sind als Abwehrrechte konstruiert. Sie verbieten den Staaten, in die Souveränitätsbereiche anderer Staaten ohne deren Einwilligung oder ohne Vorliegen eines anderen Völkerrechtstitels einzugreifen.

Die grenzüberschreitenden Auswirkungen eines Kernkraftwerks, das innerhalb derjenigen Distanz von der Staatsgrenze gelegen oder geplant ist, die oben als „kritisch" bezeichnet wurde, stellen nun aber einen massiven Eingriff in die so geschützten souveränen Rechte des belasteten Staates dar. Dieser Eingriff unterscheidet sich qualititativ von anderen typischen grenzüberschreitenden Umweltbelastungen, mit denen sich der internationale Umweltschutz auseinanderzusetzen hat: Denn, anstatt lediglich passiven Verhaltens — im Sinne einer Nutzungsenthaltung — wie dies bei grenzüberschreitenden Auswirkungen

---

[67] s. „Sweden Agrees to Study Early Barsebäck Phase-Out", Nuclear News, July 1986, 76.

[68] Diese Politik ergab sich als notwendige Folge der Volksabstimmung von 1980, in welcher die Schweden eine vorzeitige Schließung aller in Betrieb befindlichen Kernkraftwerke befürworteten. Diese Entscheidung müßte nun bis zum Jahre 2010 verwirklicht werden, obwohl neuerdings aufgrund eines Umschwungs in der öffentlichen Meinung dieses Austiegsdatum eher flexibel erscheint. s. allgemein, Persson, „Politische und rechtliche Situation des Austiegsbeschlusses in Schweden — Situation im Juni 1990", in N. Pelzer (Hrsg.), *Kernenergierecht zwischen Ausstiegsforderung und europäischem Binnenmarkt* 263 (1991); und Wikdahl, „Sweden: Nuclear Power Policy and Public Opinion", 33 *IAEA Bulletin* No. 1, 29 (1991).

[69] Zudem hatte auch der schwedische Minsterpräsident angedeutet, daß „die Stillegung von Barsebäck allein aufgrund dänischer Bedenken kaum denkbar sei": „Dänische Sorgen über schwedischen Reaktor", Frankfurter Allgemeine Zeitung, 14. Mai 1986, 6, Spalte 5.

[70] So etwa F. Zehetner, *Rechtliche Maßnahmen zur Abwehr grenzüberschreitender Umweltbeeinträchtigungen, Gutachten zum zehnten österreichischen Juristentag, 1988*, 21 - 22 (1988).

[71] Statt aller A. Verdross / B. Simma, *Universelles Völkerrecht*, § 77, § 456 (3. Aufl. 1984)

anderer Nutzungen gemeinsamer Umweltressourcen in der Regel der Fall ist, bzw. einer Duldung bestimmter Umweltbelastungen, erfordert die unmittelbare Grenznähe des Kernkraftwerks ein intensives Tätigwerden seitens des gefährdeten Staates. Eine Vermutung der Völkerrechtsmässigkeit einer solchen Belastung ist jedoch, wie bereits der Ständige Internationale Gerichtshof im *Lotus*-Fall im Zusammenhang mit jurisdiktionellen Immissionen betonte, prinzipiell nicht zulässig: „Now the first and foremost restriction imposed by international law upon a State is that — failing the existence of a permissive rule to the contrary — it may not exercise its power in any form in the territory of another State.“[72]

Eine Unterscheidung zwischen direkten Eingriffen, etwa physischer oder jurisdikitioneller Natur, und indirekten, also solchen, die erst durch notwendige Reaktionen seitens des belasteten Staates Konturen annehmen, erscheint nicht schlüßig. In beiden Fällen sind völkerrechtliche Grundrechte des exponierten Staates unzulässigerweise verletzt. Daher hat keineswegs der gefährdete Nachbarstaat nachzuweisen, daß das Völkerrecht dem Anlagestaat entsprechende Eingriffe verbietet. Vielmehr hat der Anlagestaat den Nachweis zu führen, daß der Nachbarstaat solche Eingriffe in seinen Souveränitätsbereich nach geltendem Völkergewohnheitsrecht zu dulden hat.

Dieser Nachweis wird jedoch angesichts des starken Widerstands einzelner Staaten zum einen, und einer Entwicklungstendenz der Vertragspraxis zum anderen, die gerade das Gegenteil bezeugt und die sich als Folge des Unfalls in Tschernobyl immer stärker profiliert, kaum gelingen. So kann auf eine entsprechend negative Haltung Österreichs (z. B. in den Verhandlungen mit der Bundesrepublik Deutschland über Fragen gemeinsamen Interesses im Zusammenhang mit kerntechnischen Anlagen[73]), auf die Luxemburgs (im Falle Cattenom[74]) oder aber auf den offiziellen Protest hingewiesen werden, den die Außenminister Dänemarks, Griechenlands, Irlands, Portugals und Luxemburgs während des EG-Ministertreffens im September 1986, gemeinschaftlich gegen den Bau und Betrieb grenznaher Kernkraftwerke erhoben.[75] Möglicher-

---

[72] s. *S. Lotus*, 1927 PCIJ (ser.A) 1, 18.

[73] Vgl. z. B. Art.III des ursprünglich geplanten Abkommens, in der Fassung des österreichischen Entwurfs vom 17. Oktober 1986, der ein Zustimmungsrecht des anderen Vertragsstaates für jene kerntechnischen Anlagen festlegte, die in einer geringeren Entfernung als 10 km von der Staatsgrenze errichtet werden sollten.

[74] s. diverse Aussagen des luxemburgischen Außenministers zur Frage der Völkerrechtsmäßigkeit des grenznahen Standorts des französischen Kernkraftwerks Cattenom: Frankfurter Allgemeine Zeitung, 29. Oktober 1986, 3, Spalte 1; und *BNA, IER* 350 (1986).

[75] s. „Five EEC Foreign Ministers Protest“ (Fn. 53).
s. auch die Kritik des saarländischen Ministerpräsidenten Lafontaine am französischen Kernkraftwerk in Cattenom, in der er eine Revision des Euratom-Vetrages dahingehend fordert, daß „Kernreaktoren an den Grenzen von Nationalstaaten ohne Zustimmung der Nachbarstaaten nicht mehr betrieben werden dürfen“: Süddeutsche Zeitung, 25.-26.10. 1986, 8, Spalte 1.

weise kommt hier auch dem Abgehen der Schweiz von der Realisierung des Rüthiprojekts[76] ebenso Bedeutung zu wie der Tatsache, daß Spanien von der Verwirklichung eines Forschungsprojekts zur Prüfung nuklearer Endlagerkonzepte Abstand nahm, nachdem Portugal scharf gegen die Grenznähe des in Aussicht genommenen Versuchsorts protestiert hatte.[77]

Im übrigen läßt sich beobachten, daß Anlagestaaten zumindest für direkt an der Staatsgrenze gelegene Kernkraftanlagen ihren Nachbarn weitgehende Beteiligungsrechte einräumen. Es sei hier nur auf die Beispiele Cattenom (speziell im Verhältnis Frankreich-Luxemburg)[78] und Chooz (Belgien-Frankreich)[79] verwiesen, ebenso wie auf die deutsch-französische[80], deutsch-schweizerische[81] oder niederländisch-deutsche Praxis,[82] etwa im Rahmen der jeweiligen bilateralen Kommission für Fragen der Sicherheit kerntechnischer Einrichtungen, und die dänisch-schwedische Vereinbarung bezüglich Barsebäcks.[83] Angesichts dieser Praxis wird man kaum von einer völkergewohnheitsrechtlichen Norm sprechen können, wonach der belastete Staat verpflichtet wäre, im Interesse des Anlagestaates einen so wesentlichen Eingriff in seinen Souveränitätsbereich, wie jenen, den das ausländische „Grenzkraftwerk" notwendigerweise mit sich bringt, grundsätzlich in Kauf zu nehmen.[84]

Der damit beschriebene, auf der Perspektive der völkerrechtlichen Grundrechte der Staaten beruhende Ansatz soll jedoch in erster Linie die Frage der Verteilung der „Beweislast" beim Nachweis des einschlägigen Völkergewohnheitsrecht klären. Er darf nicht als juristisches Argument für ein absolutes Recht

---

[76] Details dazu bei Handl (Fn. 28) 28-30.

[77] s. „Plans Dropped for Lab Near Border with Portugal", *Nuclear News*, December 1987, 50; und schriftliche Beantwortung der Frage von Pegado Liz (H-930/86) zum span.Projekt durch die Komm., Verhandlungen des Eur.Parlaments, Nr. 2-353/102, vom 16.6.87.

[78] s. unten F.I.

[79] s. unten F.II.

[80] Vgl. etwa die (nochmalige) gemeinsame Überprüfung der Betriebsparameter des französischen Atomkraftwerks Cattenom durch die Reaktorsicherheitskommissionen der Bundesrepublik Deutschland und Frankreichs kurz vor Inbetriebnahme der Anlage. s. „Cattenom mit Philippsburg verglichen", Süddeutsche Zeitung, 11. September 1986, 6, Spalte 1.

[81] s. z.B. den Bericht der Deutsch-Schweizerischen Kommission für die Sicherheit kerntechnischer Einrichtungen über „Wesentliche Aspekte der Sicherheit, des Strahlenschutzes und des Umweltschutzes des grenznahen schweizerischen Kernkraftwerks Leibstadt", in 100 *Umwelt* 40 (1984).

[82] s. Hinweise in 86 *Umwelt* 37 (1981).

[83] s. v.a. Art. 1 und 2 des Abkommens DK-S/11/4/85.

[84] Vgl. auch Wildhaber, „Generalbericht", in: S. Ercmann (Hrsg.), *Transatlantisches Kolloquium über nachbarschaftliche Beziehungen: Europäische und nordamerikanische Perspektiven* 213, 223-24 (1987), der allerdings die Anerkennung des Anspruchs des belasteten Staates auf Beteiligung u.a. an den Entscheidungsprozessen im Anlagestaat lediglich als ein Gebot der Billigkeit ansieht.

des Nachbarstaates auf Verhinderung eines unerwünschten Grenzkernkraftwerks verstanden werden. Eine solche verabsolutierte Rechtsauffassung wäre bereits angesichts der Existenz manches vom Nachbarstaat unerwünschten Grenzkernkraftwerks schwer aufrecht zu erhalten. Vielmehr unterliegt die Geltendmachung des Abwehranspruchs seitens des gefährdeten Staates, so wie die Ausübung aller Rechte, gewissen sozialen Schranken. Auch der Anlagestaat kann Interessen ins Treffen führen, die zu berücksichtigen sind. So wird es im Einzelfall stets um einen vernünftigen Ausgleich zwischen dem Recht des Anlagestaates auf eine bestimmte Nutzung seines Gebietes und dem Abwehrrecht des Nachbarstaates gehen.

In dieser Hinsicht ähnelt der Interessenkonflikt zwischen Anlagestaat und benachbartem Staat dem typischen grenzüberschreitenden Umweltkonflikt, der seinen Ursprung in sich gegenseitig ausschließenden nationalen Ansprüchen auf die Nutzung international-gemeinschaftlicher Umweltressourcen hat. Zeichnet sich die Möglichkeit eines derartiger Konfliktes ab, so kommt eine spezielle völkerrechtliche Kooperationsverpflichtung zum Tragen.[85] Der Interessenausgleich zwischen den Streitparteien wird sich zum einen in bestimmten Verfahren, zum anderen nach bestimmten materiellen Gesichtspunkten vollziehen müßen.[86]

Was die Verfahren zur Beilegung umweltrechtlicher Kontroversen betrifft, so sei zunächst auf die grundsätzlichen Aussagen in der Judikatur internationaler Gerichte und Schiedsgerichte, wie im *Lac Lanoux*-Fall,[87] in den *Nordsee Kontinentalsockel*-Fällen[88] oder *Fisheries Jurisdiction*-Fällen[89] verwiesen. Danach sind Streitparteien völkerrechtlich verpflichtet, nach Treu und Glauben Verhandlungen mit dem Ziel zu führen, eine einvernehmliche Lösung auf der Basis gegenseitiger Kompromißbereitschaft herbeizuführen. Diese Umschreibung der völkerrechtlichen Verhandlungspflicht bedeutet allerdings noch nicht,

---

[85] In diesem Sinne auch Quentin-Baxter, Fifth Report on International Liability for Injurious Consequences Arising out of Acts not Prohibited by International Law, U.N. Doc.A/CN.4/383, 25-26, Abs. 30-31 (1984); und vgl. Pinto, „Reflections on International Liability for Injurious Consequences Arising out of Acts not Prohibited by International Law", 16 *NethYBIL* 17, 36ff. (1985).

Zur Staatenpraxis vgl. z. B. die allgemeinen Nachweise bei Lammers, „First (Preliminary) Report" (Fn. 34) 401; und im „Final Report of the Experts Group on Environmental Law on Legal Principles for Environmental Protection and Sustainable Development", in *Experts Group on Environmental Law of the World Commission on Environment and Development, Environmental Protection and Sustainable Development* [des weiteren zitiert als *WCED Legal Principles*] 90-94 (1987).

[86] So bereits Handl (Fn. 28) 36; und Leanerts (Fn. 42) 180.

[87] 12 U.N. RIAA 283, 308.

[88] *North Sea Continental Shelf* (Neth. and Denmark v. Fed.Rep.Germany) ,1969 ICJ Rep. 3, 46-47, Abs. 85.

[89] *Fisheries Jurisdiction* (Merits), (U.K.and Northern Ireland v. Iceland), 1974 ICJ Rep. 3, 32-33, Abs. 75-78.

daß die Streitparteien völkerrechtlich verpflichtet wären, eine vertragliche Lösung auch tatsächlich zu erreichen.[90]

Diesen Entscheidungen kommt natürlich auch im Fall des nuklearen Grenzkraftwerks eine richtungsgebende Funktion zu. Es darf jedoch nicht übersehen werden, daß hier, wie bereits eingangs aufgezeigt wurde, der zu lösende Souveränitätskonflikt schärfer ist als in den Kontroversen, die zu den gerade genannten Judikaten geführt haben. Als Ausfluß seiner völkergewohnheitsrechtlichen Grundrechtsposition muß der belastete Staat hier — im Unterschied zu diesen anderen Umweltressourcekonflikten — einen verfahrensrechtlich gesicherten Anspruch darauf haben, daß seine berechtigten Interessen vom Anlagestaat berücksichtigt werden. Dem kann so entsprochen werden, daß für den Fall des mangelnden Einvernehmens zwischen den beiden Staaten ein bindendes internationales Entscheidungsverfahren zu vereinbaren wäre, welches eine Bewertung der strittigen Fragen entweder durch ein technisches Expertenkommittee oder gegebenenfalls durch ein Schiedsgericht vorsieht.

Entsprechend der Schwere des Eingriffs in die souveränen Rechte des gefährdeten Staates, müßte jedenfalls eine Setzung eines *fait accompli* durch den Anlagestaat ausgeschlossen werden, d. h. ein Vorgehen ohne Einvernehmen mit dem Nachbarstaat oder entsprechende Billigung durch eine überparteiliche Entscheidungsinstanz. Dieser Ansatz entspricht der den Debatten in der Völkerrechtskommission der Vereinten Nationen über „Haftung für Schäden aus rechtmässigem Verhalten" zugrundeliegenden Grundsatzerklärung des ersten Spezialberichterstatters Quentin-Baxter.[91] Er deckt sich mit dem in der ECE Konvention über die Umweltverträglichkeitsprüfung bei grenzüberschreitenden Sachverhalten vorgesehenen Streitschlichtungsverfahren, aufgrund dessen Staaten Meinungsverscheidenheiten über die grenzüberschreitenden Auswirkungen eines Projektes, einer überparteiischen Dreierkommission vorlegen können;[92] mehr noch, er entspricht heute wohl einer Tendenz zur normativen

---

[90] In diesem Sinne der StIGH in *Railway Traffic between Lithuania and Poland*, 1931 PCIJ (ser.A/B), Nr. 42, 116; und dazu die bestätigenden Aussagen in *North Sea Continental Shelf* (Fn. 88) 48, Abs. 87.

[91] s. Quentin-Baxter, Third Report, Schematic Outline (Fn. 26) § 2 (4)(5). Diese Richtlinien sehen zwar nur ein Tatsachenfeststellungsverfahren vor, das zudem nicht ausdrücklich vorgeschrieben ist. Doch sollen diese Richtlinien für grenzüberschreitende Gefährdungstatbestände im allgemeinen gelten. Der ganz besondere Tatbestand, der hier zur Debatte steht, ist augenscheinlich nicht unter dieses normative Konzept subsumierbar. Der belastete Staat scheint jedenfalls zu einer stärkeren Absicherung seiner Interessen berechtigt.

[92] s. Art. 3, Abs. 7 und Appendix IV der Konvention ECE/25/2/91. Die Vorlage einer solchen Meinungsverscheidenheit ist fakultativ. Angesichts der qualitativ andersartigen grenzüberschreitenden Einwirkungen durch das Grenzkraftwerk ist eine zwingende Vorlage vor einem internationalem Entscheidungsgremium durchaus vereinbar mit der hier lediglich fakultativen Vorlage bei analogen allgemeinen grenzüberschreitenden Umwelteinwirkungen.

Verankerung von überparteiischen Tatsachenfestellungverfahren bei grenzüberschreitenden Umweltproblemen.[93] Kurz gesagt, dieser Ansatz allein vermeidet die heute völkerrechtlich unhaltbare Extremposition der Unbedenklichkeit eines solchen Eingriffs in die Rechte des belasteten Staates einerseits, bzw. seines prinzipiellen Verbots andererseits.

Muß man also zum Schluß kommen, daß diese grenzüberschreitenden Auswirkungen ein derart gesichertes Mitentscheidungsrecht des gefährdeten Staates in Sachen Grenzkernkraftwerk bedingen, so drängt sich natürlich die Frage auf, ob und inwieweit sich die Aussage über den kritischen Distanzparameter nicht näher präzisieren läßt. Ein allgemein verbindlicher internationaler Richtwert dieser Art läßt sich tatsächlich feststellen. Mehrere Überlegungen sprechen für die Annahme, daß sich in diesem Sinne zumindest eine Distanz von 10 km ausgehend vom Kernkraftwerk als Richtwert rechtfertigen läßt.

Erstens, ergibt sich aus der überwiegenden internen Praxis der Staaten, daß Schutzzonen mindestens einen Radius von 10 km haben.[94] So erstreckt sich z. B. in der Bundesrepublik die Notfallplanung, einschließlich Evakuierungsmaßnahmen, auf einen Bereich bis zu 10 km Entfernung vom Kernkraftwerk.[95] Der französische Alarmplan für Cattenom sieht die Räumung einer bis zu 10 km vom Reaktor entfernten Zone vor.[96] Auch in Spanien geht man davon aus, daß

---

[93] s. dazu Loibl, „Transboundary Environmental Cooperation: Dispute Avoidance and Settlement", 1 *Y.B.Int'l Env.L.* 76 (1990).

[94] Eine scheinbare Ausnahme stellt in dieser Hinsicht Großbritannien dar. In einem wesentlichen Aspekt, nämlich der Evakuierungsplanung, wird die Schutzzone sehr restriktiv ausgelegt: In der Regel umfaßt sie lediglich einen Umkreis von 2,5 bis 4 km. s. dazu Anthony, „Nuclear Safety Philosophy in the United Kingdom", 27 *Nuclear Safety* 443, 452 (1986). Allerdings ist zu bedenken, daß einerseits die britische Standortspolitik je nach Reaktortyp sich an höchstzulässigen Bevölkerungsdichten orientiert; andererseits, daß bestehende Notfallspläne u. a. radiologische Überwachungsmaßnahmen bis zu einer Entfernung von 32 km vom Kernkraftwerk und die Errichtung eines „Offsite Support Centre" innerhalb dieses Bereichs, erforderlich machen. Zum Stand der Notfallplanungserfordernisse, s. z. B. die Erklärung von Viscount Davidson im House of Lords, 486 *Parl.Deb., H.L.* (5th Ser.) 1107 (1987).

Im übrigen scheint auch die Diskussion um eine Ausweitung der Notfallplanungszonen, die durch Tschernobyl, v.a. aber im Zusammenhang mit neu geplanten Druckwasserreaktoren in Gang gekommen war, noch keineswegs abgeschlossen. s. dazu die Unterhaus Debatten über das Sizewell-B Kernkraftwerk, z. B. Wortmeldung von Kevin Barron, 111 *Parl.Deb., H.C.* (6th Ser.) 26, 60 (1987).

[95] s. z. B. Rahmenempfehlung für den Katastrophenschutz in der Umgebung kerntechnischer Anlagen, Fassung vom 23. April 1975, GMBl. Nr. 31, 1977, S. 685, C 6.4. und 6.8; und § 13.3 (Stufen der erforderlichen Evakuierungsplanung) der Bekanntmachung des bayerischen Staatministeriums des Innern vom 27. 5. 1980, Nr.I D 1- 3041 -6/238, betreffend Katastrophenschutz in der Umgebung kerntechnischer Anlagen in Bayern; Leitsätze für die Erstellung besonderer Alarm- und Einsatzpläne 278, 287; und vgl. „Katastrophenschutzpläne für Kernkraft-Unfälle offengelegt", Anzeiger für Baden-Württemberg, 29. Jahrgang, Nr. 86, 25. Oktober 1980, 1 - 2.

[96] „Frankreich veröffentlicht Alarmplan für Cattenom", Süddeutsche Zeitung, 21. Juli 1986, 2, Spalte 1.

Räumungsmaßnahmen für eine 10 km Zone geplant werden müßen.[97] Ganz ähnlich ist die Situation in Belgien,[98] Jugoslawien[99] und in der Tschechoslowakei:[100] Evakuierung als die einschneidenste der Schutzmaßnahmen, muß für einen Umkreis von 10 km vom Kernkraftwerk geplant werden.

Zweitens, in mehreren Staaten reicht die Schutzzone für Sofortmaßnahmen zum Teil deutlich über diese Distanz hinaus: In Schweden bis zu 12-15 km vom Reaktor.[101] In Kanada, wo nukleare Notfallplanung in die Kompetenz der Provinzen fällt, werden Schutzmaßnahmen für einen Umkreis von 10 bis 24 km vom jeweiligen Kernkraftwerk vorgeschrieben. So erstreckt sich z.B. die Schutzzone in New Brunswick auf einen Umkreis von 16 km vom Reaktor;[102] in Ontario liegt im allgemeinen die Distanz bei 10 km,[103] im Zusammenhang mit dem grenznahen U.S.-amerikanischen Kernkraftwerk Fermi-2, bei 21-24 km.[104] Die amerikanische Notfallplanung sieht vorbeugende Schutzmaßnahmen, einschließlich Evakuierungspläne, für eine Zone im Umkreis von 16 km vom Kernkraftwerk vor.[105] Andere Staaten, wie z.B. Südafrika[106] und die

---

97 s. *Plan Basico de Emergencia Nuclear, Revision 01 - 13 de Noviembre de 1986*, II.1-II.2; und Ministerio del Interior, Orden de 29 marzo de 1989 por la que se dispone la publicacion del Acuerdo del Consejo de Ministros de 3 de marzo 1989, que aprueba el Plan Basico de Emergia Nuclear, Anexo II, *BOE* 14.4.1989, 10779, 10798.

s. weiters Carillo / Murtra, „Incorporacion de las recomendaciones del OEIA al plan español de emergencia nuclear", in *International Atomic Energy Agency, Emergency Planning and Preparedness for Nuclear Facilities, Proceedings of a Symposium, Rome, 4-8 November 1985*, 43, 53 (1986).

98 s. van den Damme / Beckers / Moureau, „Nuclear Facilities Emergency Planning in Belgium", in *IAEA, Emergency Planning and Preparedness* (Fn. 97) 3, 9.

99 s. Copič / Martinčič / Špiler, „Emergency Planning in Yugoslavia", *ebenda* 27, 33.

100 s. Kriz, „Emergency Planning for Nuclear Power Plants in Czechoslovakia", *ebenda* 119, 123.

101 s. Lindhe / Jensen, „Emergency Planning in Sweden", *ebenda* 13, 18; und Hoegberg, „The Swedish Nuclear Safety Program", 29 *Nuclear Safety* 421, 434 (1988).

102 Telefongespräch mit Furruhk B. Ali, Head, Nuclear Emergency Preparedness Planning, Province of Ontario, Kanada.

103 s. *Province of Ontario, Nuclear Emergency Plan, Part I - Provincial Master Plan, June 1986*, 10-11. Allerdings, für die Kernkraftwerke Bruce und Darlington ist eine Erweiterung der „Primary planning zone" auf einen Umkreis von 13 km Aussicht genommen. Ein entsprechender Vorschlag dürfte aller Voraussicht nach noch vor Ende 1991 die Zustimmung des Regierungskabinetts erhalten.

104 *Province of Ontario, Nuclear Emergency Plan, Part VI — Enrico Fermi 2 Nuclear Emergency Plan*, October 1989, 2, § 2.2.

105 s. 10 C.F.R. 50.47 (c) (2); und allgemein, *U.S. Nuclear Regulatory Commission / Federal Emergency Management Agency, Criteria for Preparation and Evaluation of Radiological Emergency Response Plans and Preparedness in Support of Nuclear Power Plants*, NUREG-0654 / FEMA-REP-1, Rev. 1, November 1980.

106 s. Metcalf, „The Regulatory Approach to Ensuring the Adequacy of Emergency Planning for Nuclear Power Stations in South Africa", in *IAEA, Emergency Planning and Preparedness* (Fn. 97) 143, 145.

Philippinen,[107] haben die entsprechenden U.S.-Werte direkt übernommen. Auch in Indien erfordert die Notfallplanung Evakuierungsmaßnahmen in einem Umkreis bis zu 16 km.[108] In Finnland erstreckt sich diese Schutzzone bis zu einer Entfernung von 20 km.[109] In der Schweiz schließlich wird das Notfallplanungsgebiet in eine „Zone 1" (für „rasche Schutzmaßnahmen"), deren Umfang zwar nicht normiert ist, aber erfahrungsgemäß 3-5 km ausmacht und eine „Zone 2" mit einem Radius von ca. 20 km, untergeteilt.[110] Notmaßnahmen müßen für den gesamten Bereich der Zone 1 ergriffen werden und sektorenweise in der „Zone 2". Planung und Vorbereitung für den Notfall, müßen jedoch in beiden Zonen, also bis zu einer Entfernung von 20 km erfolgen.[111]

Drittens, periodische Überprüfungen nationaler Notfallpläne, sowohl vor wie auch nach dem Unfall in Tschernobyl, scheinen die Angemessenheit der jeweiligen Schutzzonen von 10 oder mehr Kilometern, durchwegs bestätigt zu haben. In keinem hier bekannten Fall ist es jedenfalls zu einer Reduzierung der Schutzzone gekommen. In den USA z.B. war unter dem Eindruck des Three Mile Island (TMI) Unfalls zunächst eine, auf einen Umkreis von ca. 3,6 km beschränkte Notfallplanungszone auf die heutigen 16 km ausgedehnt worden.[112] Seither ist die Notwendigkeit für die Beibehaltung einer solchen Zone mehrmals in Frage gestellt worden.[113] Trotz zeitweilig starken wirtschaftlichen und politischen Drucks[114] wurde aber eine Reduzierung des per Verord-

[107] s. Albano et al., „Emergency Planning for the First Philippine Nuclear Power Plant", *ebenda* 65.

[108] Vgl. z.B. den Hinweis auf die Notfallspläne für das Kernkraftwerk in Rajastan, „Indian Emergency Plans Revealed", *Nuclear Engineering International* 6 (August 1987).

[109] s. Blomquist / Hänninen / Vuorinen, „Emergency Planning by the Public Authorities in Finland", in *IAEA, Emergency Planning and Preparedness* (Fn. 97) 13, 18.

[110] s. Art. 2 der Verordnung über den Notfallschutz in der Umgebung von Kernanlagen (Notfallschutzverordnung), AS 1983 1877, § 732.33.

[111] s. *ebenda*, Art. 22.

[112] s. 45 Federal Register 55,402 (1980). Eine gemischte Kommission der nuklearen Aufsichtsbehörde (NRC) und der Umweltschutzbehörde (EPA) hatte allerdings bereits im Jahr zuvor, diese Ausdehnung der Räumungszone entschieden.

[113] Vgl. die damit zusammenhängende Diskussion über den „source term", d.h. die Frage der Quantität, des vom Austritt in die Umwelt betroffenen radiokativen Inventars, des zeitlichen Ablaufs und der Merkmale eines solchen Austritts im Zug einer Kernschmelze. s. z.B. Jamgochian, „Regulatory Aspects of Emergency Planning", in *IAEA, Emergency Planning and Preparedness* (Fn. 97) 523, 526-27; und *U.S. Nuclear Regulatory Commission, Severe Accident Risks* (Fn. 37). Die Ergebnisse dieser Untersuchung lassen, wie Experten versichern, keine generellen Rückschlüsse zu, damit u. a. auch auf die Frage, ob eine Reduzierung der Notfallplanungszone möglichweise zu rechtfertigen sei.

[114] Vgl. z.B. den 1986 gestellten Antrag der Betriebsgesellnschaft des (damals) vollendeten aber noch nicht betriebsgenehmigten Kernkraftwerks in Seabrook, New Hampshire, auf eine ausnahmesweise Reduzierung der 16 km Zone auf 1,6 km. s. „Nuclear Plant Seeks Waiver on Emergency Zone", New York Times, 19.12.1986, 13, Spalte 1. Der Antrag war eine Reaktion auf die Weigerung des Staates Massachussetts, an der für die Erteilung der Betriebsgenehmigung erforderlichen Notfallsübung, die wegen des Standor-

nung festgelegten Umkreises von 16 km aus grundsätzlichen Sicherheitserwägungen abgelehnt.[115]

Andererseits scheint die Auswertung des Unfalls in Tschernobyl und die Beurteilung der Sicherheitskonsequenzen für westliche Staaten, weder für eine Ausweitung noch für eine Reduzierung bestehender Schutzzonen entscheidende Argumente geliefert zu haben.[116] Die Unfallfolgen von Tschernobyl bestätigen natürlich, daß Notmaßnahmen, inbesonders Evakuierungen auch über wesentlich weitere Distanzen hinaus erforderlich sein können. Bekannterweise evakuierten die sowjetischen Behörden die allgemeine Bevölkerung zunächst[117] in einem Umkreis von 30 km vom Reaktor,[118] Kinder sogar bis zu einer Entfernung von 160 km.[119] Jenseits der 30 km Zone aber wurde in westlicher Richtung vom beschädigten Reaktor bis zu einer Distanz von 50-60 km, in

---

tes auch Gebiete von Massachussetts miteinbezogen hätte, teilzunehmen. Zur Ablehnung des Antrags, s. *In the Matter of Public Service Company of New Hampshire, et al. (Seabrook Station, Units 1 and 2)*, 25 NRC 324, 342 (1987).

[115] Vgl. z.B. „Report to the American Physical Society of the Study Group on Radionuclide Release from Severe Accidents at Nuclear Power Plants", 57 *Review of Modern Physics* no. 3, Pt.II, S129-130 (1985); und vgl. die Diskussion in *In the Matter of Public Service Company of New Hampshire* (Fn. 114) 339-42.

[116] s. allgemein, *Nuclear Energy Agency / Organisation for Economic Co-operation and Development, Chernobyl and the Safety of Nuclear Reactors in OECD Countries* 7 (1987), wonach Tschernobyl keine neuen Informationen oder Phänomene ans Licht brachte; und *The International Chernobyl Project: An Overview, Assessment of Radiological Consequences and Evaluation of Protective Measures, Report by an International Advisory Committee* 32 (1991).

Zur Frage etwaiger Folgen für nationale Notfallpläne, vgl. z.B. die Überprüfung in Schweden, die zu keiner Änderung der schwedischen Notfallsplanungszonen führte: s. Hoegberg (Fn. 101) 434; die einschlägigen Debatten im britischen Unterhaus (Fn. 94); und Überlegungen in der Schweiz zur Frage, ob eine Beschränkung der nationalen Notfallplanung auf den 20 km Umkreis in der Zukunft ausreichend sei. s. „Tschernobyl — Folgen für die Schweiz: Verbesserungen bei Alarmorganisation und Notfallplanung", Neue Zürcher Zeitung, 25.4.1987, 31, Spalte 1. Zur Überprüfung in den USA, s. „Atomic Panel Finds No Change Needed", New York Times, 7.2.1987, 9, Spalte 1. Verschiedene Anträge, in denen unter Berufung auf die Tschernobyl Erfahrungen, die Ausdehung der US-Notfallplanungszone sowohl hinsichtlich des Schutz-, wie auch des radiologischen Überwachungsbereichs gefordert wurde, lehnte jüngst die Nuclear Regulatory Commission ab: s. 10 C.F.R. Part 50 and 70, Emergency Preparedness at Nuclear Power Plants; Denial of Petitions for Rulemaking, 55 Federal Register 5603, February 16, 1990.

[117] Weitere Maßnahmen zum Schutz der gefährdeten Bevölkerung, inklusive neuerliche Umsiedelungen, wurden zwischen 1988 und 1990 teilweise verwirklicht. s. *The International Chernobyl Project* (Fn. 116) 39-41.

[118] *USSR* State Committee on the Utilization of Atomic Energy: The Accident at the Chernobyl Nuclear Power Plant and its Consequences, Part I. General Material, Draft, Information Compiled for the IAEA Experts' Meeting, 25-29 August 1986, Vienna, 38 (1986).

[119] s. „Chernobyl Causing Big Revisions in Global Nuclear Power Policies", New York Times, 27. Oktober 1986, A1, col. 2; and *The International Chernobyl Project* (Fn. 116) 49-50.

nördlicher Richtung bis zu 35-40 km, eine Kontamination des Bodens gemeßen, die in westlichen Staaten möglicherweise eine Evakuierung der allgemeinen Bevölkerung ausgelöst hätte.[120] Allerdings, diese Werte sind unter anderem auf die (damals noch) prononciert andersartige kerntechnische Sicherheitsphilosophie der UdSSR zurückzuführen, so die Tatsache, daß der Tschernobyl-Reaktor kein, wie im Westen übliches, Volldruckgehäuse aufwies.[121] Wenn daher die Wahrscheinlichkeit solcher Kontaminationswerte für einen Reaktorunfall mit Kernschmelze z. B. im westlichen Europa nicht unbeachtlich ist,[122] so dürfte sie doch ganz wesentlich geringer sein.[123] Sofern also für die Notfallplanung für Kernkraftwerke mit westlichen Leichtwasserreaktorsystemen aus dem Unfall eine Lehre zu ziehen ist, so sicherlich die, daß nicht nur anlageninterne Verbesserungen des Notfallschutzes sinnvoll und machbar sind,[124] sondern daß adäquaten Schutzzonen, trotz ausgefeilter technischer Unfallverhütungsstrategien, nach wie vor besondere Aufmerksamkeit geschenkt werden muß.[125]

---

[120] 15 Tage nach dem Unfall lagen die entsprechenden maximalen Strahlenwerte bei 5 mr/h. Angaben über die zu erwartende Jahresdosis fehlen allerdings: *USSR State Committee* (Fn. 118) 37. Bei einer voraussichtlichen Gesamtkörperbestrahlung von lediglich 5 rem/Jahr ist in einigen westlichen Staaten, wie z. B. in den USA, eine Evakuierung erforderlich, es sei denn, eine solche Maßnahme würde das Strahlungsrisiko für die Bevölkerung vergrößern statt verringern. s. Albright, „Chernobyl and the U.S. Nuclear Industry", 42 *Bulletin of Atomic Scientists* 38, 39 (Nov. 1986). Sowjetische Richtlinien erforderten eine Evakuierung erst ab einer voraussichtlichen Jahresdosis von 25 rem. Dieser höhere sowjetische Richtwert gleicht in etwa den bundesdeutschen Radiologischen Grundlagen für die Planung von Notfallmaßnahmen, in Rahmenempfehlung (Fn. 95) 691, wonach erst ab einer Dosis von 25 rem eine Evakuierung als „zweckmäßig" gilt.

[121] s. dazu *Nuclear Energy Agency/Organisation for Economic Co-operation and Development* (Fn. 116) 25-33; Bethe, „U.S. Panel Assesses Chernobyl", 42 *Bulletin of Atomic Scientists* 45 (Dezember 1986); und Birkhofer, „Aufbau und Sicherheitseinrichtungen sowjetischer Reaktorbaulinien, Vergleiche mit deutschen Anlagen", in *Tschernobyl: Konsequenzen für die Bundesrepublik Deutschland, eine Dokumentation des VDI*, 20, 24-25 (1987).

[122] Zur Diskussion über die Wahrscheinlichkeit eines durch eine Dampfexplosion verursachten Containmentverlusts in einem Kernkraftwerk, das amerikanischen Sicherheitserfordernissen entspricht, vgl. etwa „The Lessons of Chernobyl", 223 *Science*, 26. September 1986, 1375.

[123] In diesem Sinne auch der schweizerische Kernkraftwerk-Sicherheitsbericht: Detailierte Angaben dazu in „Tschernobyl ist nicht überall: AKW-Sicherheitsbericht des Bundesrates", Neue Zürcher Zeitung, 21. November 1987, 29, Spalte 1; und vgl. Birkhofer, „Zum Stand der Sicherheitsbeurteilung osteuropäischer Kernkraftwerke", 36 *atw* April 1991, 188.

[124] In diesem Sinne der Abschlußbericht der deutschen Reaktorsicherheitskommission über die Sicherheitsüberprüfung der Kernkraftwerke in der BRD im Licht des Unfalls in Tschernobyl, in Auszügen wiedergegeben in *Umwelt* Nr. 1/1989, 21, 22-27.

[125] Vgl. dazu „Opinion on Nuclear Accidents", presented by the Committee on Science and Technology, Parliamentary Assembly of the Council of Europe, 23 September 1987, Doc. 5751, 10-11.

Zusammenfassend läßt sich somit folgendes festhalten: Erstens, jedes Kernkraftwerk, dessen Schutzzone in den Nachbarstaat hineinreicht („Grenzkernkraftwerk"), begründet ein völkerrechtliches Mitentscheidungsrecht seitens des gefährdeten Staates, und zwar hinsichtlich aller Fragen, die notwendigerweise das von dieser Anlage ausgehende grenzüberschreitende Gefahrenmoment berühren. Zweitens, angesichts der Tatsache, daß nationale Notfallspläne weitestgehend darin übereinstimmen, daß sie einen Evakuierungsbereich von zumindest 10 km Ausdehnung vorsehen, wird ein man wohl zu Recht von einem Radius von 10 km vom Standort des Kernkraftwerks enfernt, als einem allgemeinen Richtwert für die Mindestgröße der erforderlichen Schutzzone ausgehen dürfen. Allerdings, sofern im Anlagestaat größere Schutzzonen vorgeschrieben sind, wird der Staat diese größere Distanz auch international gegen sich gelten lassen müssen.

II. „Grenznahe" Kernkraftwerke und Mitspracherecht des Nachbarstaates

Signifikante, wenn auch wahrscheinlich wesentlich abgeschwächte, radiologische Auswirkungen müssen auch für einen Bereich jenseits der 10 km Grenzzone als konkrete Möglichkeit eines Kernkraftunfalls in Betracht gezogen werden. Die rechtliche Beurteilung dieses Risikos könnte ad hoc erfolgen, indem vereinbart wird, daß jede Kernkraftanlage, bei deren Betrieb aufgrund geographischer, geologischer, metereologischer oder hydrologischer Gegebenheiten Schäden auf dem Gebiet des anderen Vertragsstaates nicht mit Sicherheit ausgeschlossen werden können, zum Objekt eines gewissen Mitspracherechts wird. Einen derartigen Vorschlag hat Österreich 1986 in den Verhandlungen über einen Entwurf eines Abkommens mit der Bundesrepublik Deutschland über Fragen gemeinsamen Interesses im Zusammenhang mit kerntechnischen Anlagen[126] gemacht. Zum Unterschied vom unglücklich ausformulierten österreichisch-tschechoslowakischen Abkommen von 1982,[127] das in ähnlicher Weise auf das tatsächliche individuelle grenzüberschreitende Risiko abzustellen suchte,[128] war der österreichische Vorschlag allerdings gleichzeitig mit einer Kautel verbunden, die einer möglichen einseitigen Relativierung des Risikobegriffs einen Riegel vorschiebt: Streitigkeiten über die Auslegung oder Anwendung des Abkommens sollten auf einseitigen Antrag einem Schiedsgericht unterbreitet werden können.[129]

---

[126] s. dazu „Atominformationen für Österreich", Frankfurter Allgemeine Zeitung, 18.12.1986, S.6, Spalte 6.

[127] Zur Kritik s. Simma / Handl, „Der österreichisch-tschechoslowakische Vertrag über grenznahe Kernanlagen im Licht des völkerrechtlichen Nachbarrechts", 40 *ÖJZ* 174 (1985).

[128] Laut Art. 1(c) des Abkommens A-CS / 18 / 11 / 82, ist mit dem den Rechtsanspruch begründenden Begriff „Kernanlage in der Nähe der gemeinsamen Staatesgrenze" jede Kernanlage gemeint, „die im Falle eines unvorhergesehenen Ereignisses die Bevölkerung der anderen Vertragspartei gefährden kann."

Theoretisch könnte ein solcher Ansatz den Sicherheitsinteressen des gefährdeten Staates voll gerecht werden. In der Praxis aber dürfte er sich als zwischenstaatlich schwer durchsetzbar erweisen. Das „nicht mit Sicherheit ausschließbare" Risiko grenzüberschreitender nuklearer Schäden ist ein relativer Begriff. Seit Tschernobyl ist eine internationale Konsensfindung diesbezüglich wohl nicht leichter geworden. Grundsätzliche Schwierigkeiten bei der Umsetzung dieses Ansatzes wären daher vorprogrammiert. Ebenso problematisch erscheint die Sensibilisierung des gesamten Fragenkomplexes durch die internationale Streitbeilegungsklausel. Kurz gesagt, ein derartiger Ansatz ist in der Regel kaum als Lösungsmodell für die völkerrechtliche Beurteilung des hier zur Debatte stehenden nuklearen Restriskos zu empfehlen.

Ein erfolgsversprechender Ausgangspunkt ist die Tatsache, daß nationale Notfallpläne in der Regel planerische Maßnahmen auch für eine über die innere Schutzzone hinausgehenden Bereich vorsehen: So z. B. in der BRD bis zu einer Entfernung von 25 km,[130] in den USA bis zu 80km,[131] und in Finnland sogar bis zu 100 km[132] vom Kernkraftwerk. Die für diesen weiteren Vorsorgebereich zu treffenden Maßnahmen, beschränken sich gewöhnlich auf eine radiologische Überwachung.[133]

Dementsprechend gemindert erscheint auch die völkerrechtliche Bedeutung der Tatsache, daß sich gegebenenfalls eine solche Überwachungszone, entsprechend der im Anlagestaat geltenden Rechtsvorschriften, auf das Hoheitsgebiet eines benachbarten Staates erstrecken würde. Zwar ist es offenkundig, daß das dieser erweiterten Zone zugrundeliegende Restrisiko international als bedeutsam gelten muß. Doch erscheinen die Rechte des gefährdeten Staates nicht in einer Weise berührt, die seine Souveränität in Frage stellt. Die Nähe des Kernkraftwerks zur Staatsgrenze zwingt zu keiner Evakuierungplanung oder aber anderen, ihrer souveränitätsbeschneidenden Bedeutung nach ähnlich drastischen Vorsorgemaßnahmen. Daher hat wohl auch der belastete Staat „nur" ein begrenztes Mitspracherecht anstatt eines Mitentscheidungsrechts.

Was die Entfernung von der Kernkraftanlage betrifft, über die hinweg das Risiko dem gefährdeten Staat gegenüber noch als signifikant zu gelten hat und damit ein Mitspracherecht begründet, so wird man wiederum annehmen müssen, daß der Anlagestaat seine, auf innerstaatlicher Ebene anwendbaren Entfernungswerte gegen sich auch international wird gelten lassen müssen. Weiters läßt sich mittlerweile aus der Staatenpraxis ebenfalls ein Mindeststan-

---

129 s. Art.XI, Abs. 2 des österreichischen Entwurfs eines Abkommens zwischen der Republik Österreich und der Bundesrepublik Deutschland über Fragen gemeinsamen Interesses im Zusammenhang mit kerntechnischen Anlagen (17. Oktober 1986).

130 s. Rahmenempfehlung (Fn. 95).

131 s. 10 C.F.R. 50.47(c)(2).

132 Blomquist et al. (Fn. 109).

133 s. z. B. die US-amerikanischen Vorschriften, in 10 C.F.R. 50.47 (c) (2); bzw. die deutschen, in Rahmenempfehlung C.6.4 und 6.8 (Fn. 95).

dard ableiten, der durchaus geeignet erscheint, als allgemeine internationale Richtlinie in dieser Frage herangezogen zu werden.

In Bezug auf international akzeptierte Entfernungskriterien läßt sich folgende grundsätzliche Entwicklung erkennen. Zum einen wird, in Annäherung an das, was allgemein als relevantes Risiko gelten kann, eine bestimmte Entfernung von der Staatsgrenze festgelegt, innerhalb der ein Kernkraftwerk automatisch einen Rechtsanspruch des gefährdeten Staates auf Mitwirkung an jenen Entscheidungsprozeßen des Anlagestaat begründet, die das grenzüberschreitende nukleare Risiko beeinflussen. Zum anderen gibt es sich verdichtende Ansätze zu einer Praxis, bei der die Distanz von der Staatsgrenze überhaupt keine Rolle mehr spielt: Der Nachbarstaat ist grundsätzlich zu einer gewissen „Mitsprache" berechtigt, die über einen Informationaustausch bzw. Konsultationen verwirklicht wird. Dieses Mitspracherecht kann den gesamten grenzüberschreitenden Risikobereich kerntechnischer Anlagen betreffen oder aber auch nur Teilaspekte wie die Standortwahl, Sicherheitsauslegung, den Betrieb, oder die Entsorgung solcher Anlagen.

Im einzelnen lassen sich folgende Aussagen treffen: Erstens, ein völkerrechtlicher Informations- bzw. Konsultationsanspruch[134] seitens eines Nachbarstaates läßt sich — zumindest im westeuropäischen Raum — bereits an Hand der dem Unfall in Tschernobyl vorausgehenden Staatenpraxis nachweisen, und zwar in Bezug auf Kernkraftwerke, die zumindest innerhalb einer Entfernung von 30 km von der Grenze gelegen sind. Z.B. gehen das deutsch-holländische Abkommen von 1977,[135] das dänisch-deutsche Abkommen desselben Jahres,[136] sowie das portugiesisch-spanische Abkommen von 1980[137] von diesem Wert aus. Auf eine geringere Distanz, nämlich 20 km, wird im deutsch-schweizerischen Abkommen von 1983[138] abgestellt, sowie in den, 1984 im Rahmen des Rats für gegenseitige Wirtschaftshilfe erstellten Richtlinien zur Benachrichtigung von Mitgliedstaaten über die unbeabsichtigte Freisetzung von oder die geplante Einleitung radioaktiver Stoffe in die Umwelt.[139] Mehreren dieser Übereinkommen ist jedoch gemeinsam, daß ausdrücklich oder stillschweigend anerkannt wird, daß Anlagen auch in weiterer Entfernung von der Grenze ein Mitspracherecht des gefährdeten Staates bedingen können: Manchesmal wird von vornherein für eine zusätzliche Zone, nämlich bis zu 100 km von der

---

[134] s. unten G.I. und G.III.

[135] s. Art. 2 des Memorandums D-NL/2/11/77.

[136] s. Art. 2, Abs. 1 des Abkommens D-DK/4/7/77.
Das dänisch-bundesdeutsche Ergänzungsabkommen von 1987 hat zwar einen distanzunabhängigen Geltungsbereich. Doch unterschiedet sich dieses Abkommen dadurch, daß ein Informations- bzw. Konsultationsanspruch bezüglich Kernkraftanlagen nur soweit anerkannt ist, als „dies zur Beurteilung möglicher Folgen von Unfällen...dienlich ist". s. Art. 2 (2) der Vereinbarung D-DK/13/10/87. s. dazu allgemein, unten G.I.

[137] s. Art. 1, Abs.(b) des Abkommens P-E/31/3/80a.

[138] s. Art. 2, Abs. 1 der Vereinbarung D-CH/10/8/82.

[139] s. § I, Abs. 3 der Richtlinien RGWH/6/4/84.

Grenze,[140] die Möglichkeit eines solchen Rechts anerkannt.[141] So übrigens auch im amerikanisch-mexikanischen Abkommen über Zusammenarbeit bei Umweltproblemen im Grenzgebiet,[142] das sich sinngemäß auf kerntechnische Anlagen erstreckt.[143] Zu erwähnen wäre hier wohl auch das Nordische Abkommen über Richtlinien zur Zusammenarbeit in Fragen der nuklearen Sicherheit von kerntechnischen Anlagen in den Grenzgebieten zwischen Dänemark, Finnland, Norwegen und Schweden,[144] welches einen flexiblen Ansatz zur Frage „Grenznähe" erkennen läßt.

Zweitens, unter dem Eindruck des Unfalls in Tschernobyl ist es zu einer deutlichen Neuauslegung dessen gekommen, was traditionell als „grenznahes" Kernkraftwerk bezeichnet und damit als völkerrechtlich anspruchsauslösend angesehen werden kann. Dabei darf allerdings nicht übersehen werden, daß — wie noch näher zu erörtern sein wird[145] — mit der Ausdehnung des geographischen Geltungsbereichs des Mitspracherechts, nämlich weit über die 30 km Marke hinaus, vielfach lediglich die "Betriebsbedingungen" und damit nur ein Teilaspekt der von diesen Anlagen ausgehenden grenzüberschreitenden Risiken erfaßt werden. In diesem Sinne hat z.B. die Sowjetunion mit mehreren westlichen Staaten ein Abkommen abgeschlossen, in welchem ein Informationsanspruch in Hinblick auf sowjetische kerntechnische Anlagen anerkannt wird, die innerhalb einer Zone von 300 km von der westlichen Staatsgrenze entfernt gelegen sind. Als Beispiele seien hier die Abkommen mit Dänemark,[146]

---

[140] Laut Art. 2, Abs. 2 der deutsch-schweizerischen Vereinbarung D-CH/10/8/82, bleibt der außerhalb der 20 km Zone gelegene Bereich unbestimmt.

[141] So werden „auf begründeten Wunsch" die im 30 km Bereich geltenden Rechtsbestimmungen über Beteiligung des Nachbarstaates auf bis zu 100 km ausgedehnt: s. Art. 2 des niederländisch-deutschen Abkommens, D-NL/2/11/77; und Art. 2, Abs. 2 des deutsch-dänischen Abkommens, D-DK/4/7/77; Art. 1(b) des portugiesisch-spanischen Abkommens, P-E/31/3/80a, sieht andererseits die Möglichkeit einer international bestimmten Distanz vor, die von beiden Seiten akzeptiert wird.

[142] s. Art. 4 des Abkommens MEX-USA/14/8/83.

[143] Art. 17 des Abkommens enthält einen ausdrücklichen Vorbehalt zugunsten der Fortgeltung existierender bilateraler Übereinkommen. Damit blieben zunächst die Bestimmungen des Art.I, Abs. 3 des Ressortabkommens MEX-USA/8/4/81 unberührt, in welchem ein 48 km (30 Meilen) Distanzwert für eine gegenseitige Informationspflicht hinsichtlich der Standortwahl für kerntechnische Anlagen vereinbart wurde. In der Neufassung des Ressortabkommens vom 6.10.89, ist der Informationsanspruch, der Definition im allgemeinen Umweltschutzabkommen entsprechend, auf Kernkraftwerke im „Grenzbereich", also bis auf eine Distanz von 100 km von der Grenze, ausgedehnt worden. s. Art.I, Abs. 3 des Abkommens MEX/USA/8/4/81, idF vom 6.10.1989.

[144] s. Art. 1 der Richlinien Nord/7/12/73.

[145] s. unten G.I.

[146] In Art. 6 des Abkommens DK-SU/12/11/87 verpflichtet sich die Sowjetunion, einmal im Jahr über den Betrieb der Kernkraftwerke in Estland, Lettland, Lithauen und im Distrikt von Kaliningrad zu informieren, sowie über jene Anlagen des Lenigrader Distrikts, die innerhalb einer Entfernung von 300 km zur westlichen Staatsgrenze der UdSSR gelegen sind.

Finnland,[147] und Österreich[148] genannt. Mit Großbritannien schließlich, hat die Sowjetunion 1990 ein Abkommen geschlossen, das neben einem distanzunabhängigen allgemeinen Erfahrungsaustausch, einen umfassenden und bis ins Detail normierten Informationsanspruch (und ein dementsprechendes Konsultationsverfahren) in Bezug auf bestimmte kerntechnische Anlagen festlegt.[149] Die im § II des Protokolls speziell designierten Kernkraftwerke[150] sind natürlich im gegenseitigen Verhältnis der Vertragsstaaten nicht nur nicht grenznah, sondern liegen vielmehr hunderte von Kilometern von den Grenzen des anderen Vertragspartners entfernt.

Von Interesse ist hier auch das Einlenken der französischen Regierung bezüglich des „grenznahen" Status des Kernkraftwerks Creys-Malville, das ca. 75 km von der schweizerischen Grenze gelegen ist. Im Dezember 1976 hatte es noch Frankreich abgelehnt, Creys-Malville im Rahmen der gemischten französisch-schweizerischen Kommission über nachbarschaftliche Fragen, zu diskutieren. Die französische Delegation lehnte einen entsprechenden schweizerischen Vorschlag mit der Begründung ab, daß es sich bei Creys-Malville nicht um ein Problem der französisch-schweizerischen Nachbarschaft handle, sondern vielmehr um eine innere Angelegenheit Frankreichs.[151] Nach einigen Pannen im französichen Kernkraftwerk, bei welchen die schweizerische Seite ihre Besorgnis über den mangelnden grenzüberschreitenden Informationsfluß zum Ausdruck brachte,[152] wird nun im französisch-schweizerischen Abkommen von 1989 über den Informationsaustausch bei Nuklearunfällen, Creys-Malville immerhin ausdrücklich in ein grenzüberschreitendes Schnellwarnsystem miteinbezogen.[153]

In den österreichisch-bundesdeutschen Verhandlungen über ein umfassendes Mitspracherecht, schien man sich 1987 zwar auf einen Entfernungsparameter von 30 km geeinigt zu haben. Allerdings wurde diese Vereinbarung — in Hinblick auf österreichische Bedenken v.a. bezüglich der ca. 170 km von der Grenze geplanten Wiederaufbereitungsanlage Wackersdorf — zunächst durch eine Sonderliste ergänzt, mittels derer neben Wackersdorf, die Kernkraftwerke Isar I und Isar II in den Vertrag miteinbezogen wurden.[154] Weiterhin wurde, in

---

[147] s. Art. 2, Abs. 2 des Abkommens SF-SU/7/1/87.

[148] s. Art. 5, Abs. 2 des Abkommens A-SU/12/9/88.

[149] s. Art. 5 und das Zusatzprotokoll des Abkommens GB-SU/10/4/90.

[150] Das sind in Großbritannien, Wylfa-2, Heysham-1 und -2, Dungeness B-2, und Dounreay. In der Sowjetunion, Rovno-2, Novoworonesch-3 und Novoworonesch-4, sowie Leningrad-4.

[151] s. die Stellungnahme des Bundesrats vom 9.3.1978, auf eine diesbzügliche parlamentarische Anfrage: 35 *Schweiz.JIR* 161 (1979).

[152] s. z. B. „Reaktionen auf Pannen im Rhonetal", Neue Zürcher Zeitung, 15.4.1987, 7, Spalte 1; und „Genfer Regierung besorgt über KKW Creys-Malville", *ebenda*, 22.7.1987, 7, Spalte 4.

[153] s. Art. 2 des Abkommens F-CH/30/11/89.

[154] s. „Atominformationen für Österreich" (Fn. 126).

Hinblick auf zukünftige Standpunkte, eine allgemeine Zusatzklausel vereinbart, wonach „im Einzelfall auf begründeten Wunsch“ eine Anerkennung der Anspruchsberechtigung des Nachbarstaates auch für nicht grenznahe Anlagen möglich war.[155] Dieser Ansatz ist jedoch mittlerweile aufgrund rechtlicher Entwicklungen im Zusammenhang mit der deutschen Wiedervereinigung ohne Bedeutung.[156]

Zu erwähnen ist hier auch die Entschließung des Parlaments der EG zur Sicherheit von Kernkraftwerken hingewiesen, in welcher die gleichberechtigte Mitwirkung von Nachbarmitgliedstaaten bei der Überwachung und Kontrolle der Sicherheit von Kernkraftwerken gefordert wird, die innerhalb einer 100 km-Zone zu deren Staatsgrenze gelegenen sind.[157]

Drittens, parallel zu dieser Erweiterung des Begriffs „grenznah“, mehren sich die Anzeichen einer pauschalen Ankennung eines Mitspracheanspruchs benachbarter Staaten. So haben z. B. die skandinavischen Staaten untereinander und mit anderen benachbarten Staaten bilaterale Zusatzabkommen abgeschlossen, die wiederum einen distanzunabhängigen Informationsaustausch in Bezug auf Kernkraftwerke des jeweiligen Vertragspartners, vorsehen. Hier sei lediglich auf das dänisch-schwedische Abkommen vom 21.10.1986,[158] das norwegisch-schwedische Abkommen desselben Datums,[159] das dänisch-polnische Abkommen von 1987[160] oder aber das norwegisch-britische Abkommen desselben Jahres[161] verwiesen.

Aber auch in Mitteleuropa hat sich mittlerweile eine distanzunabhängige Verankerung eines zumindest begrenzten Informations- und Konsultationsverfahrens bezüglich Kernkraftanlagen durchgesetzt. Derartige Vereinbarungen haben die Bundesrepublik Deutschland und die DDR im Strahlenschutzabkommen von 1987, geschlossen,[162] Österreich und Ungarn im Abkommen vom 29. April 1987,[163] Österreich und die DDR im Abkommen vom 3. Mai 1988,[164]

[155] s. dazu Art. 2, Abs. 2 des Entwurfs des Abkommens über Fragen gemeinsamen Interesses im Zusammenhang mit kerntechnischen Anlagen, *zitiert in* Der Spiegel, Nr. 39/1987, vom 19.10.1987; s. auch Süddeutsche Zeitung, 27.10.1987, S.21, Spalte 1.

[156] s. unten Fn. 167.

[157] Punkt 6 der „Entschließung zur Sicherheit von Kernkraftwerken und zu den Problemen der gegenseitigen Unterstützung sowie der Haftung“, vom 8.4.1987, ABl. C 125/94, vom 11.5.1987.

[158] Abkommen DK-S/21/10/86.

[159] Abkommen N-S/21/10/86.

[160] Abkommen DK-PL/22/12/87.

[161] s. Art. 8 und 9 des Abkommens GB-N/24/11/87.

[162] s. Art. 3 und 4 des Abkommens D-DDR/8/9/87.

[163] s. Art. 10, Abs. 1 des Vertrags A-H/29/4/87. Eine Einschränkung trifft insoferne zu, als generell nur Kernkraftwerke, Anlagen für die Lagerung, Wiederaufbereitung oder Entsorgung abgebrannter Kernbrennstoffe unter diese Bestimmung fallen. s. dazu allgemein Moser, „Das österreichisch-ungarische Abkommen über kerntechnische Anlagen“, 43 *ÖJZ* 78 (1988).

sowie Österreich und die CSSR im Abkommen von 1989, welches damit das bilaterale Abkommen von 1982 über die Regelung von Fragen gemeinsamen Interesses im Zusammenhang mit Kernanlagen[165] ersetzt.[166] Österreich und die Bundesrepublik Deutschland schließlich, sollen ein grundsätzliches Einvernehmen darüber erzielt haben, daß die distanzunabhängigen Informations- und Konsultationsbestimmungen des Österreich-DDR Abkommens auch auf die im westlichen Teil Deutschlands gelegenen kerntechnischen Anlagen zur Anwendung kommen. Ein zusätzliches verbales Übereinkommen bestimmt, welche Anlagen für Österreich von besonderem Interesse sind und über die daher Österreich routinemäßig informiert werden soll.[167]

Im übrigen darf hier nicht unerwähnt bleiben, daß sich innerhalb der EG eine Praxis entwickelt hat, wonach Mitgliedstaaten gemäß Artikel 37 des Euratomvertrags der Europäischen Kommission allgemeine Angaben über die geplante Ableitung radioaktiver Stoffe übermitteln, obwohl die Entfernung vom nächstgelegenen Hoheitsgebiet anderer Mitgliedstaaten mehrere hundert Kilometer betragen mag.[168] In der Tat handelt es sich hier um eine distanzunabhängige Verpflichtung des Anlagestaates.[169] Die Entscheidung des Europäischen Gerichtshofs in der Frage Cattenom[170] scheint jedenfalls, den institutionellen Ansatz zu einem distanzunabhängigen, gemeinschaftlichen Mitspracherecht an der nationalen Entscheidungsfindung über den Betrieb von Kernkraftanlagen nicht unwesentlich gestärkt zu haben.[171]

---

[164] s. Art. 1 und 2 des Abkommens A-DDR/3/5/88.

[165] A-CS/18/11/82.

[166] s. Art. 15 des Abkommens A-CS/25/10/89.

[167] Aussagen von Dr. Fritz Schmidt, persönliches Gespräch mit dem Verfasser, 11.7.1991.

[168] s. z. B. die französische Informationsübermittlung bezüglich des Kernkraftwerks Nogent-sur-Seine, das ca. 200 km von der Grenze zu Belgien und Luxemburg bzw. 270 km von jener zur Bundesrepublik entfernt ist. s. Stellungnahme der Kommission vom 28. Juli 1987 über das Kernkraftwerk Nogent-sur-Seine (Frankreich), ABl. L 238/30, vom 21.8.87. Vgl. ähnliche Informationsübermittlungen über einzelne grenzferne Nuklearanlagen durch die spanische Regierung (Grenze des nächstgelegenen Mitgliedsland 180 km) bzw. durch der Bundesrepublik Deutschland (Entfernung 170 km): s. die Stellungnahmen der Kommission vom 14. Juni 1988 über das Kernkraftwerk Vandellòs II (Spanien), ABl. L 188/44, vom 19.7.1988; bzw. vom 7. Juli 1988 über das Kernkraftwerk Niederaichbach (Bundesrepublik Deutschland), ABl. L 208/38, vom 2.8.1988.

[169] Vgl. dazu Lanearts (Fn. 42) 160. Zur langjährigen, distanzunabhängigen bundesdeutschen Übermittlungspraxis, s. „Cattenom in Europa", 34 *atw* Januar 1989, 51. s. weiters unten Fn. 389.

[170] EuGH, Urteil vom 22.9.1988; Rs 187/87, *Saarland/Minister für Industrie, Post u. Fernmeldewesen u. Fremdenverkehr, u.a.*, [1988] ECR 5013, [1989] 1 CMLR 529.

[171] Laut EuGH dürfen Mitgliedstaaten Ableitungen erst genehmigen, nachdem sie die entsprechenden Unterlagen der Kommission zur Überprüfung übermittelt haben. Obwohl die Entscheidung direkt keine Aussage darüber trifft, ob die Stellungnahme der Kommission abzuwarten sei, so ist doch anzunehmen, daß dies der Fall ist. Andererseits läßt das Urteil keinen Zweifel darüber, daß Staaten an sich nicht verpflichtet sind, den Empfehlungen der Kommission Folge zu leisten. s. *ebenda*.

Viertens, selbst in den Fällen, in denen Staaten ausdrücklich einen Mitspracheanspruch mit einem maximalen Entfernungskriterium umschreiben, ist ein Mitwirkungsrecht unabhängig vom Distanzparameter als bestehend anzusehen, soferne der exponierte Staat *prima facie* eine signifikante Gefährdung durch das weiter enfernte Kernkraftwerk plausibel machen kann. D. h., die sich in der Staatenpraxis abzeichnenden Entfernungsstandards stellen keineswegs verbindliche Maximaldistanzen dar, jenseits derer das Risiko seine völkerrechtliche Bedeutung verliert. Der Rechtsanspruch des gefährdeten Staates richtet sich allemal nach der Größe des Risikos. Die Beweislast für die Geltendmachung eines derartigen Anspruchs liegt freilich beim exponierten Nachbarstaat.

Zusammenfassend kann also festgehalten werden, daß sich heutzutage in der Staatenpraxis, insbesonders jener in Europa, eine Tendenz abzeichnet, den Betrieb von Kernkraftwerken wenn nicht gar unabhängig von ihrer Entfernung zur Staatsgrenze, so doch in Entfernungen, die wesentlich über die 30 km Grenzzone hinausreichen, als ein legitimes Sicherheitsanliegen der angrenzenden Nachbarstaaten zu betrachten. Ganz sicher ist jedenfalls, daß ein solcher Anspruch heute als allgemein bestehend anzusehen ist, soferne das Kernkraftwerk innerhalb von 30 km zur Grenze gelegen ist.[172]

III. Endlagerstätten für radioaktive Abfälle und Wiederaufbereitungsanlagen im Grenzbereich: Das Störfallrisiko als Anknüpfungspunkt für ein völkerrechtliches Mitentscheidungs- bzw. Mitspracherecht

Trotz der sich in nationalen Programmen nur sehr zögernd abzeichnenden Lösung des nuklearen Abfallproblems, und des daraus resultierenden Mangels an völkerrechtlicher Praxis zur hier interessierenden Frage, lassen sich einige konkrete Aussagen treffen. Nationale Sicherheitskonzeptionen für Endlager sind u.a. darauf ausgerichtet, daß — trotz umfangreicher technischer Sicherheitsvorkehrungen — über längere Zeit nach der Schließung des Lagers, dessen Unversehrtheit überwacht und vor zufälligen oder beabsichtigten menschlichen Eingriffen geschützt werden muß.[173] Zur Ausübung dieser institutionellen Kontrolle wird es aber notwendig sein, einen Schutzbereich in der Endlagerumgebung festzulegen, der groß genug ist, um die Unversehrtheit des Lagers zu gewährleisten. Die Größe dieses Bereichs wird in erster Linie von den geologischen / hydrologischen Verhältnissen abhängen. Jedenfalls könnte er, wie dies schweizerische Experten für die von der Schweiz geplanten Lagerstätten für möglich halten, eine Ausdehnung von mehreren Kilometern haben.[174] Die

---

[172] In diesem Sinne haben sich auch die Bundesrepublik Deutschland und die Tschechoslowakei jüngst, im Abkommen von 1990, CS-D / 30 / 5 / 90, verständigt: „Grenznahe Kernanlagen“, die einen weitgehenden Informations- und Konsultationsanspruch auslösen sind laut Art. 3 grundsätzlich solche, die in einem Bereich von 30 km zur gemeinsamen Staatsgrenze gelegen sind.

[173] s. allgemein, *OECD, Nuclear Energy Agency, Long-Term Management of Radioactive Waste: Legal, Administrative and Financial Aspects* (1984).

Auslegung des amerikanischen Endlagers für hochaktive militärische Abfälle sieht gar einen Ausschlussbereich in der Größe von fast 16 Quadratmeilen vor![175] Im Falle eines grenznahen Endlagers wäre es daher durchaus möglich, daß der Schutzbereich sich auf das Territorium des Nachbarstaates erstrecken könnte.

Die dadurch für den Nachbarstaat entstehende Belastung ist jener ähnlich, die eine grenzüberschreitende innere Schutzzone im Umkreis eines Kernkraftwerks mit sich bringen würde. Der belastete Staat muß nicht nur sich der Nutzung des eigenen Territoriums enthalten sondern auch aktiv im Sinne der Gewährleistung der Integrität des Lagers tätig werden. Dementsprechend müßte die völkerrechtliche Bewertung ausfallen: Der Anlagestaat wird lediglich im Einvernehmen mit dem belasteten Staat eine solche Endlagerstätte genehmigen dürfen. In diesem Sinne ist wohl auch die an die bundesamerikanischen Behörden gerichtete Aufforderung der kanadischen Regierung zu verstehen, von der Planung und Verwirklichung von US-Endlagerstätten im Grenzbereich beider Länder Abstand zu nehmen, für deren Beurteilung notwendigerweise Arbeiten (wie die Entnahme von Gesteinsproben) auf kanadischem Gebiet vorzunehmen wären.[176]

Schließlich wird, analog dem „grenznahen“ Kernkraftwerk, eine im weiteren Grenzbereich gelegene Endlagerstätte ein Mitspracherecht des Nachbarstaates begründen, falls aufgrund der hydrologischen Verhältnisse ein das Lager betreffender Störfall zu einer Kontamination im Nachbarstaat führen könnte. Einige Beispiele aus der Staatenpraxis bestätigen diese aus dem allgemeinen völkerrechtlichen Nachbarrecht ableitbare Annahme.

So hatte z. B. die kanadische Regierung im Zusammenhang mit den eben erwähnten U.S.- Plänen für eine Endlagerstätte, beim amerikanischen Außenministerium dagegen protestiert, daß die zunächst in Aussicht genommenen Standorte entweder an der kanadischen Grenze gelegen waren oder aber trotz größerer Entfernung von der Grenze (nämlich jenseits eines Bereichs von 40 km[177]) unannehmbar waren, weil sie sich direkt im oder nahe am Einzugsgebiet

---

[174] Seiler, „Rechtsfragen grenznaher Endlager für radioaktive Abfälle“, in: N. Pelzer (Hrsg.), *Friedliche Kernenergienutzung und Staatsgrenzen in Mitteleuropa* 99, 101 (1986).

[175] s. Stellungnahme von Larry L. Woodward, State Director, New Mexico State Office, Bureau of Land Management, United States Department of the Interior, in *Waste Isolation Pilot Plant Land Withdrawal Act of 1987, Hearing before the Subcomm. on Public Lands, National Parks and Forests of the Comm. on Energy and Natural Resources*, U.S. Senate, 100th Cong., 1st Sess. 72 (1987); sowie Stellungnahme von Troy E. Wade, Acting Assistant Secretary for Defense Programs, *ebenda* 32, 34.

[176] Vgl. dazu die diplomatische Note Nr. 494, vom 1. Mai 1986.
s. auch *Twenty-Seventh Meeting of the Canada-United States Interparliamentary Group, February 27-March 3, 1986, Report by the Chairman of the House of Representatives Delegation, Committee Print*, 99th Cong., 2d Session, 45-46 (1986).

[177] Vgl. „Canada Sends Diplomatic Note to U.S. Protesting Plan for Border Nuclear Dumps“, *BNA, IER* 307 (1986).

von nach Kanada fließenden Gewässern befanden.[178] Im Laufe mehrerer Gesprächsrunden wurde amerikanischerseits der kanadischen Forderung nach Beteiligung am Auswahlverfahren entsprochen.[179]

Bedenken ähnlicher Art, allerdings nicht-offizieller Natur, sind auch in Mexiko in Bezug auf das amerikanische „waste isolation pilot project" („WIPP") in Neu Mexiko geäußert worden, da der Standort dieses nuklearen Endlagers im Einzugsgebiet des Rio Grande liegt und weil eine Verseuchung des Grundwassers durch WIPP damit mexikanische Gemeinden im Grenzbereich gefährden könnte.[180] Auf offiziellem Wege hat Italien der Schweiz gegenüber bezüglich einer nahe der schweizerischen Südgrenze geplanten Endlagerstätte starke Vorbehalte angemeldet.[181] Ganz offenkundig hat damit Italien auch einen Anspruch auf Beteiligung an der Entscheidung der schweizerischen Behörden über die für das Lager kritischen Sicherheitskriterien geltend gemacht.

Umgekehrt haben schweizerische Behörden bei Sondierungsarbeiten für ein Endlager für schwach- und mittelradioaktive Abfälle in der Nordschweiz, von sich aus der grenzüberschreitenden Anspruchsproblematik Rechnung getragen. So wurden z.B. Einwände seitens bundesdeutscher Grenznachbarn gegen Probebohrungen der schweizerischen Nationalen Genossenschaft für die Lagerung radioaktiver Abfälle berücksichtigt.[182]

Aus dieser beschränkten Staatenpraxis wird man natürlich noch keine verläßlichen Rückschlüsse darauf ziehen können, wie nun das Störfallrisiko unter dem Gesichtspunkt der Entfernung der Lagerstätte von der Staatsgrenze, völkerrechtlich zu bewerten ist. Doch scheint auch hier zumindest ein Richtwert von 30 km gerechtfertigt. Ganz abgesehen davon, daß ein ähnlicher Wert, nämlich 40 km, in den amerikanisch-kanadischen Diskussionen eine Rolle

---

[178] s. dazu u.a. die kanadische Note Nr. 68, vom 24. Februar 1986.

[179] Vgl. dazu die diplomatischen Noten Kanadas, Nr. 494, vom 29. August 1985; Nr. 68, vom 24. Februar 1986; und Nr. 157, vom 1. Mai 1986.

[180] s. dazu Spice, „Update on Nuclear Waste Plant in U.S.-Mexico Border Region", 2 *Transboundary Resources Reporter* Nr. 2, 6 (1988).

Vgl. auch ähnliche, inoffizelle kanadische Einwände gegen Pläne im U.S.-Bundesstaat Michigan zur Errichtung von Endlagern für schwachradioaktive Abfälle im Einzugsgebiet der Großen Seen. s. „Canadian Minister Alarmed by Proposed A-Waste Dump", Ann Arbor News, 10.1.1990, A8, Spalte 1.

[181] s. Rousseau, „Chronique des faits internationaux", 81 *RGDIP* 867 (1977); ebenso Neue Zürcher Zeitung, 11. April 1984, 35, Spalte 3.

[182] s. dazu M. Kriech, *Grenzüberschreitender Umweltschutz im schweizerischen Recht* 74 (1986).

Andererseits hat die deutsche Bundesregierung in den grenznahen Prospektions- und Untersuchungsarbeiten bislang keine Ursache für diplomatische Schritte in Bern gesehen. Die deutsche Seite wird aber im Rahmen der Deutsch-Schweizerischen Kommission über die schweizerischen Planungen laufend unterrichtet. s. Antwort der Bundesregierung auf Anfrage zum Thema „Atomares Endlager für hochradioaktive Stoffe am Hochrhein in der Nordschweiz", dt.BT-Drs. 11/1036, vom 3.11.87.

spielte, ist die 30 km Distanz ein räumliches Abgrenzungskriterium für eine allgemeine Informations- und Konsultationspflicht in den bereits erwähnten bilateralen Abkommen über grenznahe kerntechnischer Anlagen.[183] Diese Abkommen erfassen in der Regel auch Endlagerstätten.[184]

Spärlich ist sicherlich auch die einschlägige Staatenpraxis zum Kapitel „Wiederaufbereitungsanlagen". Gleichwohl haben mit dem Betrieb solcher Anlagen möglicherweise einhergehende grenzüberschreitende Risiken allenthalben heftige internationale Kontroversen ausgelöst. Zu einem solchen Streitfall ist die an der Küste der Irischen See gelegene britische Wiederaufbereitungsanlage Sellafield geworden. Offizielle irische Stellen haben wiederholt ihre „tiefe Besorgnis" über die von der Anlage ausgehende grenzüberschreitende Gefährdung zum Ausdruck gebracht. Das irische Parlament hat die Schließung Sellafields gefordert.[185] Dieser Forderung schloß sich die irische Regierung Ende 1987 an, nachdem folgend auf die Veröffentlichung eines bisher geheim gehaltenen britischen Regierungsberichts, das volle Ausmaß des Atomunfalls von 1957 im damaligen Windscale bekannt geworden war.[186] Zuvor hatte sie bereits die Überwachung der Anlage durch ein neu zu errichtendes nukleares Sicherheitsinspektorat der EG gefordert.[187]

Hinsichtlich „Wackersdorf", des in Oberbayern angesiedelten und mittlerweile aufgegebenen nuklearen Wiederaufbereitungsprojekts,[188] hatten österreichische Bedenken sowohl in Bezug auf seine grundsätzliche Verwirklichung wie auch auf die Angemessenheit von Betriebsauflagen und Sicherheitsvorkehrungen zu einer spürbaren Belastung der an sich harmonischen Beziehungen zwischen den beiden Staaten geführt. Dabei hatte sich der „Streitfall Wackersdorf" weniger zu einer diplomatischen Kontroverse zwischen der Bundesrepublik und Österreich als vielmehr zu einer Auseinandersetzung zwischen dem Freistaat Bayern einerseits und österreichischen Bundesministerien, einzelnen Bundesländern, Städten und Umweltschutzorganisationen andererseits entwickelt.[189] Obwohl die österreichische Bundesregierung dem Projekt ablehnend gegenüber stand,[190] hatte sie von einem formellen diplomatischen Protest

---

[183] s. unten G.I. und G.III.

[184] s. etwa Art. 1 des deutsch-schweizerischen Abkommens, D-CH/10/8/82.

[185] s. dazu „U.K. Report Criticizes Nuclear Waste Program", International Herald Tribune, 13.3.1986, 1, Spalte 7; und „Sellafield Leak affects 15 Workers", The Guardian, 15.2.1986, 1, Spalte 2.

[186] s. „Cover-Up of Fire at Windscale Monstrous, Charges Tory MP", The Guardian, 2. Jänner 1988, 1, Spalte 3; und „Government's Call for Closure of Sellafield Rejected", Irish Times, 4. Jänner 1988, 1, Spalte 4.

[187] s. „Safety Inquiry Ordered after Sellafield Leaks", The Guardian, 20. Februar 1986, 1, Spalte 2.

[188] s. auch B.

[189] s. dazu „Proteste aus aller Welt gegen die WAA", Süddeutsche Zeitung, 21. April 1988, 25, Spalte 2; und „Vranitzky überläßt anderen den Widerstand", *ebenda*, 18.April 1988, 6, Spalte 3.

Abstand genommen.[191] Vielmehr hatte die Regierung versucht, im Rahmen der österreichisch-deutschen Verhandlungen über einen Vertrag betreffend kerntechnische Anlagen, zu einer Lösung zu gelangen, die den österreichischen Sicherheitsinteressen weitestgehend Rechnung getragen hätte. Wenngleich damit die, im gegenwärtigen Zusammenhang interessierende Präzisierung des österreichischen Rechtsstandpunktes letztlich unterblieben ist, so ergibt sich doch ganz klar, daß Österreich den Standpunkt vertrat, daß es — auch als relativ entfernter Anrainerstaat — einen völkerrechtlich gerechtfertigten Anspruch darauf hatte, auf Sicherheits- und Betriebsauflagen für Wackersdorf Einfluß zu nehmen. Ob, und wenn ja inwieweit, österreichische Bedenken gegenüber Wackersdorf zur Entscheidung beitrugen, das Projekt aufzugeben und die Entsorgung verbrauchter Kernbrennstäbe im Ausland vornehmenzulassen,[192] ist schwer zu beurteilen. Sicher ist jedenfalls, das die Entscheidung vorrangig von innenpolitischen und wirtschaftlichen, und nicht außenpolitischen Erwägungen beeinflußt war.

In Bezug auf die französische Wiederaufbereitungsanlage La Hague ist es zu besorgten Anfragen einzelner Abgeordneten im britischen[193] bzw. europäischen Parlament gekommen.[194] Schließlich haben jüngst Norwegen und Dänemark Bedenken über britische Pläne für eine Ausweitung des Betriebs der schottischen Wiederaufbereitungsanlage Dounray geäussert.[195]

Diese Praxis läßt sicherlich keine in Detail gehende Rückschlüsse auf die Rechtslage zu.[196] Aussagen über grundsätzliche völkerrechtliche Anspruchskriterien erscheinen aber möglich. Analog zu grenzüberschreitenden Evakuierungsplänen für Kernkraftwerke, wird ein Mitentscheidungsrecht wohl dann bestehen, wenn gemäß nationalem Katastrophenschutzplan, Räumungsmaßnahmen im Stör- bzw. Unfall vorgesehen sind und die Wiederaufbereitungsanla-

---

[190] s. „Wien für ‚Wackersdorf Denkpause"', Süddeutsche Zeitung, 26. Juni 1986, 8, Spalte 1;

[191] s. „Bonn: Wiener Bedenken gegen Wackersdorf nicht offiziell", Süddeutsche Zeitung, 1/18/19.5.1986, 2, Spalte 1; und Erklärung von Bundeskanzler Vranitzky wonach Österreich „aus außenpolitischen und völkerrechtlichen Gründen keine Einwendungen gegen den Bau der Wiederaufbereitungsanlage Wackersdorf erheben" würde: „In Österreich zahlreiche Einsprüche gegen Wackersdorf", Frankfurter Allgemeine Zeitung, 19.4.1988, 3, Spalte 6.

[192] s. dazu z. B. „Endgültiges Aus für Wackersdorf", Süddeutsche Zeitung, 7.6.1989, 1; und „Entsorgung von Kernbrennstäben künftig in Frankreich", *ebenda* 2.

[193] s. dazu die Beantwortung vom 25.1.1988 (WA 33-4), *gekürzt wiedergegeben* in 378 *ATOM* 44, April, 1988.

[194] s. die schriftliche Anfrage Nr. 8 an die Kommission der EG, ABl. Nr. 220, 49, vom 13.9.1977.

[195] s. „Norway, Denmark Concerned about Plans to Expand Scotland Plant for Reprocessing", *BNA, IER* 362 (1990).

[196] Zur allgemeinen Rechtsproblematik, s. Gündling, „Die Wiederaufbereitungsanlage als Problem des Völkerrechts", in: A. Rossnagel (Hrsg.), *Rechtsprobleme der Wiederaufbereitung* 155 (1987).

ge so nahe an der Grenze gelegen ist, daß die Räumungszone in das Territorium des Nachbarstaates reichten würde. Eine allgemeine Distanzrichtlinie, wie sie sich im Falle von Kernkraftwerken aufzeigen läßt, läßt sich jedoch nicht aus der Staatenpraxis ableiten.

Auch hinsichtlich des völkerrechtlichen Mitspracheanspruchs können keine eindeutigen Aussagen getroffen werden. Österreich und die Bundesrepublik hatten in der dritten Verhandlungsrunde über ein Abkommen über grenznahe kerntechnische Anlagen auch für Wackersdorf eine Informationspflicht vereinbart.[197] Es ist anzunehmen, daß dies, international gesehen, eine Sonderlösung dargestellt hätte, obwohl diesbezüglich wegen der fehlenden Vergleichsbasis natürlich kein endgültiges Urteil gefällt werden kann. Sicherlich wird man aber davon ausgehen können, daß der gefährdete Staat bei Wiederaufbereitungsanlagen, die bis zu einer Entfernung von zumindest 30 km zur Staatsgrenze gelegen sind, ein völkerrechtliches Mitspracherecht im Sinne eines Informations- und Konsultationsanspruchs besitzt.

---

[197] s. „Atominformationen für Österreich“ (Fn. 126).

Zweiter Teil

Der individuelle völkerrechtliche Anspruch des gefährdeten Staates auf Sicherung gegen grenzüberschreitende Auswirkungen von kerntechnischen Anlagen

E. Vorbemerkungen

Aus der als „Grundnorm des völkerrechtlichen Umweltschutzrechts" zu bezeichnenden Verpflichtung der Staaten zur Vermeidung erheblicher grenzüberschreitender Umweltbelastungen, lassen sich konkrete materielle sowie prozedurale Rechtsansprüche des gefährdeten Staates ableiten. Solche Ansprüche können aber — und dies ist entscheidend — auch als in der Staatenpraxis bereits weitgehend anerkannt, nachgewiesen werden.

Was die allgemeine Gültigkeit der folgenden Ausführungen betrifft, so sei vorausgeschickt, daß ein Vorbehalt insoferne am Platz ist, als „Grenzkraftwerke" und Endlagerstätten oder, gegebenenfalls, Wiederaufbereitungsanlagen mit grenzüberschreitendem Schutzbereich, einen *casus sui generis* darstellen. Da in diesen Fällen die Errichtung bzw. der Betrieb der Anlage nur im Einvernehmen mit dem gefährdeten Staat völkerrechtlich erlaubt ist, könnte dieser durchaus in der Lage sein, materiellrechtliche Ansprüche durchzusetzen, die über die allgemein anerkannten Rechte hinausgehen, gewissermaßen zum Ausgleich jener, für ihn durch die Grenzanlage entstehenden speziellen Belastung.[198] Denkbar wäre — im Zusammenhang mit Kernkraftwerken — v.a. eine wirtschaftliche Beteiligung am Anlagenprojekt.[199] Ob es dazu kommt und wenn ja, welche Form ein solcher grenzüberschreitender „Vorteilsausgleich" tatsächlich annimmt, wird letztlich von den jeweiligen Umständen abhängen.

Eine ähnliche Einschränkung gilt auch für die nachstehenden Bemerkungen zum Thema „verfahrensrechtliche Ansprüche": Sie sind als eine Beschreibung des verfahrenrechtlichen Minimums zu verstehen, auf das der gefährdete Staat Anspruch hat. Im Falle von Grenzkraftwerken sowie bei Endlagerstätten oder Wiederaufbereitungsanlagen mit grenzüberschreitender Notfallsplanung, hat ja der gefährdete Staat ein Mitentscheidungsrecht und damit einen prozeduralen Rechtsanspruch, der, wie bereits gesehen, über das hinausgeht, was ihm im

---

[198] Vgl. in diesem Zusammenhang z. B. die französich-belgischen Verhandlungen über Details der Sicherheitsauslegung des geplanten Kraftwerkblocks im französischen Grenzkraftwerks Chooz, sowie des damit zusammenhängenden grenzüberschreitenden Strahlenschutzes. s. Vincineau / Ergec, „La pratique du pouvoir executif", 22 *RBDI* 607, 611 (1989).

[199] In diesem Sinne auch Wildhaber (Fn. 84) 226-27.

allgemeinen bei signifikanten kerntechnischen Risiken grenzüberschreitender Natur zusteht.

F. Materiellrechtliche Ansprüche

I. Anspruch auf grundsätzliche Betriebssicherheit und Umweltverträglichkeit der kerntechnischen Anlage

Bislang fehlen spezifische internationale Emissions- bzw. Sicherheitsstandards für kerntechnische Anlagen, die einen formell verbindlichen Charakter haben. Diese Aussage beschreibt die augenblickliche Rechtslage nicht nur aus globaler sondern auch aus regionaler, europäischer Sicht.[200]

Das Bemühen um international verbindliche Sicherheitsstandards für nationale kerntechnische Anlagen ist eher jüngeren Datums. In den Kinderjahren der Kernindustrie stand vor allem die Harmonisierung nationaler Rechtsbestimmungen über den Transport von nuklearen Materialien oder aber über Haftung und Schadenersatz bei nuklearen Unfällen im Vordergrund.[201] Zu Beginn der siebziger Jahre begann sich die Diskussion auf die Frage international verbindlicher Sicherheitstandards im engeren Sinne zu konzentrieren. So wurde z. B. 1976 innerhalb der Europäischen Gemeinschaft zum erstem Mal das Konzept eines für die Gemeinschaft einheitlichen nuklearen Sicherheitskodex mit verbindlichen Mindestregelungen diskutiert,[202] allerdings ohne daß entscheidende Fortschritte bei der Verwirklichung dieses Konzepts erzielt worden wären.[203] Eine Sonderkonferenz der IAEO, die sich nach dem Unfall im amerikanischen Kernkraftwerk Three Mile Island [204] 1980 mit Sicherheitspro-

---

[200] Trotz mehr als fünfzehnjähriger Bemühungen ist es z. B. noch immer nicht gelungen, einen EWG-weiten verbindlichen Sicherheitskodex für kerntechnische Anlagen zu verabschieden. Die Tatsache fehlender EG-einheitlicher Sicherheitstandards wurde besonders zum Zeitpunkt des Unfalles in Tschernobyl kritisiert. s. die Entschließung des Europäischen Parlaments zum Atomunfall in Tschernobyl, vom 15.5.1986, *EuGRZ* 1986/392; und, Mitteilung der Kommission an den Rat, Die Erarbeitung von gemeinschaftlichen Maßnahmen in Anwendung von Kapitel III des Euratom-Vertrags „Der Gesundheitsschutz“, Abs. 14, KOM(86)434 endg., vom 20.8.1986.

[201] s. Strohl, „Réalités et perspectives de l'harmonisation des législations nucléaires — le point de vue d'une organisation régionale/internationale“, in: N. Pelzer (Hrsg.), *International Harmonization* (Fn. 4) 581; und Vinck, „International Cooperation in Licensing of Nuclear Power Plants“, in *Nuclear Energy Maturity: Proceedings of the European Nuclear Conference, Paris, 21-25 April 1975*, 16 (1976).

[202] *Economic and Social Committee of the European Communities, Study: Community Nuclear Safety Code* (1977).

[203] Vgl. dazu die Antwort der Kommission aus dem Jahre 1979 auf die schriftliche Anfrage Nr. 867/79, in der die Frage von „verbindlichen“ Gemeinschaftsregelungen geschickt umgangen wird und die anstelle dessen die Rolle betont, die die Kommission bei der Harmonisierung der Sicherheitspraktiken und -standards der Mitgliedstaaten spielt, sowie auf die Teilnahme der Komission am Nuclear Safety Standards (NUSS) Programm der IAEO hinweist: ABl. C 27/18-19, 2.2.1980.

blemen von kerntechnischen Anlagen beschäftigte, endete mit einem Aufruf nach weltweiten einheitlichen Sicherheitsstandards für Kernkraftwerke.[205] Die Reaktion darauf war letztlich gleich null.

Unmittelbar auf Tschernobyl folgend, wurden zunächst wiederum allerseits Forderungen nach der Festlegung internationaler Sicherheitsstandards für Kernkraftwerke laut, und zwar sowohl regional[206] als auch global[207] verbindlicher Art. Nicht ganz überraschend verliefen aber auch diese Initiativen letztlich im Sand. Denn, abgesehen vom rein technischen Problem der Festlegung von einheitlichen Mindeststandards für sehr unterschiedliche nationale kerntechnische Systeme und der Notwendigkeit einen Mindestsicherheitstandard zu halten, berühren diese Forderungen ökonomische, v.a. aber politische Interessen mancher Anlagestaaten auf empfindlichste Art und Weise.[208] Durch Enthüllungen über eine Fastkatastrophe im Jahr 1976 im Kernkraftwerk Greifswald[209] sowie allgemeine Sicherheitsmängel in verschiedenen Kernkraftwerken in Osteuropa[210] zunächst aufgeschreckt, und durch die brisanten Sicherheitsprobleme des bulgarischen Kernkraftwerk Kosloduj[211] im Sommer 1991 zu technischer und finanzieller Nothilfe gezwungen,[212] haben jüngst westliche Staaten neuerlich die Initiative in Bezug auf weltweite normative Sicherheitsbestimmungen für Kernkraftwerke ergriffen. Auf der im September 1991 abgehaltenen IAEO Konferenz über nukleare Sicherheit, forderte insbesonders der deutsche Umweltminister Töpfer eine internationale Konvention über verbindliche Sicherheitsstandards für kerntechnische Anlagen.[213]

---

[204] International Conference on Current Nuclear Power Plant Safety Issues, organized by IAEA, Stockholm, October 20-24, 1980. s. dazu „Current Nuclear Power Safety Issues", 23 *IAEA Bull.* No. 1, 35 (1981).

[205] s. „Nuclear Parley Reviews Safety", International Herald Tribune, 27.10.1980, 2, Spalte 2.

[206] s. etwa Mitteilung an den Rat, *ebenda*; und „EG-Kommissar kritisiert Atom-Industrie", Süddeutsche Zeitung, 22.9.1986, 6, Spalte 3.

[207] Vgl. etwa die Erklärung des bundesdeutschen Umweltsministers Wallmann anläßlich der IAEO Sondergeneralkonferenz, vom 24.9.1986, *abgedruckt in Umwelt*, Nr. 6, 1986, 35; und Blix, „The Post-Chernobyl Outlook for Nuclear Power", 28 *IAEA Bull.*, No. 3, 9, 11 (1986). Der gesamte Fragenkomplex „verbindliche Sicherheitsstandards" wurde schließlich von der Sondergeneralkonferenz an den Gouverneursrat verwiesen: s. *Proposals Relating to International Co-Operation in the Field of Nuclear Safety Made at the Special Session of the General Conference,* IAEA Doc. GOV/INF/512 (1987).

[208] Nähere Details bei Handl (Fn. 4) 207-11.

[209] s. „Zeitbombe ‚Tschernobyl Nord'", Der Spiegel, 5/1990, 30.

[210] s. dazu „International Newsbrief: Design Review of WWER-440/230 Nuclear Plants", 33 *IAEA Bull.* No. 1 38-39 (1991); und „East Europe's Nuclear Plants Stir West's Safety Concerns", New York Times, 7.6.1990, A1, Spalte 2.

[211] s. „Alarmed, Experts in West Ask Sofia to Shut Faulty Reactor", International Herald Tribune, 10.7.1991, 6, Spalte 1; und „Geplante Stillegung nicht endgültig", Süddeutsche Zeitung, 11.7.1991, 2, Spalte 5.

[212] s. „European Community Pledges Funds for Kosloduy Work", 34 *Nuclear News* Nr. 1, Sept. 1991, 72.

Ob und inwieweit sich dieses Mal unter den Staaten eine Interessenkonvergenz ergibt, die eine völkerrechtliche Festschreibung von adequaten Sicherheitsnormen weltweit oder aber auch nur regional, im europäischen Raum,[214] ermöglicht, ist mehr als fraglich. In der Abschlußerklärung der Konferenz wird, wie bereits 1980, nach Harrisburg (Three Mile Island), und 1986, nach Tschernobyl, die nationale Eigenverantwortlichkeit für die Sicherheit kerntechnischer Anlagen betont.[215] Sicher ist jedenfalls, daß zumindest kurzfristig eine verbindliche internationale Normierung selbst wesentlicher Sicherheitsparameter oder Emissionsgrenzwerte nicht erreichbar sein dürfte.

Obwohl damit im Augenblick zumindest keine international verbindlichen umwelt- oder sicherheitsrelevanten Standards für kerntechnische Anlagen existieren, kann aber heute bereits auf konkrete materiellrechtliche Kriterien verwiesen werden, an Hand deren Bau, Betrieb und Entsorgung kerntechnischer Anlagen auf ihre zwischenstaatliche Rechtsmässigkeit hin überprüft werden können.

1. Das Gebot der fortschrittlichsten Technologie

Ein erster Beurteilungsmaßtab dieser Art präsentiert sich in der Gestalt des Gebots der fortschrittlichsten Technologie („best available technology"). Entsprechend dieses Prinzips gilt, daß die Verwendung einer nicht dem „Stand der Technik" entsprechenden Kerntechnologie als völkerrechtswidrig angesehen werden muß.[216]

Ausdrückliche Bestätigungen dieses Prinzips als Bestandteil des internationalen Umweltschutzrechts im allgemeinen finden sich zum einen in diversen Entschließungen internationaler Organisationen, so z. B. in der 1982 von der Generalversammlung der Vereinten Nationen verabschiedeten Weltcharter für die Natur, in welcher die Verwendung von „best available technologies" zur Verringerung von Umweltrisiken als eine bereits bestehende allgemeine Rechtspflicht interpretiert wird.[217] Ähnliche Hinweise enthalten Empfehlungen des

---

[213] s. „Binding Nuclear Safety Code Would Sideline Some Reactors", The Reuter Library Report, 3.9.1991.

[214] Zur Frage inwieweit im Rahmen des EURATOM-Vertrags, im Umweg über den weiteren normativen Ausbau des Gesundheitsschutzes, nukleare Sicherheitsagenden gemeinschaftlich normiert werden könnten, vgl. die optimistische Schlußfolgerungen von Schröder, „Binnenmarktrelevante Schwerpunkte der Gemeinschaftspolitik zur nuklearen Sicherheit", in: N. Pelzer, *Kernenergierecht zwischen Ausstiegsforderung* (Fn. 68) 133.

[215] So heißt es in der 10 Punkte Erklärung: „There was general agreement that safety should be primarily enforced at national levels, by conscientious application of existing safety principles, standards and good practices at each plant, and within each national regulatory body, making best use of national legal frameworks and working practices". *Abgedruckt in* „Will There be Mandatory Safety Standards", *Nuclear News*/October 1991, 80, 82.

[216] Zur allgemeinen Problematik, s. H. Rengeling, *Der Stand der Technik bei der Genehmigung Umweltgefährdender Anlagen* (1985).

OECD Rats.[218] Zum anderen unterstreichen einzelne Fälle der Staatenpraxis, wie z. B. vertragliche Regelungen insbesondere im Zusammenhang mit grenzüberschreitender Luftverschmutzung,[219] die Erklärung der Bergen Konferenz vom Mai 1990[220] oder aber Entschließungen zur Kontrolle und Verringerung der Meeresverschmutzung — etwa im Rahmen des Pariser Übereinkommens zur Verhütung der Meeresverschmutzung vom Lande aus[221] oder im Rahmen internationaler Konferenzen zum Schutz der Nord-[222] sowie der Ostsee[223] — die Bedeutung des Gebots als eines fundamentalen Prinzips des internationalen Umweltschutzrechts.

Auch in der einschlägigen internationalen Praxis zum Thema nukleare Sicherheit bzw. Umwelteinleitung nuklearer Stoffe ergeben sich Hinweise auf das Gebot der „fortschrittlichsten Technologie" als einer normativen Richtlinie für die Angemessenheit von Vorkehrungen zur Reduzierung grenzüberschreitender nuklearer Risiken, so z. B. im Mosel-Abkommen von 1986 zwischen Luxemburg und Frankreich,[224] in der Ministeriellen Erklärung der 2. Internationalen Konferenz zum Schutz der Nordsee im Zusammenhang mit Einleitungen radioaktiver Stoffe in das Meer,[225] bzw. im Rahmen der sogenannten Pariser Kommission.[226] Die, auf die Tschernobyl-Katastrophe folgende Sonder-

---

[217] Art. 11, World Charter for Nature, Res. 37/7, *GAOR, Thirty-Seventh Sess., Supp. No. 10*, 51 (A/37/51), 17.

[218] s. z. B. OECD Council Recommendation on Measures Required for Further Air Pollution Control, OECD Doc. C(74)219, in: B. Rüster/B. Simma (Hrsg.), *International Protection of the Environment* Bd.I, 304 (1975); oder § I(c) der Recommendation of the Council on Environmental Assessment of Development Assistance Projects and Programmes, OECD Doc. C(85)104, in *Organisation for Economic Co-operation and Development, OECD and the Environment* 30, 31 (1986).

[219] Nachweise bei Handl (Fn. 23) 464-65.

[220] s. Art. 14(f) der „Bergen Ministerial Declaration on Sustainable Development in the ECE Region" vom 16.5.1990, in 1 *Y.B. Int'l Env.L.* 429 (1990).

[221] Text in 13 *ILM* 352 (1974); und s. unten, Fn. 226.

[222] s. z. B. die Erklärung der Dritten Internationalen Konferenz zum Schutz der Nordsee, in welcher der Standard der „best available technology" als normative Grundlage für Bemühungen um die Verringerung von umweltschädlichen Abgaben bestätigt wird: Final Declaration of the Third International Conference on the Protection of the North Sea, Preamble, in 1 *Y.B. Int'l Env.L.* 658, 661 (1990).

[223] s. Art. 4 und 6 der „Baltic Sea Declaration" vom September 1990, *ebenda*, 423, 426.

[224] s. Art. 5 des Abkommens F-FL/12/3/1986.

[225] Second International Conference on the Protection of the North Sea, London, 24/25 November 1987, Ministerial Declaration, Art. XVI, § 40, in 27 *ILM* 835, 843-44 (1988).

[226] Vgl. z. B. den Hinweis auf „the best available technology in order to minimize and eliminate...any pollution caused by radioactive discharges from all nuclear industries...", in einer im Juni 1987 von den Vertragsparteien der Pariser Konvention zur Verhütung der Meeresverschmutzung verabschiedeten Resolution: *BNA, IER* 338 (1987). Zur Arbeit der Pariser Kommission s. allgemein, Ehlers, „Internationale und nationale Regelungen zum Schutz von Nord- und Ostsee vor radioaktiven Einträgen", in *Friedliche Kernenergienutzung* (Fn. 174) 206, 208-212.

sitzung des Gouverneurrats der IAEO, bekräftigte „the highest standards of safety" als Grundprinzip des Betriebs von kerntechnischen Anlagen,[227] während die von Belgien, Deutschland, Frankreich und Großbritanien 1991 unterzeichnete gemeinsame Erklärung über Zusammenarbeit auf dem Gebiet der friedlichen Nutzung der Kernenergie, den Einsatz von „best practicable technologies" zur Bewältigung des nuklearen Abfallproblems unterstreicht.[228] Eine zum Thema „Sicherheit von Kernkraftwerken" ergangene Entschließung des Europäischen Parlaments schließlich betont, daß Kernkraftwerke „nur nach dem neuesten und höchstmöglichen Stand der Technik betrieben werden" dürften und bestehende Kernkraftwerke auf den „jeweiligen Stand der Technik" zu bringen seien.[229]

Zumindest bei einigen dieser Praxisfälle wird es sich zunächst um eine Präzisierung der, dem betreffenden Staat obliegenden Sorgfaltspflicht zur Vermeidung grenzüberschreitenden Schadens gehandelt haben.[230] Hinweise auf den urspünglich derivativen Charakter des rechtlichen Gebots zur Verwendung von „best available technology" verlieren sich aber mittlerweile in einer Staatenpraxis, die eindeutig von der völkerrechtlichen Eigenständigkeit des Rechtssatzes ausgeht: Heute ist nicht mehr zu bestreiten, daß es sich hierbei um eine konkrete, selbstständige völkergewohnheitsrechtliche Pflicht des nuklearen Anlagestaates handelt.

Wenngleich im allgemeinen in der Beurteilung dessen, was nun unter den spezifischen Umständen als „fortschrittlichste Technologie" gelten kann, die wirtschaftliche Zumutbarkeit eine Rolle spielt,[231] so gilt doch für besonders gefährliche Anlagen, wie kerntechnische Einrichtungen, ein besonders strenger Maßstab. Entsprechend des völkerrechtlichen Grundsatzes, wonach die Sorgfaltspflicht des Anlagestaates eine Funktion der Gefährlichkeit der Anlage ist,[232] wird man daher davon ausgehen müssen, daß der internationale Standard, — wie er sich in der Praxis allgemein widerspiegelt — vom Anlagestaat erreicht werden muß, und zwar ohne Rücksicht auf die wirtschaftli-

---

[227] s. Paragraph 5 des Statement Summarizing Decisions Taken at the Special Session of the Board of Governors concerning the Chernobyl Nuclear Accident, 25 *ILM* 1009 (1986).

[228] s. Joint Declaration on Co-Operation on the Peaceful Use of Nuclear Energy, vom 25.3.1991, *abgedruckt in* 47 *NLB* 83 (1991).

[229] § 8 der Entschließung zur Sicherheit von Kernkraftwerken (Fn. 157).

[230] s. Rauschning (Fn. 20) 568; und Dupuy, „Limites materièlles des pollutions tolerées", in: M. Bothe/M. Prieur/G. Ress (Hrsg.), *Rechtsfragen grenzüberschreitender Umweltbelastungen, Fachtagung Saarbrücken, 13.-15. Mai 1982* [im weiteren zitiert als: *Rechtsfragen*], 27, 33 (1984).

[231] s. entsprechende Vorbehalte in der Erklärung der Bergen Konferenz (Fn. 220), bzw. der Dritten Internationalen Konferenz zum Schutz der Nordsee (Fn. 222).

[232] s. bereits Art.III(2) der Resolution des Institut de Droit International über „The Pollution of Rivers and Lakes and International Law" (Fn. 33); und allgemein, R. Pisillo Mazzeschi, *„Due diligence" e responsabilità internazionale degli stati* 382 (1989).

che Lage des Anlagestaates.[233] Es ist in diesem Sinne Dr. Pelzer voll zuzustimmen, wenn er sagt, daß „Errichtung und Betrieb von Kernanlagen ... nur dann völkerrechtlich zulässing [sind], wenn die Beachtung des internationalen Strahlenschutz- und Sicherheitsstandards gewährleistet ist. Kernanlagen, die diesem Stand nicht entsprechen, sind völkerrechtswidrig".[234] In diesem Sinne hat auch die Parlamentarische Versammlung des Europarats die Schließung jener Kernkraftanlagen gefordert, die internationalen Sicherheitsstandards nicht entsprechen.[235] Eine indirekte Bestätigung dieser Rechtsauffassung ist in der jüngsten Entscheidung der bulgarischen Regierung zu sehen, das Kernkraftwerk Kosloduj, dessen Sicherheit Gegenstand scharfer internationaler Kritik gewesen waren, stillzulegen.[236]

In der Auslegung dessen, was man nun unter dem "internationalen Standard" zu verstehen hat, kommt insbesondere den Richtlinien und Empfehlungen, die im Rahmen des Nuclear Safety Standard (NUSS) Programms der IAEO verabschiedet werden,[237] besondere Bedeutung zu. Obschon die sogenannten „codes of practice" und „safety guides" rein formell unverbindlich[238] sind, beschreiben sie doch Mindestsicherheitsauslegungen für kerntechnische Anlagen, die kein Staat unterschreiten kann, ohne sich dem Vorwurf eines international unhaltbaren Verhaltens auszusetzen. Durch das international immer umfassendere „freiwillige" Sicherheitsinspektionsprogramm der Organisation haben diese IAEO-Standards mittlerweile den Status von de facto verbindlichen Richtlinien erworben.[239] Rechtlich gesehen, zeigen sie jedenfalls authoritativ den Minimumstandard an, der über das völkerrrechliche Gebot der Ausrichtung kerntechnischer Sicherheitsvorkehrungen „nach dem Stand der Technik", zwischenstaatlich eingefordert werden kann. Wie das diplomatische

---

[233] In diesem Sinne die Entschließung des Europäischen Parlaments zur Sicherheit von Kernkraftwerken (Fn. 157) § I.1.

[234] Pelzer (Fn. 50) 566. In diesem Sinne auch Dupuy, (Fn. 230); und Seiler (Fn. 174) 106.

[235] Recommendation 1068 (1988) on Nuclear Accidents, *Parliamentary Assembly of the Council of Europe, Thirty-Ninth Ordinary Session*, § 22, Abs.I (c).

[236] s. „Bulgaria Starts Nuclear Closing", Wall Street Journal, 4.9.1991, A8, Spalte 1. Ob es bei dieser Entscheidung bleiben wird, ist eher zu bezweifeln, da Bulgarien bei Abschaltung des gesamten Kraftwerks für die Winterperiode 1991/92 ein horrendes Energiedefizit befürchten müßte.

[237] Vgl. allgemein Ha-Vinh Phuong, „An Overview of the IAEA Nuclear Safety Standards (NUSS) Programme", Manuskript eines Vortrags, gehalten im Rahmen des Regional Overview Course on Regulatory Aspects of Radiation and Nuclear Safety, Kuala Lumpur, 21.-26.4.1986; und Adede, „Overview of Legal and Technical Aspects of Nuclear Accident Pollution", in: D. Magraw (Hrsg.), *International Law and Pollution* 129, 138-41 (1991).

[238] Verbindlich sind allerdings „NUSS-criteria" gemäß Art.III (A) 6 des Statuts der IAEO im Eigenbereich der Organisation, sowie in jenen „operations making use of materials, services, equipment, facilities and information made available by the agency or at its request or under its control or supervision".

[239] Dazu s. v.a. Handl (Fn. 4) 211-14.

Tauziehen um Kosloduj anzudeuten scheint, ist dieser Standard heute möglicherweise auch unabhängig von der Entfernung der Anlage von der Grenze des exponierten Staates einforderbar.[240]

Eine faktische Rechtsverbindlichkeit kommt aber auch den Strahlenschutzempfehlungen der International Commission on Radiological Protection (ICRP) zu. Die anerkannte Fachkompetenz der Kommission gewährleistet, daß die Richtlinien der Kommission weitestgehend und routinemäßig in die innerstaatliche Rechtsordnung übernommen werden.[241] Eine ähnliche, international normative Wirkung können auch Strahlenschutzstandards erzeugen, die von Spezialorganisationen der Vereinten Nationen, wie der WHO, ILO, FAO oder IMO erarbeitet werden. Rückwirkungen auf das zwischenstaatlich erforderliche Niveau von Emissions- und Sicherheitsstandards für nationale kerntechnische Anlagen können zudem von den, im Rahmen des Euratomvertrags festgelegten Strahlenschutzbestimmungen[242] ausgehen. Mit anderen Worten, solche Standards können über das sogenannte „Diskriminierungsverbot",[243] auch von einem Nichtmitgliedstaat einem EG-Staat gegenüber geltend gemacht werden.

2. *Völkerrechtliche Relevanz der Umweltschutzstandards des gefährdeten Staates*

Abgesehen von einschlägigen internationalen Standards, kommt auch der innerstaatlichen Praxis eine gewisse normative Funktion zu. D.h. allerdings nicht, daß im gefährdeten Staat geltende Umweltschutz- bzw. Strahlenschutzbestimmungen, für den Anlagestaat einen Standard setzen, den er angesichts des grenzüberschreitenden Risikos seiner kerntechnischen Anlagen gewissermaßen automatisch zu beachten hätte. Für eine so weitreichende Ausrichtung der Interessen des Anlagestaates auf die des Nachbarstaates gibt es weder eine dogmatische Rechtfertigung noch eine entsprechende Basis in der Staatenpraxis. So ist z.B. das Einlenken Frankreichs im Streitfall um die Grenzwerte betreffend die radioaktive Belastung der Mosel durch das Kernkraftwerk Cattenom,[244] sicherlich darauf zurückzuführen, daß die in der Betriebsbewilli-

[240] s. oben Fn. 236; und vgl. „IAEA Declares Kosloduy Deficient", *Nuclear Engineering International*, August 1991, 2.

[241] Vgl. dazu Adede (Fn. 237) 141; und Rosen, „Die ICRP und das Strahlenschutzrecht", 35 *atw* August/September 1990, 440.

[242] Vgl. die Richtlinie des Rates vom 2.2.1959, ABl. Nr. 11, 221/59, 20.2.1959; und Richtlinie 80/836/Euratom, ABl. L 246, 17.9.1980; sowie Richtlinie 84/467/Euratom, ABl. L 265, 5.10.1985. Vgl. weiters Schröder (Fn. 214).

[243] s. unten F.I.3.

[244] s. Art. 5, Abs. 3 des französich-luxemburgischen Abkommens von 1986, F-FL/12/3/86, in welchem für das gesamte KKW Cattenom eine maximale radiologische Belastung der Mosel von 12 Curie/p.a. vereinbart wurde. Die Einhaltung dieses Werts war bereits 1985 von der Internationalen Kommission zum Schutz der Mosel gegen Verunreinigungen als Genehmigungsauflage für Cattenom empfohlen worden. s. Bundesanzeiger Nr. 114 vom 27.6.1986, S. 8111.

gung ursprünglich angeführten französichen Werte z. Teil wesentlich über denjenigen anderer westeuropäischer Staaten lagen.[245] Das diplomatische Zwischenspiel in dieser Frage stützt also eher die These, daß Staaten verpflichtet sind, einer allgemeinen internationalen Praxis zu folgen, als daß die Standards des gefährdeten Nachbarstaates „grenzüberschreitende" normative Wirkung haben.

Innerstaatliche Praktiken des Nachbarstaates können allerdings in bezug auf die Interpretation des Gebots der fortschrittlichsten Technologie an Bedeutung gewinnen, wenn sie einen allgemeinen — nicht universellen — Standard in der internationalen Gemeinschaft verkörpern. Es wäre daher durchaus denkbar, daß bei einer Diskrepanz bei Bau- und Betriebsparametern von kerntechnischen Anlagen, der exponierte Nachbarstaat unter Berufung auf eigene Standards bzw. Praktiken als Indiz allgemeiner Sicherheitsvorstellungen, mit Recht auf eine Angleichung umwelt- bzw. sicherheitsrelevanter Standards im Anlagestaat bestehen könnte.

3. *Völkerrechtliches Diskriminierungsverbot*

Ein weiterer, völkerrechtlich gesicherter Bewertungstandard kann unter den bereits erwähnten Begriff „Diskriminierungsverbot" subsumiert werden. Unter diesem Verbot versteht man die Verpflichtung eines Staates, Tätigkeiten mit tatsächlichen oder potentiellen grenzüberschreitenden Umweltbeeinträchtigungen, ebenso strengen Auflagen zu unterwerfen, wie solche, die ausschließlich die eigene Umwelt belasten. Dementsprechend wäre es also einem Anlagestaat untersagt, hinsichtlich Bau- oder Betriebsbedingungen, eine Unterscheidung zwischen kerntechnischen Anlagen im Inland einserseits und solchen an der Staatgrenze oder in Grenznähe andererseits, zu machen. Hinweise auf dieses Verbot finden sich in verschiedenen multilateralen[246] und bilateralen[247] Übereinkommen, in den UNEP Principles of Conduct in the Field of the Environment,[248] sowie in Empfehlungen des Europarats[249] und der OECD.[250]

---

[245] Im Genehmigungsbescheid von 1983 war der in Frankreich übliche Grenzwert von 15 Curie pro Reaktorblock und Jahr, vorgegeben worden. s. „Strengere Auflage für Cattenom-Abwässer", Süddeutsche Zeitung, 24.9.1986, 1, Spalte 3.

[246] s. Art. 2 der Nordic Environmental Protection Convention, 13 *ILM* 591 (1974).

[247] s. z. B. Abs. 2(b) des Memorandum of Intent zwischen Kanada und den USA, vom 5.8.1980, in 20 *ILM* 690 (1981), welches indirekt Bezug auf das Diskriminierungsverbot nimmt.

[248] s. Principles of Conduct in the Field of the Environment for the Guidance of States in the Conservation and Harmonious Utilization of Natural Resources Shared by Two or More States, in 2 *United Nations Enviroment Programme, Environmental Law Guidelines and Principles* 5. In Resolution 34/186 der Generalversammlung der VN werden Staaten aufgefordert, „to use the principles as guidelines and recommendations in the formulation of bilateral and multilateral conventions regarding natural resources shared by two or more states...": *GAOR, Thirty-Fourth Sess., Supp.No. 46* (A/34/186) 128.

[249] Council of Europe Recommendation (71)5 on Air Pollution in Frontier Areas, 19 *Eur.Y.B.* 263 (1971).

In einer Erklärung der Parlamentarischen Versammlung des Europarats von 1990, der sogenannten „Europäischen Charter über Umwelt und bestandsfähige [sustainable] Entwicklung" heißt es schließlich:

> Contracting European states undertake to apply *as a minimum at least* the same standards to environmental conduct and impacts regarding transfrontier natural resources and environmental problems as are applied domestically in line with the principles of this Charter.[251]

In dieser internationalen Praxis wird man noch keinen eindeutigen Beweis für die völkergewohnheitsrechtliche Existenz des Diskriminierungsverbots sehen können. Bei der rechtlichen Beuteilung dieser Rechtsfigur darf nicht übersehen werden, daß sie wiederum ein Ausfluß des grundsätzlichen völkerrechtlichen Kooperationsgebots ist. Genauer gesagt ist sie ein nicht wegzudenkender Aspekt der allgemein anerkannten Verpflichtung der Staaten, bei der Verfolgung eigener Umweltinteressen jene der Nachbarstaaten nach Treu und Glauben zu berücksichtigen, wennimmer die Möglichkeit einer Interessenkollision gegeben ist.[252] Man wird also sagen dürfen, daß das Diskriminierungsverbot v.a. in Bezug Umweltauflagen für grenznahe Kernanlagen von Bedeutung sein kann, weil es einen Mindeststandard, nämlich die für Binnenanlagen im allgemeinen geltenden Sicherheits- und Emissionsvorschreibungen, sichern hilft.

4. *Zusammenfassung*

Die Untersuchung zeigt also, daß heutzutage selbst ohne formell verbindliche internationale Bestimmungen, der Ermessensspielraum des Anlagestaates hinsichtlich nuklearer Emissions- und Sicherheitsstandards, aber auch der Betriebsbedingungen,[253] weitgehend eingeschränkt ist. Der gefährdete Nachbarstaat ist berechtigt, auf Einhaltung internationaler Mindeststandards zu

---

[250] s. inbesondere die Verankerung dieses Prinzips in — verbindlicher Form — in Art.I(ii) der OECD Council Decision-Recommendation on Exports of Hazardous Wastes from the OECD Area, C(86)64(Final); und als Empfehlung in Title C, 4(a-c) des Anhangs zur OECD Council Recommendation on Principles Concerning Transfrontier Pollution; sowie in Recommendation of the Council for the Implementation of a Regime of Equal Right of Access and Non-Discrimination in Relation to Transfrontier Pollution, C(77)28, Annex, Title A.

[251] Art. 16 (c) der European Charter, Council of Europe, Parliamentary Assembly, Recommendation 1130 (1990) (1) on the formulation of a European charter and a European convention on environmental protection and sustainable development, *abgedruckt in* 1 *Y.B.Int'l Env.L* 484 (1990). (Betonung durch den Verfasser).

[252] s. oben, Entscheidung im *Lac Lanoux*-Fall (Fn. 87).

[253] So führte z. B. ein längerfristiger Streik im belgischen Grenzkraftwerk Doel zu einer Intervention seitens der niederländischen Regierung, mit welcher sie ihre Besorgnis über den Sicherheitsstatus des Kernkraftwerks, das mit einer Notmannschaft im 12-Stunden Betrieb arbeitete, zum Ausdruck brachte. Die Beschwerde führte schließlich dazu, daß die belgische Betriebsgesellschaft von sich aus zwei der vier Reaktorblöcke stillegte. s. „Streik als Gefahrenquelle in belgischen AKW?", Neue Zürcher Zeitung, 12./13.4.1987, 7; und „Stillegung zweier Kernkraftwerke in Belgien", *ebenda*, 17/18.4.1987, 6.

bestehen. Bei der Klärung dessen, was nun dem Stand der Technik entspricht, spielen in erster Linie die formell unverbindlichen multilateralen Kodizes und Praktiken eine Rolle, und sekundär, — v.a. über das Diskriminierungsverbot — die innerstaatlichen Standards des Anlagestaates.

Was formell verbindliche internationale Standards betrifft, so müssen, trotz des der Sache nach offenkundigen Bedarfs an solchen Kriterien, die Aussichten auf eine Realisierung derartiger Standards als schlecht beurteilt werden: Es fehlt ganz einfach nach wie vor an jenem breiten zwischenstaatlichen Konsens, also der grundsätzlichen Voraussetzung für die Verwirklichung einer einschlägigen multilateralen Konvention.

II. Vorsorgeansprüche

Die den Kern der völkerrechtlichen „Umweltgrundnorm" konstituierende Präventionspflicht, bedeutet nicht nur, daß Anlagestaaten völkerrechtlich verpflichtet sind, die grundsätzliche Betriebssicherheit und Umweltverträglichkeit kerntechnischer Einrichtungen zu gewährleisten. Sie bedeutet natürlich auch, daß Anlagestaaten Vorsorgemaßnahmen für den denkbaren Stör- bzw. Unfall zu treffen haben, um dadurch völkerrechtlich sanktionierte Auswirkungen auf die Umwelt entweder überhaupt zu unterbinden oder aber auf ein Minimum zu beschränken. D.h. Staaten müssen, ganz abgesehen von den zum Schutz der eigenen Bevölkerung und des eigenen Territoriums vorzunehmenden Maßnahmen, vorsorglich auch im Interesse ihrer Nachbarstaaten tätig werden. Die Dichte der, von Thomas Bruha in einer umfassenden Studie nachgewiesenen einschlägigen Staatenpraxis,[254] ist lediglich Ausdruck einer auf breiter Basis erfolgenden vertraglichen Konkretisierung der allgemeinen völkergewohnheitsrechtlichen Pflicht: Insbesondere bei kerntechnischen Anlagen erscheint es ganz selbstverständlich, daß Vorsorgemaßnahmen nicht einfach an der Staatsgrenze enden, obschon das nukleare Risiko grenzüberschreitender Natur ist. Hier stellt sich daher nicht mehr die Frage nach der grundsätzlichen Existenz einer völkergewohnheitsrechtlichen Vorsorgepflicht, sondern nach ihrer spezifischen Ausgestaltung. Genauer gesagt, gilt es zu überprüfen, inwieweit heute die Staatenpraxis die Rechtsgrundlage für ganz konkrete Anspruche des gefährdeten Staates, nämlich auf den Aufbau eines grenzüberschreitenden Warn- und Kommunikationssystems, auf die gemeinsame Erstellung und Administration von Notfallplänen oder aber die Vorabregelung von gegenseitiger Hilfeleistung, bietet.

Vorwegzunehmen wäre, daß die beiden IAEO Konventionen von 1986, nämlich über die schnelle Unterrichtung („Konvention über die Frühwarnung") bzw. Hilfeleistung bei nuklearen Unfällen („Konvention über die Hilfeleistung"),[255] einerseits zur Klärung des konkreten normativen Inhalts des

---

[254] Bruha, „Internationale Regelungen zum Schutz vor technisch-industriellen Umweltnotfällen", 44 *ZaöRV* 1 (1984).

völkerrechtlichen Vorsorgeprinzips selbst weniger als vielleicht vermutet beitragen. Andererseits haben sie aber zweifelsohne die Entwicklung einer klärenden bilateralen Praxis entscheidend beschleunigt. Aufgrund eben dieser Vertragspraxis läßt sich nun durchaus die Feststellung treffen, daß die unter dem Aspekt der grenzüberschreitenden Vorsorge als grundsätzlich erstrebenswert erscheinenden staatlichen Maßnahmen, heutzutage größtenteils als völkerrechtlich erforderlich gelten können.

1. Aufbau von grenzüberschreitenden Warn- und Kommunikationssystemen

Eine Verpflichtung dieses Inhalts, allerdings sehr allgemeiner Natur, findet sich in der IAEO Konvention über die Frühwarnung. Vertragstaaten sind angehalten, zum Zweck der Benachrichtigung und des Informationsempfangs im Zusammenhang mit nuklearen grenzüberschreitenden Unfällen, ihre zuständigen Behörden und Kontaktstellen zu identifizieren.[256] Wesentlich konkretere Anleitungen sind in den IAEO „Guidelines on Reportable Events, Integrated Planning and Information Exchange in a Transboundary Release of Radioactive Materials" enthalten: Diese Richtlinien empfehlen u. a. die Festlegung von Verfahren zur Verifizierung von grenzüberschreitenden Notfall- oder Alarmmeldungen; die Einrichtung von permanent besetzten und erreichbaren Kontaktstellen; sowie die häufige Überprüfung der Funktionsfähigkeit des grenzüberschreitenden Kommunikationssystems.[257]

Bilaterale Übereinkommen, in denen die IAEO „Guidelines" weitgehend normativ umgesetzt werden, existierten in Europa bereits vor dem Unfall in Tschernobyl, so z. B. zwischen der Bundesrepublik Deutschland und Frankreich,[258] der Bundesrepublik und der Schweiz,[259] Dänemark und Schweden bezüglich Barsebäcks,[260] sowie Frankreich einserseits und Großbritanien,[261] Luxemburg,[262] und der Schweiz[263] andererseits. Seit 1986, zeigt sich in der einschlägigen Vertragspraxis eine Tendenz zur genaueren Umschreibung des grenzüberschreitenden Kommunkationsverfahrens, insbesondere des Übermittlungsmodus, bzw. zur Vereinfachung des Kommunkationswegs.[264]

---

[255] s. die Konventionen IAEO/Früwarn und IAEO/Hilfe. Vgl. dazu allgemein A. Adede, *The IAEA Notification and Assistance Conventions in Case of a Nuclear Accident* (1987); und Lang, „Frühwarnung bei Nuklearunfällen", 39 *ÖZöRV* 9 (1988); und Hafner, „Das Übereinkommen über Hilfeleistung bei nuklearen Unfällen oder strahlungsbedingten Notfällen", *ebenda* 19.

[256] Art. 7 (1) der Konvention IAEO/Frühwarn.

[257] § 4.1. der Guidelines, IAEA Doc. INFIRC/321, January 1985, 4.

[258] D-F/28/1/81.

[259] D-CH/31/5/78.

[260] DK-S/11/4/85.

[261] F-GB/18/7/83.

[262] F-FL/11/4/83.

[263] F-CH/18/10/79.

Eine entscheidende Voraussetzung für das Funktionieren jedes Frühwarnsystems sind die Zulänglichkeit und Zuverlässigkeit der Umweltradioaktivitätsüberwachung im Inland. Seit dem Informationsdebakel im Zusammenhang mit Tschernobyl haben viele Staaten von sich aus auf nationalem Territorium verbesserte, wenn nicht überhaupt zum ersten Mal, Meß- und Überwachungssysteme installiert.[265] Obwohl die grundsätzliche Einrichtung und die genaue Auslegung derartiger nationaler Umweltüberwachungsnetze international von größtem Interesse sind, bietet die Vertragspraxis interessanterweise nur selten Beispiele für eine zwischenstaatliche Festschreibung von Funktionskriterien. Eher ungewöhnlich[266] ist daher Artikel 5 des österreichisch-tschechoslowakischen Abkommens sowohl von 1982[267] als auch von 1989,[268] in welchem relativ detailierte Vorgaben für das von den Vertragsparteien zu betreibende Umweltüberwachungsprogramm enthalten sind. Indirekt ergeben sich freilich aus den im Zusammenhang mit Nuklearunfällen vertraglich fixierten Informationspflichten[269] normative Rückwirkungen auf die Ausgestaltung des inländischen radiologischen Überwachungssystems. Im übrigen mag wohl auch auf informeller Basis eine Verständigung über Dichte, Standort von Meßstellen, etc. erzielt werden. Einer direkten, völkerrechtlichen Verankerung von Mindestkriterien wäre aber sicherlich der Vorzug zu geben.

In der Praxis zeigt sich, daß für Kernkraftwerke in unmittelbarer Grenznähe besondere Kommunikationsverbindungen zur Alarm- und Informationsübermittlung eingerichtet werden. So ist z. B. der deutsche Nachbarbezirk des schweizerischen Grenzkraftwerks Leibstadt, über festgeschaltete Leitungen direkt an das schweizerische SMT Alamierungssystem („System der Mobilisation mittels Telefon") angeschlossen. Zudem sind die jeweiligen Aufsichtsbehörden miteinander durch ein ständig eingeschaltetes internationales Fernsprechsondernetz miteinander verbunden.[270]

---

[264] s. z. B. den Notenwechsel gleichen Datums zum französisch-schweizerischen Abkommen vom 30.11.1989, CH-F/30/11/89.

[265] So z. B. Belgien, die Bundesrepublik Deutschland, und Großbritannien. Zu den belgischen Maßnahmen, s. *atw*, August/September 1987, 389; bezüglich Bundesrepublik, s. *ebenda*, Oktober 1987, 464; hinsichtlich Großbritanninens, s. *Department of the Environment, Nuclear Accidents Overseas: The National Response Plan and Radioactive Incident Monitoring Network (Rimnet). A Statement of Proposals* (1988); und „RIMNET Moves to Phase 2", *Nuclear Engineering International*, May 1991, 26.

[266] In den belgisch-französischen Expertengesprächen über das Grenzkraftwerk Chooz, diskutieren allerdings die jeweiligen bilateralen Arbeitsgruppen auch Einzelheiten anzuwendender Vorsorgemaßnahmen: s. Vincineau/Ergec (Fn. 198). Eher typisch ist hingegen Art. 5 des spanisch-portugiesischen Abkommens P-E/31/3/80a in welchem lediglich auf die Pflicht zur Einrichtung jener, zur Feststellung erhöhter Umweltradioaktivität und zur grenzüberschreitenden Datenübermittlung notwendigen Systeme, hingewiesen wird.

[267] A-CS/18/11/82.

[268] A-CS/25/10/89.

[269] Dazu unten G.I.

Einen wesentlichen Schritt weiter, nämlich zur voll-automatisierten grenzüberschreitenden Datenübermittlung, d.h. unter Ausschaltung der Entscheidungsträger des Anlagestaates, gehen Vorschläge, die z.B. Österreich jüngst der ČSFR gegenüber in Bezug auf das umstrittene Kernkraftwerke Bohunice, gemacht hat.[271] In Anlehnung an die Tatsache, daß einige Staaten bzw. Teilstaaten, so z.B. Schweden oder Bayern, Fernüberwachungssystem für ihre Kernkraftwerke installiert haben, die jederzeit, Echtzeit-Informationen über den Sicherheitstatus des Kernkraftwerke, die Umweltradioaktivität, die lokalen Witterungsbedingungen etc. an eine zentrale Überwachungsstelle liefern können,[272] hat nun Österreich seinerseits die Errichtung eines grenzüberschreitendes Systems dieser Art, als optimales Warn- und Kommunikationssystem vorgeschlagen. Im Prinzip soll die ČSFR dem Vorschlag zugestimmt haben. Die österreichische Bundesregierung verfolgt eine ähnliche Zielsetzung in Gesprächen mit Ungarn.

Die Möglichkeit, daß in naher Zukunft vollautomatisierte grenzüberschreitende Warn- und Überrwachungssysteme vereinzelt zum Bestandteil des zwischenstaatlichen Instrumentariums zur Bewältigung nuklearer Risiken zählen werden, kann freilich nicht als Indiz einer bestehenden Überzeugung angesehen werden, wonach die Errichtung und der Betrieb solcher Systeme auch völkerrechtlich erforderlich sind: Eine Schwalbe macht noch keinen Sommer.[273] Dennoch käme aber einer solchen, selbst beschränkten Praxis insoferne Präzedenzwirkung zu, als sie natürlich den Stand dessen beeinflußt, was zu einem bestimmten Zeitpunkt als die zwischenstaatlich erforderlichen Vorsorgemaßenahmen gelten müssen.[274]

---

[270] s. Bericht der Deutsch-Schweizerischen Kommission (Fn. 81) 42.

[271] Persönliches Gespäch mit Dr. Fritz Schmidt, österreichisches Bundeskanzleramt, am 6.6.1991 und 11.7.1991.

[272] Vgl. in diesem Zusammenhang den auf gesamtdeutscher Ebene erfolgenden Aufbau eines integrierten Meß- und Informationssystems für die Überwachung der Umweltradioaktivität. s. „Das integrierte Meß- und Informationssystem IMIS", *Umwelt* Nr. 5/1991, 215. s. weiters Fn. 266.

[273] Es ist natürlich richtig, daß gewöhnlich neben einer breiten und repräsentativen Praxis, die *opinio iuris* als weiteres Element für den Nachweis einer völkergewohnheitsrechtlichen Norm gefordert wird. Tatsächlich aber kann oft diese Rechtsüberzeugung nur an Hand einer entsprechenden Praxis selbst, d.h. also indirekt „nachgewiesen" werden. Zur allgemeinen Beweisproblematik, s. C. Parry, *Sources and Evidences of International Law* (1965).

[274] Die Frage, inwieweit der völkergewohnheitsrechtliche Anspruch des gefährdeten Staates auf „angemessene Minderung" des grenzüberschreitenden nuklearen Risikos, zur Forderung einer vom Betreiber unabhängigen Fernüberwachung durch den Anlagestaat, mit Direktschaltung zu den Behörden des Nachbarstaates, gerechtfertigt ist, hat mehrere Teilaspekte: (1) Entspricht eine derartige Aufrüstung der Überwachungssysteme mittlerweile einem völkerrechtlich geforderten Standard; (2) wenn ja, muß diese automatisierte Datenübermittlung auch Nachbarstaaten zugänglich gemacht werden; und (3) wenn ja, sind Bedingungen, v.a. die finanzielle Beteiligung an den Kosten betreffend, statthaft?

Unter diesem Gesichtspunkt wäre zwar die Forderung nach vollautomatisierter grenzüberschreitender Datenübermittlung rechtspolitisch vertretbar, aber als ein zu diesem Zeitpunkt völkerrechtlich noch nicht verbriefter Anspruch, zumindest für „grenznahe" kerntechnische Anlagen und möglichweise zum Unterschied von Grenzkraftwerken,[275] zu bezeichnen.

2. *Gemeinsame grenzüberschreitende Notfallplanung*

Ein entscheidender Punkt im kerntechnischen Vorsorgekatalog ist die gemeinsame Notfallplanung. Dies trifft in erster Linie für grenznahe oder direkt an der Grenze liegende kerntechnische Anlagen zu. Es leuchtet ein, daß zur Abwendung oder Minderung grenzüberschreitender nuklearer Auswirkungen eines Stör- bzw. Unfalls, genaue Absprachen zwischen Anlagestaat und dem, durch die Grenznähe der kerntechnischen Anlage gefährdeten Nachbarstaat, notwendig sein werden. Solche Absprachen sollten jedoch nicht bloß auf grobe Parallelität nationaler Planungsschritte hinauslaufen. Ohne gemeinsame, ins Detail gehende Planung, d.h. Konzertierung von geplanten staatlichen Maßnahmen, wird wohl die effektive Bewältigung der Folgen eines, insbesondere größeren Atomunfalls im Grenzbereich, von vornherein als nicht sehr aussichtsreich gelten müssen. Mit anderen Worten, zwischenstaatliche Maßnahmen, wie der Aufbau eines Kommunikationssystems oder die allgemeine Vorabregelung von gegenseitiger Hilfeleistung,[276] decken zwar wichtige, aber letztlich nicht alle entscheidenden Aspekte einer umfassenden Vorsorgepolitik ab. Um ihrer Funktion voll gerecht werden zu können, bedürfen sie einer periodisch zu überprüfenden, integrierenden Planungskomponente.[277]

Angesichts der offenkundigen Bedeutung der umfassenden gemeinsamen Notfallplanung zum Schutz des gefährdeten Staates, empfehlen die IAEO „Guidelines for Mutual Emergency Assistance Arrangements in Connection with a Nuclear Accident or Radiological Emergency" ausdrücklich die Ausarbeitung gemeinsamer Notfallpläne, sowie deren periodische Überprüfung zum Zwecke ihrer Adaptierung auf den jeweils neuesten Stand.[278] Die IAEO Konvention über Hilfeleistung selbst, enthält jedoch lediglich einen lapidaren Hinweis auf die Nützlichkeit von internationalen Vereinbarungen zur Bewältigung grenzüberschreitender Folgen eines Nuklearunfalls.[279]

---

[275] s. die französisch-belgischen Gespräche das Kernkraftwerk Chooz betreffend, Fn. 198.

[276] s. unten F.II.3.

[277] In diesem Sinne auch *Commission of the European Communities, Aims and Practices of Transfrontier Emergency Planning within the E.C. Countries in Case of an Accident in a Nuclear Installation*, 18-20, January 1986.

[278] IAEA Doc.INFCIRC/310, January 1984, 3.

[279] Art. 1, Abs. 1 der Konvention IAEO/Hilfe.

In der bilateralen Praxis läßt sich aber ein klarer Trend zur gemeinsamen Notfallplanung für kerntechnische Anlagen nachweisen. Abgesehen von speziellen Vereinbarungen für bestimmte Grenz- oder grenznahe Kernkraftwerke wie Barsebäck,[280] Borseele und Doel,[281] und Chooz,[282] oder aber Cattenom,[283] enthalten z. B. das französisch-schweizerische Abkommen von 1989,[284] sowie — auf subnationaler Ebene — mehrere Abkommen für den französisch-belgischen[285] und belgisch-holländischen[286] Grenzbereich, Bestimmungen über gemeinsame Notfallplanung. Die gemeinsame Notfallschutzplanung gehört aber auch zum Aufgabenbereich verschiedener bilateraler Kommissionen für die Sicherheit von kerntechnischen Einrichtungen, wie z. B. der deutsch-schweizerischen,[287] der deutsch-französischen,[288] oder aber der „Niederländisch-Deutschen Kommission für grenznahe kerntechnische Einrichtungen".[289] Das Abkommen zwischen Argentinien und Brasilien von 1986 sieht u. a. gemeinsame Notfallübungen vor.[290] Das mexikanisch-amerikanische Verwal-

---

280 s. Art. 2 des dänisch-schwedischen Abkommens von 1985, D-S/11/4/85.

281 s. den Notenwechsel zwischen dem zuständigen belgischen und niederländischen Minister, B-NL/13/9/76 und B-NL/27/10/76.

282 Bezüglich des Kernkraftwerks „Chooz A" der Societé d'Energie Nucléaire Franco-Belges des Ardennes, existieren entsprechende Übereinkommen, nämlich B-F/23/9/66 und der Notenwechsel B-F/10/5/82. Mit „Chooz B1" und „B2" befaßt sich eine bilaterale Arbeitsgruppe des belgisch-französischen Expertenkomittees, dessen Auftrag auch die Ausarbeitung eines gemeinsamen Katastrophenschutzplans miteinschließt. s. auch Vincineau/Ergec (Fn. 198).

283 Laut Art. 8, Abs. 2 des französichen-luxemburgischen (Cattenom) Abkommens, F-FL/12/3/86, sind Konsultationen zum Zweck der Koordinierung der staatlichen Notfallpläne vorgesehen.

284 s. z. B. den Notenwechsel des selben Datums zum Abkommen F-CH/30/11/89.

285 s. das Abkommen vom 25.10.1968, in der Fassung vom 14.11.1979, zwischen dem französichen Commissaire de la Republique und dem Gouveneur der belgischen Provinz Namur, B-F/25/10/68 und B-F/14/11/79.

286 s. Notenwechsel aus den Jahren 1978 und 1979, zwischen den Kronkommissären der holländischen Provinz Nord-Brabant und Seeland einerseits, und den Gouverneuren der belgischen Provinzen Antwerpen, Westflandern und Ostflandern, andererseits. S. B-NL/4/8/78, 22/9/78 und 3/10/79; B-NL/2/4/79, und 25/9/79; sowie B-NL/16/7/79, 15/8/79, und 6/9/79.

287 s. z. B. die Sicherheitsbewertung des Kernkraftwerks Leibstadt durch die gemäß Art. 8 des Abkommens D-CH/10/8/82 konstituierten Deutsch-Schweizerischen Kommission für die Sicherheit kerntechnischer Einrichtungen. s. Fn. 81, 42.

288 Zur Aufgabenstellung der Kommission, s. z. B. *Umwelt* Nr. 97, 40 (1983); und Rengeling, „Rechtsprobleme grenzüberschreitender Planung", in: N. Pelzer (Hrsg.), *Friedliche Kernenergienutzung* (Fn. 174) 31, 41.

289 Die NDKK ist eine im Rahmen des niederländisch-deutschen Memorandums vom 2.11.1977 konstituierte bilaterale Kommission, deren Arbeitsgruppe 2 „für die Abstimmung von Notfallschutzplanungen" zuständig ist. s. „Niederländisch-Deutsche Kommission für grenznahe kerntechnische Einrichtungen", *Umwelt*, Nr. 86, 24.11.1981, 37.

290 s. § A. des Annex I to Protocol No. 11, RA-BR/29/7/86.

tungsabkommen vom 8.4.1981,[291] in der Fassung vom 6. Oktober 1989, sieht den Austausch umfassender Daten zum Notfallschutz, so u. a. Standort- und Kraftwerk-spezifische Angaben, sowie die Überprüfung der Kommunikationskanäle mindestens einmal pro Jahr vor.[292]

Von besonderem Interesse sind hier auch amerikanisch-kanadische Vereinbarungen zur grenzüberschreitenden Notfallplanung in bezug auf nukleare Stör- bzw. Unfälle. Abgesehen von diversen Übereinkommen über gemeinsame Planungsmaßnahmen auf Bundesebene,[293] existieren einschlägige Vereinbarungen — entweder allgemeinen oder nuklear-spezifischen Charakters — auf subnationaler Ebene, so z. B. zwischen der Provinz Ontario einerseits und den Staaten Michigan,[294] Ohio[295] und New York,[296] andererseits, sowie zwischen New Brunswick und Maine.[297] Durch die Vielzahl der auf amerikanischer Seite mit der grenzüberschreitenden Notfallplanung befaßten Verwaltungsstellen[298] einerseits, und durch die verfassungrechtliche Zuständigkeit der Provinzen für nukleare Notfallmaßnahmen andererseits, ergibt sich im Augenblick eine gewisse Zersplitterung der sachlichen Zuständigkeit für die Notfallplanung, die einem effizienten Management eines nuklearen Unfalls im amerikanisch-kanadischen Raum sicherlich abträglich ist. Um diesem Zustand abzuhelfen, wurde jüngst eine interministerielle, gemeinsame amerikanisch-kanadische Arbeitsgruppe für die nukleare Notfallplanung ins Leben gerufen. Diese Tatsache unterstreicht einmal mehr die grundsätzliche Bedeutung gemeinsamer und umfassender vorbereitender Schutzmaßnahmen.

In Anbetracht der Tatsache, daß im allgemeinen internationalen Umweltschutzrecht eine eindeutige Tendenz zur normativen Festschreibung gemeinsamer Katastrophenschutzpläne feststellbar ist,[299] und angesichts einer ähnlich

---

[291] In seiner ursprünglichen Fassung hatte das Abkommen die Ausarbeitung von gemeinsamen Notfallplänen für alle jene zukünftigen kerntechnischen Anlagen vorgesehen, von denen eine Gefährdung des jeweilig anderen Vertragspartners ausgehen könnte: Art.I, Abs. 2 des Abkommens MEX-USA/8/4/81.

[292] s. Art.I, Abs. 2 (a)-(f) des Abkommens MEX-USA/6/10/89.

[293] Abgesehen von detaillierten Bestimmungen im Rahmenabkommen über die Zusammenarbeit beim zivilen Notfallschutz, — s. Abkommen CAN-USA/28/4/86 — enthält auch das Ressortabkomen zwischen der NRC und dem AECB einschlägige Bestimmungen über den Informationsaustausch zum Zweck der Koordinierung nationaler Notfallmaßnahmen: s. Abkommen CAN-USA/21/6/89, 10, Appendix B.

[294] s. Abkommen CAN-USA/28/4/87.

[295] s. Abkommen CAN-USA/13/8/91.

[296] Persönliche Auskunft von Furruhk B. Ali, Head, Emergency Planning Ontario, 1. November 1991.

[297] s. Abkommen CAN-USA/9/9/75.

[298] So beschäftigen sich nicht nur die Nuclear Regulatory Commission und die Federal Emergency Management Agency mit Fragen der grenzüberschreitenden nuklearen Notfallplanung, sondern auch die Environmental Protection Agency and das State Department.

verlaufenden, parallelen Entwicklung bei der Planung für Nuklearunfälle, muß die Bewertung der Anspruchsfrage positiv ausfallen: Der gefährdete Staat hat heute ein Anrecht auf gemeinsame umfassende Notfallplanung, zumindest bezüglich Grenzkraftwerke oder grenznahe kerntechnische Anlagen. Eine andere Interpretation der allgemeinen sowie der speziell kerntechnische Anlagen erfassenden internationalen Praxis, ist wenig überzeugend. Mehr noch, jede andere Interpretation wäre wohl unvereinbar mit dem grundsätzlichen völkergewohnheitsrechtlichen Anspruch des gefährdeten Staates auf Minimisierung des grenzüberschreitenden nuklearen Risikos.

3. Vorabregelung grenzüberschreitender Hilfeleistung

Abgesehen vom Hilfeleistungsanspruch bei tatsächlichem Eintritt des Stör- bzw. Unfalls,[300] stellt sich auch die Frage, ob der gefährdete Staat nicht bereits einen völkerrechtlich gesicherten Anspruch auf Vorabregelung der, im grenzüberschreitenden Notfall gegebenenfalls zu leistenden Hilfe, hat. Eine Vereinbarung über Hilfeleistung könnte sicherlich auch *ad hoc* getroffen werden.[301] Doch entspräche es einer umfassenden Vorsorgepolitik, auch auf diesem Gebiet *a priori* klare Rechtsverhältnisse zu schaffen und damit die Voraussetzung für die schnellstmögliche Durchführung von grenzüberschreitenden Hilfsmaßnahmen. Der Stellenwert bilateraler Vorabsprachen, speziell unter unmittelbaren Nachbarstaaten, in der Eingrenzung bzw. Reduzierung nuklearer Unfallfolgen, wird auch durch Entwicklungen auf multilateraler Ebene, wie der Aktivierung des IAEO-Nothilfesystems („Emergency Response System"),[302] und den damit bisher verbundenen positiven Erfahrungen,[303] keineswegs geschmälert.

Die IAEO Konvention über Hilfeleistung läßt an sich die Anspruchsfrage unbeantwortet.[304] Eine Vorabregelung findet sich jedoch in mehreren, meist bilateralen Verträgen. Zu erwähnen wären hier zunächst Abkommen über gegenseitige Hilfeleistung bei Katastrophen oder schweren Unglücksfällen im allgemeinen,[305] wie z. B. zwischen Belgien einerseits und der Bundesrepublik Deutschland,[306] Frankreich,[307] und Holland[308] andererseits, zwischen der BR

---

[299] s. v.a. die multilaterale Vertragspraxis zum Schutz der Meere oder aber auch die nordamerikanische Praxis, etwa zwischen den USA einerseits und Mexiko bzw. Kanada andererseits.

[300] s. unten F.II.3.

[301] s. Guidelines for Mutual Assistance (Fn. 278) 1.

[302] Vgl. dazu Asculai / Collins, „The IAEA's Emergency Assistance Services", 30 *IAEA Bulletin* 3 / 1988, 22.

[303] s. z. B. die IAEO-Hilfeleistung im Oktober 1987 in Goiania, Brasilien. „Brazil Gets Help on Radiation Accident", New York Times, 11.10.1987, 3, Spalte 4.

[304] Unergiebig ist in dieser Hinsicht Art. 1, Abs. 2 der Konvention, welcher nur auf die „Möglichkeit" solcher Vereinbarungen hinweist.

[305] Weitere Nachweise bei Bruha (Fn. 254).

[306] Abkommen B-D / 6 / 11 / 80.

Deutschland einerseits und Dänemark,[309] Frankreich,[310] und Luxemburg,[311] Frankreich und der Schweiz,[312] Portugal und Spanien,[313] den USA und Kanada,[314] sowie das Nordische Abkommen von 1989 über Zusammenarbeit bei Unfällen.[315]

Als Beispiele von Hilfeleistungsabkommen, die spezifisch auf Nuklearunfälle abstellen, wären zu nennen das Nordic Mutual Emergency Assistance Agreement in Connection with Radiation Accidents,[316] das belgisch-französische Ardennen-Abkommen,[317] das argentisch-brasilianische Abkommen von 1986,[318] Abkommen zwischen amerikanischen Bundesstaaten und kanadischen Provinzen,[319] sowie Sonderbestimmungen in allgemeinen Abkommen über den nuklearen Informations- und Erfahrungsaustausch zwischen Österreich einerseits und Ungarn von 1987[320] und Polen von 1989[321] andererseits, und zwischen Japan und Korea von 1990.[322]

Die sich verdichtende Staatenpraxis ist wiederum ein entscheidendes Element bei der Bewertung der spezifischen Ausgestaltung des Vorsorgeprinzips. Sie legt nahe, daß man heute von der Tatsache ausgehen kann, daß die grundsätzliche, völkerrechtliche Präventionspflicht des Anlagestaates, auch einen Anspruch des gefährdeten Staates auf Vorabregelung der Hilfeleistungspflicht seitens des Anlagestaates miteinschließt.

---

307 Abkommen B-F/21/4/81.

308 Abkommen B-NL/14/11/84.

309 Abkommen DK-D/16/5/85.

310 Abkommen D-F/3/2/77.

311 Abkommen D-FL/2/5/78.

312 Abkommen CH-F/14/1/87.

313 Abkommen P-E/31/3/80b.

314 s. Abkommen CAN-USA/28/4/86.

315 s. Agreement on Co-Operation in the Event of Accidents, vom 20.1.1989, Nord/20/1/89.

316 Abkommen Nord/17/10/63.

317 s. Annex III des Abkommens B-F/23/9/66.

318 s. Annex I to Protocol No. 11, RA-B/29/7/86.

319 s. § 3 des Notenwechsels zwischen Ohio und Ontario, Abkommen CAN-USA/13/8/91; und § 3 des Notenwechsels zwischen Michigan und Ontario, Abkommen CAN-USA/28/4/87.

320 s. Art. 8 des Abkommens A-H/29/4/87.

321 s. Art. 4 des Abkommens A-PL/15/12/89.

322 Im § 5 des Notenwechsels J-KO/25/5/90, zwischen Japan und der Republik Korea, bestätigen die beiden Staaten allerdings lediglich, im Anlaßfall, im gegenseitigen Verhältnis, entsprechend den Bestimmungen der einschlägigen IAEO Konventionen über die Frühwarnung und Hilfeleistung handeln zu wollen.

III. Ansprüche im Stör- bzw. Katastrophenfall

1. Benachrichtigungspflicht

Allgemein gesprochen unterliegen Staaten einer Benachrichtigungspflicht, wenn ein, sich in ihrem Territorium oder unter ihrer Hoheitsgewalt ereignender Vorfall, die Möglichkeit erheblich nachteiliger grenzüberschreitender Auswirkungen in sich birgt. Diese Rechtspflicht besteht kraft Völkergewohnheitsrechts. Sie zielt darauf ab, das Schadensrisiko für den gefährdeten Staat zu reduzieren. Damit ist sie ihrer Natur nach — ebenso wie die Vorsorgepflichten[323] — ein wesentlicher Teilaspekt des Gebots der Vermeidung erheblicher grenzüberschreitender Umweltbelastungen. Über ihren Bestand sollte es daher keine Debatte mehr geben.[324] Die speziell auf kerntechnische Anlagen bezugnehmende einschlägige Vertragspraxis[325] stellt dementsprechend lediglich eine Konkretisierung der allgemeinen völkergewohnheitsrechtlichen Benachrichtigungspflicht dar.[326]

Wenngleich mehrere Staaten bereits vor Tschernobyl bilaterale Übereinkommen über die gegenseitige Benachrichtung bei nuklearen Stör- bzw. Unfällen eingegangen waren — so z. B. die Bundesrepublik Deutschland mit der Schweiz,[327] Frankreich mit der Bundesrepublik Deutschland,[328] Luxemburg,[329] und Großbritannien[330], Portugal mit Spanien,[331] sowie Österreich mit der Tschechoslowakei[332] und mit Ungarn[333] — so setzte doch mit der Unterzeichnung bzw. dem Inkrafttreten der IAEO Konvention über die Frühwarnung, eine bemerkenswerte Beschleunigung des Prozesses der vertraglichen Fixierung der

---

[323] s. oben F.II.

[324] Vgl. Art. 198 der 3. Seerechtskonvention (Fn. 25), („Notification of imminent or actual damage") als ein Beispiel einer multilateralen vertraglichen Verankerung dieses Prinzips; weiters die Arbeit der Völkerrechtskommission der VN zum Thema „Haftung für Schäden aus rechtsmäßigem Verhalten": z. B. Quentin-Baxter, Third Report (Fn. 26) 4-5; und Art. 6 und 19 der *WCED Legal Principles* (Fn. 85) 63-65 und 116-119.

[325] Die ECE Konvention über die weiträumige Verfrachtung von Luftschadstoffen von 1979, (*abgedruckt in* 18 *ILM* 1442 (1979)) welche in Art. 4 und 5 eine Benachrichtungspflicht festlegt, scheint auf radioaktive Substanzen nicht anwendbar sein. s. dazu Denkschrift zum Übereinkommen, Deutscher Bundestag, Drs. 9/1119, 14.

[326] Diese Annahme wird u. a. dadurch erhärtet, daß bei der Unterzeichnung der IAEO Konvention über die Frühwarnung, viele Staaten sich bereit erklärten, die Konvention noch vor ihrem Inkrafttreten, provisorisch anwenden zu wollen. s. dazu Reservations and Declarations Communicated in Writing to the Depositary, in 25 *ILM* 1395-1407 (1986).

[327] Abkommen D-CH/31/5/78.

[328] Abkommen D-F/28/1/81.

[329] Abkommen F-FL/14/11/83.

[330] Abkommen F-GB/18/7/83.

[331] s. Art. 5 des Vertrags P-E/31/3/80a.

[332] s. Art. 6 des Abkommens A-CS/18/11/82.

[333] s. Art. 2(a) des Vertrags, A-H/9/11/85.

grenzüberschreitenden Benachrichtigungspflicht ein. Das Ergebnis ist, daß heute v.a. in Europa ein außerordentlich dichtes Netz bilateraler Übereinkommen über die Frühwarnung existiert. Dieses wird im EG-Bereich noch dadurch verstärkt, daß die Entscheidung des Rates vom 14.12.1987,[334] Mitgliedstaaten eine ins Detail gehende Benachrichtigungspflicht, und zwar sowohl der Kommission als auch jenen anderen Mitgliedstaaten gegenüber, auferlegt, die im Falle eines nuklearen Notfalls tatsächlich oder möglicherweise von innerstaatlichen radiologischen Schutzmaßnahmen betroffen sind.[335]

Neben Art und Umfang der zu übermittelnden Informationen, — eine Frage, die hier nicht weiter zu behandeln sein wird, weil sie aufgrund einer, durch Artikel 5 der IAEO Konvention bewirkten Standardisierung der Vertragspraxis, als Rechtsproblem weitestgehend gegenstandlos geworden ist[336] — sowie der, bereits im Zusammenhang mit den Vorsorgeansprüchen diskutierten, technischen Ausgestaltung des Übermittlungsmodus,[337] ist vor allem der Zeitpunkt zu dem die Pflicht erwächst, eine entscheidende Frage. Die Effektivität der Benachrichtigungspflicht hängt wesentlich davon ab, ob es gelingt einen objektiven Auslösungstatbestand festzulegen. Die IAEO Konvention über die Frühwarnung demonstriert beispielhaft die grundsätzliche Schwierigkeit eines solchen Unterfangens. Zwar gelang es in den Verhandlungen, Lösungen, die auf eine ausschließlich subjektive Beurteiligung durch den Anlagestaat abzielten, zu vermeiden.[338] Doch der Formulierung des die Rechtspflicht auslösenden Moments, fehlt jene endgültige Präzision, die klare Rechtsverhältnisse schafft und damit unter allen Umständen die frühzeitige, also effektive Benachrichtigung des gefährdeten Staates erwarten lassen würde:[339] Die Umschreibung des Auslösungstatbestandes im Artikel 1, Absatz 1 der IAEO Konvention, stellt nicht nur auf die Wahrscheinlichkeit des Ereigniseintritts (grenzüberschreitende radiologische Immissionen), sondern auch auf die Folgen dieses Ereignisses (Auswirkungen auf die Umwelt und Gesundheit der Bevölkerung im belasteten Staat) ab.[340] Sie räumt damit dem subjektiven Ermessen des Anlagestaates einen allzu breiten Spielraum ein.

---

[334] s. Ratsentscheidung 87/660/EURATOM. Vgl. weiters Richtlinie 89/618/EURATOM.

[335] s. Art. 1 und 2 der Entscheidung des Rates. Vgl. auch Art. 45 (5) der Richtlinie 80/836/EURATOM, welcher bereits eine Benachrichtigungspflicht für den Fall festlegt, daß die eigene Bevölkerung einer zusätzlichen Strahlenbelastung ausgesetzt wird.

[336] Es zeigt sich nämlich, daß die, im Art. 5 nicht-taxativ aufgezählten, zu übermittelnden Daten, meist wortwörtlich als analoge Bestimmungen bilateraler Abkommen übernommen werden. s. z. B. Art. 3 des österreichisch-tschechoslowakischen Abkommens, A-CS/25/10/89.

[337] s. oben F.II.1.

[338] s. dazu A. Adede (Fn. 237) 19-20.

[339] Vgl. auch die kritischen Bermerkungen von Zehetner, „Grenznahe Kernanlagen: Grenzüberschreitende Hilfe bei Störfällen und Unfällen", in N. Pelzer (Hrsg.), *Friedliche Kernenergienutzung* (Fn. 174) 118.

Angesichts der Tatsache, daß die Konvention, als universelles Rechtsinstrument zum Teil sehr unterschiedlich nuancierte Interessen der IAEO Mitgliedstaaten auf einen gemeinsamen Nenner bringt, sollte die Verwendung von letztlich unbestimmten Begriffen nicht weiter verwundern. Im übrigen mag schon aufgrund des Charakters der Konvention als einer Rahmenvereinbarung,[341] die Präzisierung mancher Details, inbesonders die stärker objektivierende Definition der Auslösungskriterien, bewußt als Aufgabe für ergänzende bilaterale Vereinbarungen verstanden worden sein.

Während in der Vertragspraxis zur Benachrichtungspflicht vor Tschernobyl, der Gebrauch von relativ unbestimmten, d.h. die subjektive Auslegung fördernden Kriterien,[342] überwiegt, hat seit 1986 ein Prozeß der immer genaueren rechtlichen Umschreibung dessen eingesetzt, was als „benachrichtigungspflichtiges" Ereignis im Anlagestaat gilt. Gleichwohl liefert aber auch diese neuere Vertragspraxis Beispiele für die Langlebigkeit subjektiv zu beurteilender Auslösungtatbestandsmerkmale.[343] Im Verhältnis mancher Staaten untereinander mag es angesichts gutnachbarschaftlicher Beziehungen nicht notwendig erscheinen, das Schwellenereignis zwischenstaatlich nach ausschließlich objektiven Kriterien zu definieren. Eine derartige Unterlassung könnte jedoch auf lange Sicht hin schwerwiegende Folgen für den gefährdeten Staat haben.

Das dem sogenannten „reportable event" zugrundeliegende Definitionsproblem hat zwei eng miteinander verknüpfte Aspekte. Zum einen handelt es sich um die Absicherung gegen eine im Anlassfall möglicherweise verzerrende Bewertung der faktischen Voraussetzungen für die Auslösung der Pflicht; zum anderen, um den normativen Gehalt des Begriffs selbst. Eine effektive vertragliche Verankerung der Benachrichtigungspflicht muß also beiden Aspekten gerecht werden.

---

340 Laut Artikel 1, Absatz 1 der Konvention wird die Benachrichtigungspflicht ausgelöst durch einen tatsächlichen oder möglichen Austritt von Radioaktivität „which has resulted or *may* result in a transboundary release... that *could be* of radiological significance for another State". Hervorhebung durch den Verfasser.

341 s. dazu Art. 3 und Art. 10 der Konvention.

342 s. z.B. Art. 1 der Vereinbarung zwischen der Bundesrepublik Deutschland und Frankreich, D-F/28/8/81: „Die Vertragsparteien informieren sich gegenseitig...über Vorkommnisse oder Unfälle, die...im Hoheitsgebiet eines der beiden Staaten eintreten und radiologische Auswirkungen haben können, die das Hoheitsgebiet des anderen Staates in Mitleidenschaft ziehen können".

343 So z.B. das finnisch-sowjetische Abkommen, SF-SU/7/1/87, dessen Art. 4, 5 und 6 dem Anlagenstaat einen breiten Ermessenspielraum bei der Beurteilung des Auslösungstatbestandes einräumen. Ganz ähnlich auch die Bestimmungen der Art. 2 und 3 des österreichisch-sowjetischen Abkommens, A-SU/12/9/88. Aber auch Art. 1 des französich-schweizerischen Abkommens, F-CH/30/11/89, spiegelt wider subjektive Kriterien bei der Bestimmung des Schwellenereignisses für die Benachrichtigungspflicht.

Vereinfachend gesprochen, könnte dies durch die Verknüpfung der Benachrichtigungspflicht mit jedem ungeplanten Austritt von Radioaktivität, unabhängig von der Existenz eines damit verbundenen grenzüberschreitenden Risikos, erreicht werden. Eine derartige Fixierung des Auslösungstatbestandes ginge zwar wesentlich über den, in der IAEO Konvention festgelegten Standard hinaus. Speziell für grenznahe kerntechnische Anlagen erscheint aber diese striktere Fassung des Auslösungstatbestandes hinreichend gerechtfertigt: Das Zusammenwirken der Faktoren „Grenznähe der Anlage" und „ungeplanter Austritt von Radioaktivität" geben dem Stör- bzw. Unfall von vorneherein den Anstrich grenzüberschreitender Bedeutung.

Der sich seit Tschernobyl manifestierende Trend zur stärkeren objektiven Verankerung der grenzüberschreitenden Benachrichtigungspflicht nimmt zweierlei Formen an. Zum einen wird in der Vertragspraxis versucht, das Ermessen des verpflichteten Staates bei der Beurteilung der grenzüberschreitenden „Signifikanz" des Stör- bzw. Unfalls selbst zu relativieren. So wird vereinzelt vereinbart, daß jede tatsächliche oder mögliche grenzüberschreitende Freisetzung von Radionukliden, also ohne Ansehen der Folgen für Umwelt und Gesundheit der Bevölkerung des betroffenen Nachbarstaats, den zugrundeliegenden nuklearen Stör- bzw. Unfall zwischenstaatlich „bedeutend" und damit völkerrechtlich benachrichtigungspflichtig erscheinen läßt.[344] Umschreibungen dieser Art finden sich z. B. im dänisch-polnischen Abkommen vom 22.12.1987,[345] sowie im Abkommen zwischen Österreich und der DDR.[346]

Einen etwas anderen Weg beschreiten die österreichisch-tschechoslowakischen Abkommen von 1982 und 1989. Sie gehen davon aus, daß eine grenzüberschreitende Benachrichtigungspflicht spätestens dann als gegeben erachtet werden muß, sobald der Anlagestaat Maßnahmen zum Schutz der eigenen Bevölkerung trifft.[347] Diesen Ansatz wählt auch die Entscheidung des EG-Rats vom 14.12.1987 über die Schnellwarnung.[348] Eine derartige Eingrenzung des Auslösungstatbestandes — ohne weitere objektive Anhaltspunkte — ist jedoch problematisch, weil zwischen Anlage- und Nachbarstaat ein Niveaugefälle in der gesellschaftlichen Bereitschaft zum Risiko oder aber in der Bewertung des Risikos radioaktiver Strahlung bestehen kann.

---

[344] Jede zusätzliche Strahlenbelastung des nationalen Territoriums bzw. der Bevölkerung ist vom Standpunkt des öffentlichen Gesundheitsschutzes aus problematisch. Jede grenzüberschreitende Strahlenbelastung berührt also auch völkerrechtliche Grundrechte des belasteten Staates.

[345] s. Art. 3, Abs. 1, A-DDR/22/12/87.

[346] Art. 3, Abs. 1. knüpft die Rechtspflicht an „nukleare Unfälle...oder sonstige...Tätigkeiten, die durch Freisetzung radioaktiver Stoffe das Hoheitsgebiet des anderen Staates beeinflussen können".

[347] s. Art. 6, Abs. 2 des Abkommens A-CS/18/11/82 und Art. 2, Abs. 1 des Abkommens A-CS/25/10/89.

[348] s. Art. 1 der Entscheidung 87/660/EURATOM.

Zum anderen kommt es seit Tschernobyl zu einer Ausweitung der Auslösungstatbestände. So wird z. B. in einer überwiegenden Mehrzahl von Abkommen bei Beibehaltung einer „weichen", d. h. dem Artikel 1 der IAEO Konvention entsprechenden Benachrichtigungspflicht, ein neuer Tatbestand „Messungen von ungewöhnlich hohen" Umweltradioaktivitätswerten, als Auslösungskriterium eingeführt.[349] Im finnisch-sowjetschen Abkommen vom 7.1.1987, ist die Wirkung dieses zusätzlichen Tatbestands geographisch beschränkt.[350] In anderen Verträgen dieses Musters löst jedoch die Messung von „ungewöhnlich erhöhter Strahlungsintensität" eine Benachrichtigungspflicht aus, und zwar unhängig davon, in welcher Entfernung zur Grenze des zu benachrichtigenden Staates diese Meßwerte registriert wurden.

Aus der Staatenpraxis laßen sich aber auch Beispiele für zusätzliche Auslösungstatbestände anführen, die von der traditionellen Bedingung „Freisetzung von radioaktiven Stoffen" überhaupt abgekoppelt sind, d. h. bei welchen die Benachrichtigungspflicht an einem Ereignis ansetzt, das der tatsächlichen oder möglichen Freisetzung radioaktiver Stoffe vorgelagert ist. Eine entsprechende Formulierung enthält z. B. § 2 der Vereinbarung zwischen dem U.S. Bundesstaaat Ohio und der kanadischen Provinz Ontario, in welchem als auslösendes Moment die „declaration of an *ALERT* condition status (or higher classification)" in bezug auf das betroffene Kernkraftwerk definiert wird.[351] Noch weiter geht Artikel 2, Absatz 2 des österreichisch-tschechoslowakischen Abkommens, laut dessen die Vertragsparteien einander über Ereignisse nichtradiologischer Art informieren,[352] die „geeignet sind, bei der Bevölkerung einer Vertragspartei Besorgnisse zu erwecken".[353] Im Mai 1991 verständigten sich die beiden Staaten darauf, einerseits diese Bestimmung des Abkommens als auf Ereignisse im Sinne der Stufe 2 der IAEO Skala für die Klassifikation nuklearer Ereignisse (INES)[354] anwendbar zu interpretieren; andererseits den Auslösungtatbestand darüberhinausgehend auf „vorhersehbare oder unvorhergesehene Ereignisse in der näheren Umgebung von Kernanlagen", wie z. B. Brände, Erdbeben etc., zu erweitern.[355]

---

[349] Diese Rechtspflicht bezieht sich durchwegs auf Meßwerte, die nicht durch Kernanlagen oder nukleare Tätigkeit im eigenen Territorium verursacht wurden.

[350] Art. 6 des Abkommens, SF-SU/7/1/87, beschränkt die Benachrichtigungspflicht auf derartige Meßwerte innerhalb einer Zone von 300 km von der gemeinsamen Staatsgrenze bzw. von der Grenze der Territorialgewässer im Golf von Finnland.

[351] s. Abkommen CAN-USA/13/8/91.

[352] Zum Unterschied von einem, in Artikel 1 des Abkommens, A-CS/25/10/89, definierten Störfall, „in dessen Folge es zu einer Freisetzung radioaktiver Stoffe über die gemeinsame Staatsgrenze kommt oder kommen kann..."

[353] Art. 2, Abs. 2, A-CS/25/10/89.

[354] INES, die „International Nuclear Event Scale" der IAEO bezeichnet ein Ereignis der Stufe 2 (Incident) als „technical incidents or anomalies which, although not directly or immediately affecting plant safety, are liable to lead to subsequent re-evaluation of safety provisions".

Zusammenfassend läßt sich feststellen, daß trotz mancher Verbesserung im Sinne einer Reduzierung des subjektiven Ermeßens des Anlagestaates, heutzutage die Gewährleistung einer zeitgerechten Benachrichtigung im nuklearen Stör- oder Notfall nach wie vor nicht ausreichend gesichert erscheint. Die eher typische bilaterale Regelung repräsentiert eine Kombination des normativen Ansatzes des Artikel 1, Absatz 1 der IAEO Konvention über die Frühwarnung und des ergänzenden Auslösungstatbestands „erhöhte Meßwerte von Umweltradioaktivität".[356] Eine straffere Definition des die Benachrichtigungspflicht auslösenden nuklearen Störfalls wäre sicherlich wünschenswert. Dies könnte etwa nach dem Vorbild der Regelung im österreichisch-tschechoslowakischen Abkommen, also unter ausdrücklicher Berufung auf die INES-Klassifizierung, durch die Festlegung von Stufe-2 Ereignissen als der Schwellenkategorie dessen was als benachrichtigungswürdiger Vorfall gilt, geschehen.

Daß dem Faktor „Grenznähe" bei der Beurteilung der Benachrichtigungspflicht in Bezug auf kerntechnische „Störfälle" mit Freisetzung von radioaktiven Stoffen oder auf die Messung erhöhter Umweltradioaktivität, heute noch generell normative Bedeutung zukommt, muß bezweifelt werden. Die Vertragspraxis scheint, überwiegend das Gegenteil zu bestätigen.[357] Andererseits, in Bezug auf „Vorfälle", die dem Störfall mit Freisetzung von radioaktiven Stoffen vorgelagert sind, könnte die „Grenznähe" der betroffenen kerntechnischen Anlage sehr wohl ein Kriterium für die Benachrichtigungspflicht sein. Allerdings, was an einschlägiger Praxis existiert ist spärlich und deutet eher auf eine Entwicklung auf eine distanzunabhängige Verankerung hin.

Schließlich kann als sicher gelten, daß „Grenznähe" in Bezug auf den Modus der Informationsübermittlung, den anderen hier noch zur Diskussion stehenden Faktor für eine effektive Benachrichtigung im nuklearen Notfall, eine normative Rolle spielt. Es liegt auf der Hand, das Ermessen des Anlagestaates umgekehrt proportional zur Grenznähe der betroffenen Anlage zu sehen: Je näher der Standort zur Grenze, desto offenkundiger der Anspruch darauf, daß zumindest jener Informationsstand gewährleistet wird, der intern im Anlagestaat garantiert wird. Für den Extremfall, in dem sich die Sicherheitsszone einer kerntechnischen Anlage auf das Territorium des Nachbarstaates erstrecken würde, bedeutet dies konsequenterweise einen Anspruch des Nachbarstaates auf weitestgehend automatisierte Datenübermittlung. Verfügt der Anlagestaat über ein Fernüberwachungssystem seiner kerntechnischen Anlagen, so müßte der

355 s. die österreichische Note vom 27.5.1991 zur Auslegung des Artikel 2, Absatz 2 des Abkommens A-CS/25/10/1989.

356 s. z. B. die einschlägigen Bestimmungen über die „Frühzeitige Benachrichtigung bei nuklearen Unfällen" im deutsch-ungarischen Abkommen, D-H/26/9/90, nämlich Art. 2, Abs. 1 in Kombination mit Art. 3; oder Art. 2-4 des britisch-sowjetischen Abkommens, GB-SU/10/4/90.

357 Die einzige bekannte Ausnahme ist Art. 6 des finnisch-sowjetischen Abkommen: s. oben Fn. 350.

Nachbarstaat daran angeschlossen werden; anderenfalls wäre der belastete Staat berechtigt, den Aufbau eines solchen Systems zu fordern.[358]

2. *Hilfeleistungspflicht*

Seit Tschernobyl ist in der Literatur vereinzelt die These anzutreffen, wonach ein von einem Nuklearunfall betroffener Staat Anspruch auf Hilfeleistung kraft allgemeinen Völkerrechts hätte. Eine derartige Rechtspflicht besteht, so wird behauptet, *erga omnes* und leitet sich aus dem Prinzip der internationalen Solidarität sowie aus allgemein humanitären Überlegungen ab.[359]

Einerseits ist natürlich, wie bereits besprochen, zu beobachten, daß v.a. benachbarte Staaten dazu tendieren, Vereinbarungen zur Vorabregelung von gegenseitiger Hilfeleistungen bei Unglücks- oder Katastrophenfällen zu treffen.[360] Im übrigen ist nicht zu leugnen, daß der Gedanke der Solidarität beim nuklearen Schadenersatz eine gewisse Rolle spielt, wie z. B. im Rahmen des Brüssler Zusatzabkommens zur Pariser Haftungskonvention.[361]

Andererseits, legt zwar Artikel 1 der IAEO Konvention über Hilfeleistung bei einem Nuklearunfall oder radiologischen Notfall,[362] den Vertragsstaaten generell eine Kooperationsverpflichtung bei der Leistung grenzüberschreitender Nothilfe auf.[363] Diese Pflicht muß jedoch als durch die Bestimmungen der Artikel 2 und 11 der Konvention wohl dahingehend relativiert gelten,[364] daß die Entscheidung über die Hilfeleistung im Ermessen des ersuchten Staates liegt.[365] Ein anderes Verständnis dieser Bestimmungen ist nicht nur mit dem Vertragstext nicht in Einklang zu bringen, sondern auch rechtsdogmatisch unvertretbar: Es

---

358 s. allgemein F.II.1.

359 So Zehetner, „Zur völkerrechtlichen Problematik grenzüberschreitender technisch-industrieller Umweltkatastrophen", *UPR* 201 (1986).

360 Vgl. dazu Bischof, „Rechtsgrundlagen der internationalen Hilfeleistung bei Katastrophen- und Unglücksfällen, unter besonderer Berücksichtigung des Atomrechts", in: V. Götz/D. Rauschning/G. Zieger (Hrsg.), *Wirtschaft und Technik im Völkerrecht* 227 ff. (1982).

361 s. Art. 3 der Convention of 31st January 1963 Supplementary to the Paris Convention of 29th July on Third Party Liability in the Field of Nuclear Energy, 2 *ILM* 685 (1963).

362 Zur IAEO Konvention über die Hilfeleistung, s. A. Adede (Fn. 237); Hafner (Fn. 255) und Moser, „Das Übereinkommen über die Hilfeleistung bei nuklearem Unfall oder radiologischem Notfall", 45 *ÖJZ* 767 ff. (1990).

363 Art. 1, Abs. 1: „The States Parties shall co-operate between themselves...in accordance with the provisions of this Convention to facilitate prompt assistance...".

364 Art. 2, Abs. 3 lautet: „Each State Party to which a request for such assistance is directed shall promptly decide and notify the requesting State Party....*whether* it is in a position to render the assistance requested...". (Hervorhebung durch den Verfasser). Art. 11 erlaubt es dem ersuchten Staat jederzeit, die Einstellung einer etwaigen Hilfeleistung über entsprechende Konsultationen in die Wege zu leiten.

365 So auch Hafner (Fn. 255) 25-26.

liegt ganz einfach in der Natur eines multilateralen Abkommens dieser Art, daß der Grundsatz der Hilfeleistungspflicht nicht bereits durch das Ersuchen um Hilfe, sondern erst durch dessen Annahme, für das bilaterale Verhältnis ersuchender-ersuchter Staat rechtlich konkretisiert wird.[366] Kurz gesagt, man wird wohl nach wie vor daran zweifeln müssen, daß heute eine allgemeine völkergewohnheitsrechtliche Pflicht zur Hilfeleistung besteht.[367]

Anders liegen die Dinge selbstverständlich im Verhältnis von Anlagestaat und vom Unfall betroffenen Nachbarstaat. Diesbezüglich ist sicherlich der Schluß gerechtfertigt, daß die materielle Pflicht grenzüberschreitende erhebliche Schäden zu unterlassen, den Anlagestaat auch verpflichtet, einem Hilfeersuchen seitens des betroffenen Staates zu folgen, wenn anders der Schaden nicht zu verhindern ist oder aber gemindert werden kann.[368]

G. Allgemeine verfahrensrechtliche Ansprüche

I. Informationspflicht

Es kann wohl kaum mehr Zweifel darüber geben, daß abgesehen von der Existenz einer Pflicht zur grenzüberschreitenden Benachrichtigung im akuten Notfall, heute eine allgemeine völkerrechtliche Informationspflicht über kerntechnische Anlagen besteht. Ist Grund zur Annahme, daß ein umweltbelastendes Projekt „erhebliche" grenzüberschreitende Auswirkungen zeitigen könnte, sind Staaten generell angehalten, Informationen, die für die Bewertung des grenzüberschreitenden Risikos von Belang sind, den betroffenen Nachbarstaaten zukommen zu lassen.[369] Diese Pflicht besteht selbstverständlich auch dann, wenn ein potentiell gefährdeter Staat von sich aus um solche Informationen ansucht, vorausgesetzt er macht eine *prima facie* signifikante Gefährdung bzw. eine mögliche Umweltbeeinträchtigung plausibel.[370] Zweck dieses Informationsverfahrens ist letztlich natürlich, die Vermeidung der völkerrechtlich verbotenen grenzüberschreitenden Umwelteinwirkung. Mit anderen Worten,

---

366 Wie Prof. Hafner ganz richtig betont, könnte ein anderer Ansatz „gravierende und unzumutbare Konsequenzen in der Staatenverantwortlichkeit" für den Fall bewirken, daß der ersuchte Staat dem Ersuchen nicht entspricht: *ebenda.*

367 So auch Wildhaber (Fn. 84) 225.

368 s. auch Bruha (Fn. 254) 61.

369 Art. 12 des Entwurfs der Völkerrechtskommission der V.N. zum Thema „The Law of the Non-Navigational Uses of International Watercourses", U.N. Doc. A/CN.4/L.463/Add. 4, 6 (1991) [im weiteren: *ILC Draft Articles*], setzt als Auslösungstatbestand für das Informationsverfahren den möglichen Eintritt von „appreciable adverse effects" in anderen Staaten fest. Mit anderen Worten, die verfahrensrechtliche Pflicht ist — logischerweise — der materiellen Unterlassungspflicht vorgelagert, welche ihrerseits bei Eintritt von grenzüberschreitenden signifikanten Schäden oder aber bereits bei Bestehen eines signifikanten Risikos derartiger Einwirkungen ausgelöst wird.

370 s. z. B. Art. 18 des Entwurfs der Völkerrechtskommission, *ebenda* 7; und Art. 3, Abs. 7 der Konvention ECE/25/2/91.

die Informationspflicht ist nichts anderes als eine notwendige normative „Vorwirkung“ der materiellrechtlichen Verbotsnorm. Abgesehen von dieser deduktiven Begründung der allgemeinen Informationspflicht, findet sie ausdrückliche Bestätigung in der Staatenpraxis, der internationalen Rechtssprechung, in Entschließungen internationaler Organisationen, sowie der Literatur.[371]

In Bezug auf kerntechnische Anlagen, läßt sie sich an Hand von einer Vielzahl vertraglicher Vereinbarungen, hauptsächlich bilateraler Art, dokumentieren. Diese Vertragspraxis sollte jedoch keineswegs als Indiz dafür gewertet werden, daß ohne spezielle vertragliche Vereinbarung der Anlagestaat nicht verpflicht wäre, die für den Nachbarstaat möglicherweise nützlichen kerntechnischen Daten, offen zu legen. Vielmehr ist darin lediglich die, auf die speziellen bilateralen (oder mutilateralen) Verhältnisse abgestimmte Konkretisierung der allgemeinen Informationspflicht zu sehen.

Der Inhalt dieser allgemeinen Informationspflicht bestimmt sich generell danach, ob es sich bei der gegenständlichen kerntechnischen Anlage um eine solche in der „Grenznähe“ handelt oder nicht: Grenznahe Anlagen ziehen einen umfassenden Informationsanspruch seitens des Nachbarstaates nach sich. Dieser umfaßt ein Recht auf Informationen über die grundsätzlichen Parameter, wie den geplanten Standort, den Bau, bzw. die Sicherheitsauslegung oder Stillegung der grenznahen kerntechnischen Anlage.

Derartig weitreichende Informationsabkommen über — in den meisten Fällen eben „grenznahe“ — kerntechnische Einrichtungen bestanden vor Tschernobyl u.a. zwischen Belgien und Frankreich,[372] der Bundesrepublik Deutschland einerseits und Dänemark,[373] den Niederlanden,[374] und der

---

[371] Vgl. allgemein Partan, „The ‚Duty to Inform‘ in International Environmental Law“, 6 *Boston Univ.JIL* 43 ff. (1988). Weitere Nachweise u.a. bei Lammers, „The Present State of Research Carried out by the English-Speaking Section of the Centre for Studies and Research“, in *Hague Academy of International Law, Centre for Studies and Research in International Law and International Relations, Transfrontier Pollution and International Law* 89, 106-113 (1985); Rauschning, „Legal Aspects of the Conservation of the Environment“, Report of the Committee, in *International Law Association, Sixtieth Conference* (Fn. 33) 157, 171-174; und Handl, „The Principle of ‚Equitable Use‘ as Applied to Internationally Shared Natural Resources: Its Role in Resolving Potential International Disputes over Transfrontier Pollution“, 14 *RBDI* 40, 57-61 (1978-79).

Vgl. allerdings die negative Stellungnahme des Völkerrechtsbüros des Eidgenössischen Departements für Außenpolitik vom 10.12.1881: 40 *Schweizerisches JIR* 170 (1984). Angesichts einer überwältigenden gegenteiligen internationalen Praxis, müßte diese Aussage als eine übervorsichtige Charakterisierung des damaligen Standes der völkerrechtlichen Entwicklung bezeichnet werden. Heute, u.a. angesichts der durch die Unfälle in Tschernobyl und Basel beschleunigten Rechtsentwicklung, dürfte wohl auch das Departement kaum mehr der Ansicht sein, daß für eine allgemeine völkergewohnheitsrechtliche Informationspflicht der Staatenpraxis nach wie vor die *opinio iuris* fehle.

[372] s. Abkommen B-F/10/5/82.

[373] Abkommen D-DK/4/7/77.

[374] Memorandum D-NL/2/11/77.

Schweiz[375] andererseits, sowie Dänemark und Schweden,[376] zwischen den skandinavischen Staaten,[377] sowie Portugal und Spanien.[378] Tschernobyl hat, wie bereits angedeudet,[379] diesbezüglich zu keinen radikalen Änderungen in der Staatenpraxis geführt. Als typisches Beispiel dafür mag das deutsch-tschechoslowakische Abkommen von 1990 dienen: Die, auch die Planung und den Bau von kerntechnischen Anlagen erfassende, damit also umfassende Informationspflicht, ist auf „Kernanlagen im Bereich bis zu 30 km beiderseits der gemeinsamen Grenze" beschränkt und kann allenfalls, „auf begründeten Wunsch", auch auf Anlagen außerhalb dieses Bereichs, erstreckt werden.[380]

Für kerntechnische Anlagen, etwa im Landesinneren, gilt in der Regel ein anderer Informationstandard. Richtig ist, daß seit Tschernobyl zahlreiche bilaterale Kombinationsabkommen über die Benachrichtigung in Notfällen und den allgemeinen Erfahrungsaustausch über kerntechnische Sicherheit und Strahlenschutz abgeschlossen wurden.[381] Was die Bestimmungen über den allgemeinen nuklearen Informations- und Erfahrungsaustausch betrifft, so haben diese Vereinbarungen zwar meist eine deutliche Erweiterung des geographischen Anwendungsbereichs, nicht aber auch eine sachliche Vertiefung des Informationsverfahrens mit sich gebracht. In vielen dieser Kombinationsabkommen werden häufig distanzunabhängige Informationspflichten festlegt. Bei den zu übermittelnden Informationen handelt es sich jedoch im allgemeinen[382] um solche, die der Vorbereitung auf, bzw. der Bewältigung von grenzüberschreitenden Folgen einer im Anlagestaat erfolgten Freisetzung von Radioaktivität, dienen.[383] Mit anderen Worten, der vertraglich vereinbarte Informationsfluß hat nicht den Zweck, den „Nachbarstaat" in die Lage zu versetzen, im Zuge dieses Verfahrens direkt auf grundsätzliche grenzüberschreitende Risikofakto-

---

375 Abkommen D-CH/10/8/82.

376 Abkommen DK-S/11/4/85.

377 s. Multilaterale Richtlinien Nord/7/12/73.

378 Abkommen P-E/31/3/80a.

379 s. oben B.III.2.

380 s. Art. 3, Abs. 3 und 4 der Vereinbarung, D-CS/17/8/90. Durch Notenwechsel desselben Datums wurden auf gegenseitigem Wunsch, die KKW Isar und Temelin in das umfangreichere Informationsverfahren für „grenznahe" kerntechnische Anlagen miteinbezogen.

381 s. z.B. die Abkommen A-CS/25/10/89 (Art. 1-5,7); A-PL/15/12/89; A-SU/12/9/88; A-DDR/3/5/88; SF-SU/7/1/87; DK-GB/19/11/87.

382 Eine Ausnahme diesbezüglich ist das Abkommen A-CS/25/10/90, dessen Art. 6, Abs. 2 eine distanzunabhängige Informationsverpflichtung auch hinsichtlich geplanter oder in Bau befindlicher kerntechnischer Anlagen vorsieht; s. weiter Art. 1 des Abkommens DK-PL/22/12/87; und Art. 3 des Abkommens D-DDR/8/9/87.

383 Vgl. auch § I, Abs. 1 der einschlägigen Empfehlungen des Rats für gegenseitige Wirtschaftshilfe von 1984, die ausschließlich Informationen, die der Planung und Durchführung von nuklearen Notfallmaßnahmen dienen, zum Gegenstand haben. s. Richtlinien RGWH/6/4/84.

ren der Anlage, wie Standort oder Sicherheitsauslegung, Einfluß nehmen zu können.

Andererseits ist natürlich nicht zu übersehen, daß in den Fällen, in welchen die vom Faktor „Grenznähe" unabhängige Informationspflicht auch „Betriebsverhältnisse" erfaßt,[384] entscheidende Sicherheitsaspekte der kerntechnischen Anlage berührt sind.[385] D.h., daß trotz der offenkundigen *ex post*-Unfall Ausgestaltung dieser Informationspflicht, ihr auch eine möglicherweise wesentliche *a priori* Rolle, also Unfallvermeidungsfunktion zukommt.

Neben dieser bilateralen Vertragspraxis besteht eine weitreichende Informationspflicht für Mitgliedstaaten der Europäischen Atomgemeinschaft. Gemäß Artikel 37 des Euratom-Vertrags sind Mitgliedstaaten verpflichtet, der Kommission Informationen über jeden Plan zur Ableitung von radioaktiven Stoffen, die eine grenzüberschreitende Umweltverseuchung verursachen könnte, zu übermitteln.[386] Der EuGH bekräftigte mit seiner Entscheidung in *Saarland/ Minister für Industrie, Post und Fernmeldewesen und Fremdenverkehr, u.a.*,[387] daß diese Informationen vor Erteilung der staatlichen Genehmigung zu übermitteln seien, um damit eine Berücksichtigung der Stellungnahme der Kommission zu ermöglichen. In der dazu erfolgten Empfehlung der Kommission vom 7.12.1990,[388] bestätigen die EG-Behörden einen wachsenden Informations- bzw. Überwachungsanspruch hinsichtlich kerntechnischer Anlagen in den Mitgliedstaaten.

Was den Zeitpunkt der Erfüllung der Informationspflicht betrifft, so läßt sich allgemein feststellen, daß — dem Zweck dieser Rechtspflicht entsprechend — die vom Anlagestaat gegebenenfalls zu übermittelnde Information, so rechtszeitig dem betroffenen Staat mitgeteilt werden muß, daß allfällige Reaktionen seitens des Empfängers noch in der Genehmigungsentscheidung berücksichtigt werden können.[389] D.h. u.a., daß bei neuen kerntechnischen Projekten, oder bei Änderungen wesentlicher Parameter bestehender Anlagen, die notwendige

[384] s. z. B. Art. 2, Abs. 1 und 2 des Abkommens A-DDR/3/5/88; und Art. 5, Abs. 1 des Abkommens A-SU/12/9/88. Vgl. auch das britisch-sowjetische Abkommen GB-SU/10/4/90, insbesonders §§ 1 und 2 des Zusatzprotokolls.

[385] Sowohl beim Unfall in Harrisburg (TMI) als auch in Tschernobyl spielte, wie bekannt, menschliches Versagen eine entscheidende Rolle. Vgl. dazu allgemein z.B. Murley, „Developments in Nuclear Safety", 31 *Nuclear Safety* 1 (1990).

[386] Art. 37, Abs. 1 bestimmt: „Each Member State shall be bound to provide the Commission with such general data relating to any plan for the disposal of radioactive waste, in whatsoever form, as will make it possible to determine whether the implementation of such plan is liable to result in the radioactive contamination of the water, soil or airspace of another Member State."

[387] s. Fn. 170.

[388] Empfehlung der Kommission vom 7.12.1990 über die Anwendung des Artikel 37 Euratomvertrags (91/4/Euratom), ABl., L 6/16, 9.1.1991.

[389] Vgl. z.B. Art. 16 der *WCED Principles* (Fn. 85) 30.

Information bereits im Planungstadium dem Nachbarstaat zugeleitet werden müßte. Rechtspolitisch unbefriedigend sind daher letztlich alle zwischenstaatlichen Vereinbarungen, wie z. B. das Abkommen zwischen der Bundesrepublik und der DDR,[390] oder neuerdings zwischen Österreich und der Tschechoslowakei,[391] aufgrund deren der grenzüberschreitende Informationsprozeß erst nach Erteilung der staatlichen Genehmigung zur Errichtung der Anlage beginnt. Im deutsch-tschechoslowakischen Abkommen von 1990 ist immerhin pauschal vereinbart, daß „Informationen...für geplante [grenznahe] Kernanlagen so rechtzeitig gegeben [werden], daß etwaige Stellungnahmen berücksichtigt werden können."[392]

Für Vertragstaaten der ECE Konvention von 1991 über die Umweltverträglichkeitsprüfung bei grenzüberschreitenden Sachverhalten,[393] ergibt sich zwingend, daß die Aufnahme des grenzüberschreitenden Informationsverfahrens vor Erteilung der staatlichen Genehmigung vorzunehmen ist.[394] Den von dieser multilateral verankerten Informationspflicht abweichenden bilateralen Infomationsabkommen wird durch die strengeren Bestimmungen derogiert. Dies allerdings wohl nur im Verhältnis von Parteien der ECE Konvention untereinander.

Die vom Rechtsanspruch des gefährdeten Staates erfaßte Information, schließt alle Daten ein, von denen, erstens, berechtigterweise angenommen werden kann, daß sie bezüglich der Bewertung des grenzüberschreitenden Umweltrisikos von Belang sind; und die, zweitens, zumindest im Besitz des Anlagestaates sind oder doch ohne größeren Aufwand erarbeitet werden können.[395] Es sind daher auch alle jene Daten Gegenstand der völkerrechtlichen Informationspflicht, die Aufschluß über die laufende Betriebssicherheit der Anlage bieten, wie periodische Angaben über die, in der Umgebung der Anlage gemessene Umweltradioaktivität, etc.

Was die Aufteilung der Kosten des Informationsaustausches betrifft, so scheint sich mittlerweile die Auffassung durchgesetzt zu haben, wonach prinzipiell jeder Staat, die ihm erwachsenden Auslagen selbst trägt.[396] Entstehen

[390] s. Art. 3 (3) des Abkommens D-DDR/8/9/87.

[391] s. Art. 6, Abs. 3 des Abkommens A-CS/25/10/89.

[392] Art. 3, Abs. 2 des Abkommens D-CS/17/8/90.

[393] s. Konvention ECE/25/2/91.

[394] Dies ergibt sich eindeutig aus Art. 2, Abs. 3 der Konvention. Im „Appendix I" Abs. 2 und 3 werden u. a. Kernkraftwerke, Anlagen des nuklearen Brennstoffkreislaufes und nukleare Endlager erfaßt. s. weiters unten G.II.

[395] s. dazu auch die Ausführungen des Spezialberichterstatters der Völkerrechtskommission der VN zum Thema „Haftung für Schäden aus rechtsmäßigem Verhalten": Quentin-Baxter, Third Report, Schematic Outline, Abschnitt 2, (Fn. 26), 25.

[396] s. z. B. Art. 5 des Abkommens D-DK/4/7/77; Art. 6, Abs. 2 des Abkommens D-N/10/5/88, oder Art. 7 (1.Satz) des Abkommens D-H/26/10/90. So heißt es im Art. 14 des Abkommens A-H/29/4/87: „Eine Erstattung der Kosten für im Rahmen dieses Abkommens übermittelnde Informationen wird nicht verlangt."

jedoch bei der Beschaffung von gewünschten Unterlagen „erhebliche" Kosten, so hat diese im allgemeinen der ersuchende Staat zu tragen. Eine derartige Regelung findet sich z. B. im deutsch-tschechoslowakische Abkommen von 1990.[397] Damit deckt sich die Vertragspraxis mit der allgemeinen Entwicklung des internationalen Umweltschutzrechts.[398] Für Grenzkraftwerke mögen — verständlicherweise — manchesmal Sonderregelungen gelten, in welchen der Anlagestaat die gesamten Kosten des Informationsverfahrens zu tragen hat.

Zum Schluß sei hier noch betont, daß die völkerrechtliche Informationspflicht der Ausgangspunkt aller anderen verfahrensrechtlichen Pflichten, wie der Konsultationspflicht[399] oder aber der Pflicht zur Umweltverträglichkeitsprüfung,[400] ist. Die Informationspflicht ist sinngemäß das übergeordnete Verfahrensprinzip; die beiden anderen Verfahrenspflichten sind ihr zeitlich nachgeordnet.

II. Die Pflicht zur grenzüberschreitenden Umweltverträglickeitsprüfung

Angesichts der Tatsache, daß mit der Übermittlung von relevanten Informationen an Nachbarstaaten, ein grundsätzlicher, meist jedoch lediglich erster Schritt in einem gegenseitigen Informationsaustauschverfahren gesetzt wird, stellt sich die Frage nach der weiteren völkerrechtlichen Ausgestaltung des zwischenstaatlichen *procedere*. Inbesonders stellt sich hier die Frage, ob über die Normierung einer grundsätzlichen Informationspflicht hinaus, heute, zumindest in Bezug auf grenznahe kerntechnische Anlagen, eine völkerrechtliche Pflicht zur Vornahme einer grenzüberschreitenden Umweltverträglichkeitsprüfung besteht.

Es ist nicht von der Hand zu weisen, daß Staaten oft erst mittels einer solchen Prüfung in die Lage versetzt werden, das Risiko einer grenzüberschreitenden Umweltbelastung voll zu erkennen bzw. genauer abzuschätzen. Die Umweltsverträglichkeitsprüfung muß damit also ebenso, als im Bereich der „normativen Vorwirkungen" des völkerrechtlichen Verbots erheblicher grenzüberschreitender Umweltsbelastungen angesiedelt, betrachtet werden.

Der Versuch allein daraus die Existenz einer eigenen völkerrechtlichen Verpflichtung zur grenzüberschreitenden Umweltverträglichkeitsprüfung ableiten zu wollen, würde wohl an rechtstheoretischen Einwänden scheitern.[401] Es ist

---

Anders allerdings Art. 3, Abs. 2 der Richtlinien Nord/7/12/73, der bestimmt, daß die Kosten vom jeweiligen Antragsteller zu tragen sind. Ebenso Art. 4 des portugiesisch-spanischen Abkommens, P-E/31/3/80a, welcher dem Anlagestaat eine Kostenerstattung jener Spesen auferlegt, die dem Nachbarstaat dadurch entsstehen, daß er gewünschte Informationen an den Anlagestaat übermittelt.

[397] s. Art. 7 des Abkommens, D-CS/17/8/90.

[398] s. z. B. Art. 9, Abs. 2 der *ILC Draft Articles* (Fn. 369).

[399] s. unten G.III.

[400] s. unten G.II.

allerdings nicht zu übersehen, daß eine solche Rechtspflicht wachsenden Zuspruch in der internationalen Praxis findet. So legen diverse multilaterale wie bilaterale Abkommen eine Rechtspflicht zur Umweltverträglichkeitsprüfung fest.[402] Sie ist Gegenstand von Entschliessungen und Empfehlungen staatlicher wie nichtstaatlicher internationaler Organisationen, so der United Nations Economic Commission for Europe,[403] des OECD Rats[404] und des Expertenkommittees der World Commission on Environment and Development,[405] sowie Gegenstand der Richtlinie des Rats der EWG vom 27.6.1985.[406]

Wenngleich sich damit der Nachweis eines allgemeinen, d.h. völkergewohnheitsrechtlichen Gebots für die grenzüberschreitende Umweltverträglichkeitsprüfung vielleicht noch nicht erbringen läßt, so zeigt sich doch eine deutliche Verstärkung des Trends zur rechtlichen Normierung einer grenzüberschreitenden Umweltverträglichkeitsprüfung. Neben der EG-Richtlinie, die bereits eine grenzüberschreitende Behördenbeteiligung im Verhältnis der Mitgliedstaaten untereinander vorsieht,[407] ist hier von besonderem Interesse die ECE Konvention über die Umweltverträglichkeitsprüfung bei grenzüberschreitenden Sachverhalten von 1991.[408] Mit Inkrafttreten der Konvention ergibt sich für die Vertragsstaaten die Rechtspflicht, vor Genehmigung eines Projektes, das möglichwerweise erhebliche grenzüberschreitende Belastungen mit sich bringt,[409] einem bestimmten zwischenstaatlichen Verfahren zu folgen. Endziel

---

[401] Das Problem liegt darin, daß die Ableitung der Existenz einer völkerrechtlichen Norm aus der „Natur der Sache“, d.h. aufgrund eines deduktiven „Rechtsschlusses“ — ohne Rückhalt in einer entsprechenden Staatenpraxis — lediglich den Charakter einer rechtspolitischen Aussage haben kann.

[402] s. z.B. Art. 206 der U.N. Seerechtskonvention (Fn. 25); weiters die, im Rahmen der Umweltschutzorganisation der Vereinten Nationen erarbeiteten sogenannten „regional seas conventions“, z.B. Art. 12 („Environmental Impact Assessment“) der Cartagenas de Indias Convention, in 22 *ILM* 227 (1983); Art. 19 Abs. 2(c) und Art. 20, Abs. 3(a) des Abkommens von 1985 der ASEAN Länder zum Schutz der Natur und natürlichen Ressourcen, 15 *Env.Policy & Law* 64 (1985); Art. 6 und 7 des mexikanisch-amerikanischen Umweltabkommen von 1983, MEX-USA/14/8/83; oder aber Art. 13 des Protocol concerning Specially Protected Areas and Wildlife to the Convention for the Protection an Development of the Marine Environment in the Wider Caribbean Region von 1990, in 1 *Y.B.Int'l Env.L.* 447 (1990).

[403] s. Art. XII („Risk and Vulnerability Assessment“) des ECE Code of Conduct on Accidental Pollution of Transboundary Inland Waters von 1990, in 1 *Y.B.Int'l Env.L.* 508 (1990).

[404] Recommendation of the Council on the Assessment of Projects with Significant Impact on the Environment, C(79)116, vom 23.5.1979.

[405] s. Art. 16 der *WCED Principles* (Fn. 85) 30.

[406] Richtlinie 85/337/EWG.

[407] s. Art. 7 der Richtlinie des Rates 85/337/EWG. § 8 des deutschen Bundesgesetzes zur Umsetzung der EG- Richtlinie, erstreckt diese Rechtspflicht auch auf Sachverhalte, die Behörden in Nicht-EG Länder tangieren, allerdings unter der Voraussetzung der Gegenseitigkeit und Gleichwertigkeit.

[408] s. Konvention ECE/25/2/91.

dieses Verfahrens ist die Durchführung einer Umweltverträglichkeitsprüfung, deren Ergebnisse im endgültigen staatlichen Genehmigungsbescheid zu berücksichtigen sind.[410] Diese im Detail festgelegten Verfahrenspflichten erwachsen spätestens zum Zeitpunkt zu dem die geplanten Maßnahmen in das konkrete „Projektstadium" eintreten.[411]

Was hier von besonderer Bedeutung ist, ist die Tatsache, daß erstens, Kernkraftwerke, sowie andere kerntechnische Anlagen, wie solche die der Erzeugung oder Anreicherung von nuklearem Brennstoff dienen, der Wiederaufbereitung, oder aber der Zwischen- und Endlagerung von nuklearen Abfallstoffen, von den Bestimmungen der Konvention erfaßt werden.[412] Zweitens, daß diese Rechtspflicht zur Umweltverträglichkeitsprüfung dahingehend operationalisiert, d.h. eingeschränkt wird, daß das Auslösungselement „gernzüberschreitende Einwirkungen", solche Einwirkungen, die ausschließlich globaler Natur sind, nicht miteinschließt.[413] D. h. also, die Bestimmungen der Konvention kommen nur dann zur Anwendung, wenn geographisch beschänkte, erhebliche grenzüberschreitende Belastungen möglich erscheinen. Mit anderen Worten, der Rechtsanspruch des potentiell gefährdeten Nachbarstaates auf eine Umweltverträglichkeitsprüfung von nuklearen Projekten im Anlagestaat wird in der ECE Konvention vom Nachweis einer konkreten Gefährdung abhängig gemacht. Damit werden aber wiederum die, der gegenständlichen Untersuchung zugrundliegenden grenzüberschreitenden Risikokriterien ins Spiel gebracht.

Zusammenfassend wird man sagen dürfen, daß zwar eine allgemeine völkergewohnheitsrechtliche Pflicht zur Umweltverträglichkeitsprüfung von kerntechnischen Anlagen wahrscheinlich noch nicht existiert. Zumindest für ECE Mitgliedstaaten scheint sie jedoch auf dem besten Weg zu sein, Wirklichkeit zu werden.

III. Konsultationspflicht

Gelegentlich wird in der Literatur noch behauptet, daß das internationale Umweltschutzrecht keine allgemeine Konsultationspflicht kenne.[414] Diese Behauptung steht jedoch im scharfen Widerspruch zur internationalen Rechtsprechung und einer immer eindeutigeren Staatenpraxis. Eine völkerrechtliche

---

409 Vgl. dazu Art. 3, Abs. 1 der Konvention.

410 s. Art. 6, Abs. 1 der Konvention.

411 s. Art. 2, Abs. 7.

412 s. Appendix I, Abs. 2 und 3 der Konvention.

413 s. Art. 1, Abs. (viii): „‚Transboundary impact' means any impact, not exclusively of a global nature, within an area under the jurisdiction of a party caused by a proposed activity...."

414 s. z.B. Kilian, „Völkerrechtliche Schranken grenzüberschreitender Umweltbelastungen — Diskussionbericht —", in *Rechtsfragen* (Fn. 230) 57, 60.

Konsultationspflicht in Hinsicht auf kerntechnische Anlagen läßt sich bereits aus der Natur des hier vorliegenden zwischenstaatlichen Problems ableiten, nämlich eines Konflikts — tatsächlicher oder potentieller Art — über die Nutzung internationaler, gemeinsamer Umweltressourcen. Zweck dieser Rechtspflicht ist es, über den Weg der bilateralen Diskussion und Überprüfung von grenzüberschreitenden Gefährdungstatbeständen, die Verwirklichung des völkerrechtlich signifikanten Umweltrisikos, so weit wie möglich zu verhindern oder, anders ausgedrückt, einen diesbezüglichen Interessenausgleich zwischen Anlagestaat und gefährdeten Staat herbeizuführen. Dies bedeutet, wie das Schiedsgericht im *Lac Laoux*-Fall ausführte, daß der Anlagestaat sich nicht darauf beschränken kann, Einsprüche, Proteste oder diplomatische Vorbehalte seitens des gefährdeten Staates formell zur Kenntnis zu nehmen.[415] Er muß, soferne er dazu aufgefordert wird, bereit sein, nach Treu und Glauben mit dem gefährdeten Staat über das grenzüberschreitende Risiko zu verhandeln.

Diese Pflicht bedeutet zwar, wie bereits erwähnt, keine Verpflichtung zum Abschluß einer Vereinbarung; sie impliziert aber zumindest das Gebot, zwischenstaatliche Konsultationen so weit wie möglich, mit dem Ziel einer einvernehmlichen Lösung zu verfolgen.[416] Mit anderen Worten, sie ist einfach Ausdruck des in einem solchen Fall zum Tragen kommenden allgemeinen völkerrechtlichen Kooperationsprinzips.[417] Angesichts dieser Tatsache erscheint es nicht notwendig, hier nochmals ausführlich auf die einschlägige allgemeine Staatenpraxis einzugehen.[418] Man wird sicherlich mit Prof. Wildhaber sagen dürfen, daß die völkerrechtliche Konsultationspflicht heute zumindest für hoch-riskante Tätigkeiten als allgemein anerkannt gelten muß.[419]

Daß dies insbesondere für den Bau und Betrieb kerntechnischer Anlagen zutrifft, läßt sich an Hand der europäischen Vertragspraxis eindeutig belegen. So weisen bereits manche, vor der „Tschernobyl-Zäsur“ abgeschlossene Verträge, Bestimmungen über gegenseitige Konsultationen auf, wie z. B. das deutsch-dänische Abkommen von 1977,[420] das deutsch-holländischen Abkommen desselben Jahres,[421] das portugiesisch-spanischen Abkommen von 1980,[422] das österreichisch-tschechoslowakische Abkommen von 1982,[423] oder aber das deutsch-schweizerische Abkommen von 1983.[424] Seit Tschernobyl zählt die

[415] s. Fn. 87, 315.

[416] s. Fn. 87-90; und Lammers, „The Present Stage of Research“ (Fn. 371) 117.

[417] Vgl. z. B. dazu Report of the International Law Commission on the Work of its Thirty-Second Session, [1980] *ILC Y.B.* (Bd.II-2) 114-18, Abs. 18-36.

[418] Für Nachweise s. z. B. Handl (Fn. 371) 57-61; und Lammers (Fn. 371) 117-18.

[419] Wildhaber (Fn. 84) 220.

[420] s. Art. 6 des Abkommens, DK-D/4/7/77.

[421] s. Art. 8 des Abkommens, D-NL/2/11/77.

[422] s. Art. 6 des Abkommens, P-E/31/3/80a.

[423] s. Art. 2 und 4 des Abkommens, A-CS/18/11/82.

[424] s. Art. 3 (2) des Abkommens, D-CH/10/8/82.

Konsultations-Klausel gewissermaßen zum festen Bestandteil zwischenstaatlicher Übereinkommen sowohl über den allgemeinen Informations- und Erfahrungsaustausch auf dem Gebiet der nuklearen Sicherheit und des Strahlenschutzes, als auch über frühzeitige Benachrichtigung im Falle von nuklearen Unfällen. Beispielhaft sei hier nur auf einige Vereinbarungen jüngeren Datums verwiesen, wie jenem zwischen Schweden und der Sowjetunion von 1988,[425] Österreich und der ČSSR aus dem Jahr 1989,[426] oder zwischen der Bundesrepublik Deutschland und Schweden von 1990.[427] Einen entscheidenden Anstoß zur Entwicklung dieser bilateralen Praxis gab natürlich die IAEO Konvention über die Frühwarnung, welche dem Anlagestaat vorschreibt, den von einem Stör-/Unfall betroffenen Nachbarstaat zum Zweck der Minderung der grenzüberschreitenden radiologischen Auswirkungen zu konsultieren.[428]

Schließlich ist hier auch auf die bereits erwähnte ECE Konvention über die Umweltverträglichkeitsprüfung bei grenzüberschreitenden Sachverhalten[429] zurückzukommen. Artikel 5 der Konvention sieht ein Konsultationsverfahren vor, das speziell auf die Durchführung und die Resultate der für kerntechnische Anlagen möglichweise erforderlichen Umweltverträglichkeitsprüfung abstellt.

Was die Häufigkeit und die Regelung des Gegenstands solcher Konsultationen betrifft, so unterscheiden sich die einzelnen bilateralen Verträge ganz erheblich. Zunächst fällt auf, daß vereinzelt — v.a. in der Vertragspraxis der Bundesrepublik Deutschland — Konsultationen nur „aus begründetem Anlaß" vorgesehen sind.[430] In einer Mehrzahl der Übereinkommen sind jedoch Konsultationen entweder auf einfachen Wunsch einer der Vertragsparteien vorgesehen,[431] oder aber routinemäßig angesetzt, wobei die Häufigkeit von „mindestens einmal im Jahr"[432] bis zu „mindestens alle zwei Jahre"[433] variiert. Gegenstand der Konsultationsverpflichtung sind allemal die im Zug des zwischenstaatlichen Informationsverfahrens zu übermittelnden Daten. Dementsprechend ergibt sich auch eine, nach dem Umfang und Grad der Bestimmtheit der vertraglichen Informationspflicht, oft höchst unterschiedliche Fixierung des Konsultationsgegenstands.[434]

---

[425] s. Art. 5, Abs. 2 des Akommens, S-SU/13/1/88.

[426] s. v.a. Art. 7 des Abkommens, A-CS/25/10/89.

[427] s. Art. 4, Abs. 4 des Abkommens, D-S/25/9/90.

[428] Art. 6 der Konvention IAEO/Frühwarn. Zur Benachrichtigungspflicht im Störfall, s. oben F.III.1.

[429] Konvention ECE/25/2/91.

[430] s. z.B. Art. 4, Abs. Abkommens, D-SU/25/9/90; und Art. 3, Abs. 2 des Abkommens, D-N/10/5/88. Aber auch das österreichisch-sowjetische Abkommen vom 25.1.1990, A-SU/25/1/90, schränkt im Art. 5, Abs. 3 auf Konsultationen „falls notwendig" ein.

[431] s. z.B. Art. 8 des Abkommens, DK-GB/19/7/87.

[432] So z.B. Art. 2 Abs. 1 des Abkommens, A-PL/15/12/89; und im Art. 2, Abs. 2 des Abkommens, DK-DDR/5/3/87.

[433] So im Art. 5, Abs. 2 des Abkommens, D-SU/25/10/88.

Von besonderem Interesse ist hier aber die Ausgestaltung der Konsultationspflicht im Zusammenhang mit der Überprüfung kerntechnischer Anlagen. Es stellt sich nämlich die grundsätzliche Frage, ob nicht die Konsultationspflicht begrifflich als eine gemeinsame oder aber einer dritten, unparteiischen Seite zu übertragende Sicherheitsüberprüfung der kerntechnischen Anlage einschliessende Rechtsfigur zu verstehen sei. Da es der Zweck einer solchen Überprüfung wäre, Sicherheitsangaben des Anlagestaates an Ort und Stelle zu verifizieren und, im allgemeinen, dem gefährdeten Staat den Nachweis der sicherheitstechnischen Unbedenklichkeit der Anlage zu liefern, wäre eine solche Überprüfung wohl tatsächlich als dem weiteren Konsultationsbereich zugeordnet anzusehen.

Was die zwischenstaatliche Tatsachenfeststellung im Zusammenhang mit besonders gefährlichen Tätigkeiten im allgemeinen betrifft, sei zunächst auf konkrete Aussagen zu der, einer Sicherheitsüberprüfung nachgelagerte Situation, der Bewertung der Folgen eines Stör- bzw. Unfalls, verwiesen. In den Beratungen der Völkerrechtskommission der Vereinten Nationen über „völkerrechtliche Haftung für Schäden aus rechtsmäßigem Verhalten" wurde dieser Fragenkomplex in relevanter Weise angeschnitten. So heißt es in einem, sowohl von der Völkerrechtskommission als auch der 6. Kommittee der Generalversammlung begrüßten Bericht:

> If not satisfied that the measures being taken in relation to the loss or injury forseen are sufficient to safeguard persons and things within its territory or control, the affected State may propose to the acting State that fact-finding be undertaken.
>
> ...
>
> [T]he acting State has a duty to co-operate in good faith to reach agreement with the affected State upon the agreements for and terms of reference of, the inquiry; and upon the establishment of the fact-finding machinery...[435]

Was für die Reparationsphase als notwendig angesehen wird, müßte wohl auch für die Präventionsphase des Managements grenzüberschreitender Risiken zum Tragen kommen: Der Betreiberstaat hätte als völkerrechtlich verpflichtet zu gelten, einer der Risikominderung dienlichen, internationalen Tatsachenfeststellung zuzustimmen.

Tatsächlich zeichnet sich bei kerntechnischen Anlagen eine entsprechende Staatenpraxis ab. Zu allererst muß hier auf die sich im Rahmen der IAEO entwickelnde multilaterale Praxis verwiesen werden. Die Forderung mehrerer Staaten, unmittelbar nach Tschernobyl, v.a. anläßlich der IAEO Sonderkonferenz im Herbst 1986, nach obligatorischen, regelmässigen Sicherheitsinspektionen nationaler kerntechnischer Anlagen,[436] blieben zwar letztlich unerfüllt. Doch hat sich durch die stark expandierenden Assistenzleistungen der IAEO auf dem Gebiet der nuklearen Sicherheit und des Strahlenschutzes,[437] mittlerweile

---

[434] Vgl. dazu F.III.1. und G.I.

[435] Quentin-Baxter, Third Report, Schematic Outline, Section 2, (4)(5) (Fn. 26).

[436] s. z.B. die diesbezügliche Erklärung der deutschen Bundesregierung, *Bulletin, Presse und Informationsamt der Bundesregierung*, Nr. 117, 985, 986 (1986).

ein internationales Inspektionsverfahren etabliert, das zwar *de iure* auf dem Grundsatz der freiwilligen Unterwerfung beruht, dem sich aber Anlagestaaten, v.a. bei begründeten Sicherheitsbedenken von Nachbarstaaten *de facto* kaum entziehen können.[438]

Zu erwähnen sind hier auch Forderungen nach einer multilateralen Verankerung auf regionaler Basis eines solchen Überprüfungsverfahrens, wie sie etwa Irland bezüglich der britischen Wiederaufbereitungsanlage Sellafield erhoben hat;[439] sowie die nach Tschernobyl diskutierten, aber nicht verwirklichten, Pläne der EWG Kommission, ein nukleares Sicherheitsinspektorats für die Europäische Gemeinschaft ins Leben zu rufen.[440]

Ansatzweise bietet aber der Euratomvertag bereits heute die Möglichkeit, zu einer inter- bzw. supranationalen Überwachung von kerntechnischen Anlagen der Gemeinschaftsländer. Artikel 35 des Euratom-Vertrags, räumt der Kommission u.a. ein Zugangsrecht zu nationalen Stellen der Umweltradioaktivitätsüberwachung ein.[441] Ende 1989 entschloß sich die Kommission zur Wiederaufnahme von Inspektionen nach Artikel 35, nachdem sie seit Anfang der sechziger Jahre diese Aufgabe den Behörden der Mitgliedstaaten überlassen hatte.[442] Zu erwähnen ist hier aber auch das Informations- und Überwachungsverfahren nach Artikel 37, das in letzter Zeit durch die bereits beschriebenen EG-Rechtsentwicklungen wesentlich an Bedeutung gewonnen hat.[443]

Als Beispiele einer sich fortschreitend entwickelnden bilateralen Praxis können die gemeinsame sicherheitstechnische Überprüfung der beiden Kernkraftwerke Fessenheim und Neckarwestheim, welche im Rahmen der deutsch-französischen Kommission für Fragen der Sicherheit kerntechnischer Anlagen durchgeführt wurde,[444] erwähnt werden;[445] weiters die Überprüfung des

---

[437] Hier sei v.a. auf Assistenzleistungen durch OSART (Operational Safety Review Teams), ASSET (Analysis of Significant Safety Events Teams) und RAPAT (Radiation Safety Advisory Teams) verwiesen.

[438] Vgl. dazu Handl (Fn. 4) 212-13.

[439] s. „Safety Inquiry Ordered after Sellafield Leaks", The Guardian, 2.20.1986, 1, Spalte 2.

[440] s. die Aussage des EG-Kommissars Clinton-Davis, „Plans Announced to Create Inspectorate to Monitor Safety at Nuclear Power Plants", *BNA, IER* 352 (1986).

[441] s. Art. 35, Abs. 2 des Euratom-Vertrags.

[442] s. „Nach 20 Jahren wieder EG-Inspektionen", 35 *atw* März 1990, 122-23. Interessanterweise soll die Tschechoslowakei sich 1989 bereit erklärt haben, derartige Euratom-Inspektionen ihrer kerntechnischen Anlagen zuzulassen. s. *ebenda.*

[443] s. oben, Fn. 387-388.

[444] s. *Bundesminister des Innern, Sicherheitstechnischer Vergleich der Kernkraftwerke Fessenheim und Neckarwestheim,* August 1977.

[445] Erwähnt werden sollte hier auch ein österreichisch-jugoslawisches Expertentreffen von Anfang April 1991, das die Sicherheit des KKW Krsko diskutierte. Allerdings, dieses Treffen fand auf „subnationaler" Ebene statt und war von den Regierungen Kärntens, Sloweniens und Kroatiens einberufen worden. s. „Krsko: Stillegung unbegründet", 36 *atw* Juni 1991, 225.

grenznahen schweizerischen Kernkraftwerks Leibstadt durch die deutsch-schweizerische Kommission für die Sicherheit kerntechnischer Einrichtungen;[446] die nochmalige Sicherheitsüberprüfung des umstrittenen Kernkraftwerks Cattenom im Herbst 1986 durch ein deutsch-französisches Expertenteam,[447] und die, im Rahmen der fanzösisch-belgischen Expertenkommission für das französiche Kernkraftwerke Chooz laufenden Gespräche über die Sicherheitsauslegungen des geplanten neuen Kraftwerkblocks.[448]

Besondere Bedeutung kommt der gegenseitigen amerikanisch-kubanischen Sicherheitsbegutachtung von Kernkraftwerken als einem block-übergreifenden Verfahren zu. Nachdem es zunächst zwischen den USA und der Sowjetunion zu Gesprächen über die in Kuba in Bau befindlichen Reaktoren sowjetischer Bauart gekommen war,[449] verständigten sich die USA und Kuba über einen Lokalaugenschein in Cienfuegos, während kubanische Experten zu einer Besichtigung eines U.S.-Kernkraftwerks in North Carolina eingeladen wurden.[450] Obwohl diesem gegenseitigen Besichtigungsarrangement offiziell der Anstrich eines allgemeinen Erfahrungsaustauschprogramms gegeben wurde, so ist darin wohl in erster Linie ein kubanisches Einlenken auf die seit dem Unfall in Tschernobyl geäußerten amerikanischen Sicherheitsbedenken[451] zu sehen.

Schließlich muß hier auch auf die jüngsten österreichisch-tschechoslowakischen „Kontakte" in Bezug auf das in der Westslowakei, 50 km von der Staatsgrenze entfernt gelegene Kernkraftwerk Bohunice, als einer besonderen Ausgestaltung des zwischenstaatlichen Anspruchs auf Mitwirkung des gefährdeten Staates an der Sicherheitsüberprüfung des Kernkraftwerks eines Nachbarstaates verwiesen werden. Interessant ist vor allem die Tatsache, daß die Österreich gegenüber gemachten Zugeständnisse über die im Artikel 7 des erst 1990 unterzeichneten bilateralen Abkommens vorgesehenen Expertengespräche hinausgehen. Obwohl Bohunice für eine Inspektion im Rahmen des ASSET-Programms der IAEO vorgesehen war,[452] bestand Österreich auf eine Überprü-

---

[446] Bericht der Kommission vom 18.1.1984, in 100 *Umwelt* 40 (1984).

[447] s. Gemeinsame Erklärung der Vorsitzenden der Groupe Permanente Reacteurs (GPR) und der Reaktor-Sicherheitskommission (RSK) vom 29.8.1986, abgedruckt in 6 *Umwelt* 38 (1986).

[448] s. dazu Vicineau/Ergec (Fn. 198) 611.

[449] s. Aussage von Allen Sessoms, Director, Office of Nuclear and Safeguards, U.S. Department of State, in *Cuban Nuclear Reactors, Hearing before the Subcommittee on Energy, Nuclear Proliferation, and Government Processes, Committee on Governmental Affairs, United States Senate*, 99th Cong., 2nd Sess. 80, 82-83 (1986); und Perez, „Nuclear Power in Cuba after Chernobyl", 29 *Journal of Interamerican Studies and World Affairs* 108 (1987).

[450] s. „U.S.-Cuba Enmity May be Relaxing", New York Times, 6. Jänner 1989, 3, Spalte 1.

[451] s. dazu „U.S. Voicing Concern on Soviet Atom Plants", New York Times, 19. November 1986, 5, Spalte 1; und „U.S. to Urge Soviets to Give More Data on Cuban Reactors", Wall Street Journal, 25. September 1986, 22, Spalte 1.

fung der Sicherheitsauslegung des, mit dem sowjetischen Reaktortyp WWER-440/230 ausgestatteten Kernkraftwerks, durch eine österreichische Expertenkommission.[453] Ein abschließender, gemeinsamer Sicherheitsbericht, soll noch 1991 als Ergebnis österreichisch-tschecholowakischer Expertengespräche, der Öffentlichkeit vorgestellt werden.[454]

Diese Beispiele der internationalen Praxis sind Zeichen eines wachsenden Konsenses darüber, daß der gefährdete Staat ein legitimes Interesse an einer derartigen Ausgestaltung des zwischenstaatlichen Konsultationsverfahrens hat. Ob heute bereits ein allgemein gültiger Rechtsanspruch auf gemeinsame oder unparteiische Sicherheitsüberprüfung grenznaher kerntechnischer Anlagen besteht, mag vielleicht noch fraglich sein. Es ist allerdings nicht zu übersehen, daß die Rechtsentwicklung eindeutig in diese Richtung verläuft. Möglicherweise kann man sogar davon ausgehen, daß in Europa und Nordamerika ein derartiger völkerrechtlicher Anspruch bereits besteht.

IV. Gleichbehandlung von Auslandsbewohnern

1. Die grundsätzliche Fragestellung

In der Literatur ist die Frage, ob die Gleichbehandlung von Auslandsbewohnern als ein Verfahrensprinzip des heutigen internationalen Umweltschutzrechts gelten kann, bislang insgesamt negativ beurteilt worden. So hat z. B. 1983 Norbert Pelzer, anläßlich der Tagung der *Nuclear Inter Jura*, von der völkerrechtlichen Normierung der Gleichbehandlung von Auslandsbewohnern als in *statu nascendi* gesprochen.[455] Markus Kriech erkennt, in seiner 1986 erschienen ausführlichen Studie an, daß sich die Fälle mehren, „wo auch dem ausländischen Nachbarn der inländische Rechtsschutz zuteil wird."[456] Er verneint jedoch, daß eine diesbezügliche völkergewohnheitsrechtliche Norm im Entstehen begriffen sei.[457] Zu ähnlich negativen Aussagen zum Stand der völkerrechtlichen Normierung der Gleichbehandlung von Auslandsbewohnern gelangen Ulrich Beyerlin[458] und Dietrich Rauschning[459] 1987, und Franz Zehetner[460] noch 1988.

---

[452] s. „Design Review of WWER-440/230 Nuclear Plants" (Fn. 210). Zum Ergebnis vgl. „IAEA Mission Proposes Bohunice Improvements", *Nuclear Engineering International* June 1991, 8.

[453] s. „Bohunice-Prüfer strahlen: Kooperation mit ČSFR gut", Der Standard, 14./15.8.1990, 14.

[454] Persönliches Gespräch mit Dr. Fritz Schmidt, österreichisches Bundeskanzleramt, 11.7.1991.

[455] N. Pelzer, *Problems Raised by Participation of Foreign Citizens in National Licensing Procedures — Aspects of Public International Law*, Vortragspapier, *Nuclear Inter Jura* ,83, San Francisco, 11.- 15. September 1983.

[456] M. Kriech, (Fn. 182) 60.

[457] *Ebenda.*

Heute ergeben sich allerdings in der Praxis der Staaten sowohl auf der zwischenstaatlichen Ebene als auch *in foro domestico* Anzeichen dafür, daß „Ausländergleichbehandlung" als ein, zumindest in Teilaspekten im westeuropäischen und nordamerikanischen Raum verwirklichter, völkerrechtlicher Rechtsgrundsatz gelten kann.

Es stellt sich allerdings zunächst die Frage, ob, bzw. inwieweit, der „Gleichbehandlungsansatz" als ein verfahrensrechtliches Instrument des internationalen Umweltschutzrechts heute überhaupt noch relevant ist. Einerseits ist ein Trend zur zunehmenden multilateralen Normierung von materiellen Umweltschutzstandards zu beobachten, der, wie erwähnt, sich auch auf dem Gebiet der kerntechnischen Sicherheit bemerkbar macht.[461] Andererseits ist, v.a. auch im Bereich der Atomenergie, nicht zu übersehen, daß Auslandsbewohner mittelbar an Umweltentscheidungen inländischer Behörden beteiligt werden, und zwar im Umweg über die parallel laufende Ausweitung der zwischenstaatlichen Zusammenarbeit auf dem Gebiet des grenzüberschreitenden Strahlenschutzes und der nuklearen Sicherheit.[462]

Obwohl zu erwarten ist, daß im internationalen Umweltschutzrecht im allgemeinen und im Atomenergierecht im besondereren, letztlich, ganz ähnlich wie bei der Entwicklung des völkerrechtlichen Fremdenrechts, spezielle materiellrechtliche Bestimmungen allgemeine verfahrensrechtliche Prinzipien ergänzen oder völlig ablösen werden, so fehlen doch in wesentlichen Bereichen nach wie vor derartige zwischenstaatliche Regelungen.[463] Auch wenn der Gleichbehandlungsgrundsatz den Schutz von im Ausland belegenen Umweltinteressen nur dem innerstaatlichen Stand entsprechend, und damit im Einzelfall möglicherweise nur unzureichend, garantiert,[464] kommt ihm also auch heute noch grundsätzliche Bedeutung zu.

---

[458] Beyerlin, „Klagebefugnis ausländischer Grenznachbarn vor deutschen Verwaltungsgerichten", 14 *EuGRZ* 116, 121 (1987).

s. auch Bothe, „Der Rechtsschutz ausländischer Nachbarn gegen umweltbelastende Anlagen im Grenzbereich", in *FS zur 150-Jahr-Feier des Rechtsanwaltsvereins Hannover e.V. (1831-1981)* 42, 49; Pätzold, „Grenzüberschreitende Zusammenarbeit im Umweltbereich. Aktuelle rechtliche Tendenzen in Mitteleuropa", J. Schwarze/W. Graf Vitzthum (Hrsg.), *Grundrechtsschutz im nationalen und internationalen Recht, FS f. Simson zum 75. Geburtstag* 277, 284 (1983); und M. Kloepfer/C. Kohler (Fn. 1) 83.

[459] Rauschning, „Klagebefugnis von Auslandsbewohnern gegen eine inländische Atomanlagengenehmigung", 25 *AVR* 312, 320 (1987).

[460] Zehetner (Fn. 70) 88.

[461] Vgl. die Hinweise in Fn. 4

[462] s. F. und G.

[463] Vgl. inbesonders F.I.

[464] So werden z.B. bei einer nichtexistenten oder unzureichenden Beteiligung von Inländern auch ausländische Umweltinteressen nicht oder nur unzureichend Berücksichtigung finden.

Dies gilt inbesonders für die direkte Beteiligung ausländischer Privatpersonen und Interessenverbände an innerstaatlichen Entscheidungsverfahren, einem entscheidenden Aspekt des Gleichbehandlungsprinzips. Sicherlich, die direkte Beteiligung bringt Nachteile mit sich.[465] Erstens wird in der Regel das innerstaatliche Entscheidungsverfahren komplizierter und kostspieliger. Zweitens können unter gewissen Umständen dem betroffenen Nachbarstaat der internationale politische Spielraum beschnitten, seine völkerrechtlichen Interventionsmöglichkeiten zum Schutz der Umweltinteressen seiner Bürger reduziert werden.[466]

Für eine unmittelbare Entscheidungsbeteiligung sprechen allerdings mehrere Gründe, die insgesamt die Nachteile einer direkten Beteiligung von Auslandsbewohnern mehr als wettmachen: Dadurch, daß sie das zwischenstaatliche Informations- und Konsultationsverfahren ergänzt oder ihm vorgeschaltet ist, kann der grenzüberschreitenden Bürgerbeteiligung eine internationale Konfliktvermeidungsfunktion zukommen;[467] sie ist in der Lage, zur Verbesserung

---

[465] Es erübrigt sich hier der Frage nachzugehen, ob der Grundsatz des gleichberechtigten Zugangs an sich eine positive Entwicklung des internationalen Umweltschutzrechts darstellt. Die Kritik von Willheim, „Private Remedies for Transfrontier Pollution Damage: A Critique of OECD's Doctrine of Equal Right of Access", 7 *Austr.YBIL* 174 (1981), ist zunächst schon deshalb wenig überzeugend, weil sie ausschließlich bei der Schadensersatzseite einsetzt. Sie läßt damit die letztlich wichtigeren Maßnahmen des präventiven grenzüberschreitenden Umweltschutzes außer Acht, deren Anordnung bzw. Kontrolle nur im Verursacherstaat selbst durchsetzbar ist.

Rechtspolitisch ist aber das Gebot des gleichberechtigten Zugangs für seinen gesamten Anwendungsbereich sicherlich nur als Mittel zur internationalen Sicherung eines Minimumstandards, nicht aber als eine, die ausschließliche Zuständigkeit der Gerichte des Verursacherstaates stützende Doktrin zu verstehen, wie Willheim befürchtet.

[466] Vgl. dazu Ress, „Grenzüberschreitende Beteiligung im Verwaltungsverfahren — Bundesrepublik Deutschland —", in *Rechtsfragen* (Fn. 230) 85, 91-92. In diesem Sinne auch Dr. Fritz Schmidt, Stellungnahme während des Symposiums „Deutsches Atomenergierecht im internationalen Rahmen", 6. Juni 1991, Erfurt.

Zu beachten ist hier allerdings, daß Staaten in einem solchen Fall einen völkerrechtlichen Anspruch haben, der von den, in den innerstaatlichen Verfahren des Anlagenstaates geltend gemachten Ansprüchen seiner Staatsangehörigen unabhängig ist. So zitiert denn auch das Schiedsgericht im *Trail Smelter*-Fall eine analoge Entscheidung des amerikanischen Obersten Gerichtshofs in *Georgia v. Tennessee Copper Company*, in welchem es heißt: „This is a suit by a State for an injury to it in its capacity as a quasi-sovereign. In that capacity, the State has an interest independent of and behind the titles of its citizens..." (Fn. 19) 1965. Mit anderen Worten, die Möglichkeit der grenzüberschreitenden Verfahrensbeteiligung seiner Staatsangehörigen hat keinen Einfluß auf den völkerrechtlichen Anspruch des Staates auf zwischenstaatliche Verfolgung der parallel laufenden eigenen Interessen.

Zur Abgrenzung der Geltendmachung von derartigen staatlichen Interessen von der *parens patriae* Doktrin des „common laws", s. Note, „*Parens Patriae* and the Union Carbide Case: The Disaster at Bhopal Continues", 21 *Cornell Int'l.L.J* 181 (1988).

[467] Und zwar gerade weil bei grenzüberschreitenden Umwelteinwirkungen die Erschöpfung des innerstaatlichen Instanzenzuges keine Voraussetzung für die Ausübung des diplomatischen Schutzrechts ist, kommt dem direkten Zugangsrecht besondere zwischenstaatliche streitverhütende Bedeutung zu. *(Fortsetzung nächste Seite)*

der Qualität der anstehenden Entscheidung beizutragen;[468] und, vielleicht entscheidend, sie bewirkt eine größere Transparenz der Entscheidungsfindung und entspricht damit einem, sich speziell in Westeuropa immer stärker manifestierenden, grenzüberschreitenden Demokratieverständnis.[469]

Zu beachten ist aber auch, daß Staaten verwaltungstechnisch das Instrument „aktive Umweltinformation" als Alternative zur Regelung von Umweltrisiken einsetzen.[470] Aus diesem Grund kann auch der unmittelbaren Beteiligung von Auslandsbewohnern am innerstaatlichen Umweltinformationsprozeß erhebliche Bedeutung zukommen. Schießlich ist, trotz rasantem Ausbau der zwischenstaatlichen Kooperation, das Gleichbehandlungsprinzip auch deswegen relevant, weil in der faktischen, politischen und rechtlichen Beurteilung des grenzüberschreitenden nuklearen Risikos, die Ansichten der Zentral- bzw. Bundesregierung mit lokalen oder regionalen Interessen nicht übereinstimmen müssen. In einem solchen Fall eröffnet das direkte Beteiligungsrecht Gebietskörperschaften die Möglichkeit, unabhängig von verfassungrechtlichen Garantien der Mitwirkung an der außenpolitischen Entscheidungsfindung des Staates oder aber von diplomatischen Opportunitätserwägungen, lokale oder regionale Interessen jenseits der Grenze geltend zu machen.[471]

Zur Frage der Nichtausschöpfung des innerstaatlichen Instanzenzuges, s. Handl, „The Environment: International Rights and Responsibilities", [1980] *ASIL Proceedings* 223 ff., 232; und *Report of the ILC on the Work of its Twenty-Ninth Session, GAOR 32nd Sess., Supp. No. 10* (A/32/10) 67 ff., 98-100 (1977).

[468] s. dazu allgemein S. Ebbin/R. Kasper, *Citizen Groups and the Nuclear Power Controversy: Uses of Scientific Technological Information* 8-9 (1974).

Vgl. auch die Begründung des Urteils des Verwaltungsgerichts Straßburg vom 27. Juli 1983 im Kalibergbau-Fall. Danach geht es bei der Erstreckung des französischen Verwaltungsrechtsschutzes auf im Ausland belegene Interessen, „nicht darum, subjektive Rechte des einzelnen zu schützen", sondern vielmehr um die Gewährleistung der objektiven Rechtmäßigkeit der französischen Verwaltungsentscheidung: *Zitiert bei* Beyerlin, „Klagebefugnis von Ausländern gegen grenzüberschreitende Umweltbelastungen", 44 *ZaöRV* 336, 339 (1984).

[469] Unterschwelig spielt dabei sicherlich die Zielvorstellung der konsenusalen grenzüberschreitenden Entscheidungsfindung, also der Überwindung der Staatsgrenze als einer artifiziellen Trennungslinie quer durch eine, durch das grenzüberschreitende nukleare Risiko definierten Gemeinschaft. Vgl. dazu allgemein Steinberg, „Rechtliche Perspektiven der energiewirtschaftlichen Nutzung der Kernenergie", 46 *JZ* 431, 433 (1991).

[470] s. allgemein, M. Baram/D. Partan (Hrsg.), *Corporate Disclosure of Environmental Risks. U.S. and European Law* (1990).

[471] Z.B. bei der Beurteilung des grenzüberschreitenden Restrisikos des französischen Kernkraftwerks Cattenom, klafften die Ansichten der deutschen Bundesregierung und jene der saarländischen, sowie der rhein-pfälzischen Staatsregierungen auseinander. Während Bonn Paris gegenüber offiziell Zurückhaltung übte, eröffnete der Zugang zu den Verwaltungsgerichten des Betreiberstaates den Staatsregierungen die Möglichkeit zu massiven, direkten Interventionen gegen das Projekt. s. „Wallmann zeigt Verständnis für Paris", Süddeutsche Zeitung, 17. Juli 1986, 2, Spalte 2; und „Bonn tritt Länderklagen gegen das Kernkraftwerk Cattenom nicht bei", Frankfurter Allgemeine Zeitung, 12. Juli 1986, 1, Spalte 1.

Kurz gesagt, trotz verstärkter zwischenstaatlicher Kooperation im Bereich der nuklearen Sicherheit und des Strahlenschutzes, bleibt die Ausländergleichbehandlung eine wichtige Maxime des grenzüberschreitenden Umweltschutzes im allgemeinen, der Nachweis der völkerrechtlichen Verankerung des Gleichbehandlungsgrundsatzes daher nach wie vor ein gerechtfertigtes Anliegen.

Was den Inhalt des Begriffs „Gleichbehandlung" von Auslandsbewohnern betrifft, sei zunächst auf die richtungsweisende OECD Ratsempfehlung zur „Verwirklichung eines Regimes des gleichberechtigten Zugangs und der Nichtdiskiminierung im Zusammenhang mit grenzüberschreitender Umweltverschmutzung" verwiesen, in der es wie folgt heißt:

> Countries of origin should ensure that any person who...is exposed to a significant risk of transfrontier pollution, shall at least receive equivalent treatment to that afforded in the Country of origin...
> From a procedural standpoint, this treatment includes the right to take part in, or have resort to, all administrative and judicial procedures existing within the country of origin...[472]

„Gleichbehandlung" umfaßt neben dem hier besonders betonten gleichberechtigten Zugang zu innerstaatlichen Entscheidungsinstanzen auch die Gleichheit der Rechtsmittel, die Gleichstellung in Bezug auf Schadenersatz, etc. Statt einer Untersuchung der völkerrechtlichen Normierung der diversen Aspekte des Begriffs sollen hier lediglich zwei, für die Prävention grenzüberschreitender Umweltschäden allerdings entscheidende Wesensinhalte des Begriffs untersucht werden, und zwar: (1) der Zugang von Auslandsbewohnern zu innerstaatlichen Verwaltungsverfahren in Fällen tatsächlicher oder möglicher grenzüberschreitender Umwelteinwirkungen durch kerntechnische Anlagen; und (2) der Anspruch auf Umweltinformation durch inländische Behörden bei analoger grenzüberschreitender Betroffenheit. Die Untersuchung beschränkt sich des weiteren auf die Praxis der Staaten Westeuropas und Nordamerikas, da von vornherein davon ausgegangen werden kann, daß die „Gleichbehandlungspflicht" von Auslandsbewohnern lediglich als ein Prinzip partikulären Völkerrechts existiert.

Vgl. weiters die reservierte Haltung der schweizerischen Bundesregierung bezüglich völkerrechtlicher Interventionsmöglichkeiten in der Frage des Baus und Betriebs des französichen Kernkraftwerk in Creys-Malville, und die direkte Beteiligung von Schweizer Anrainergemeinden etc. an den französischen Verwaltungsverfahren. s. Stellungnahme von Bundesrat Schlumpf, *Sten. Bull. NR*, 1353 (6. Oktober 1982); bzw. jüngst die Entscheidung des Verwaltungsgerichts Grenoble vom 13.3.1990, im Verfahren *Commune de Confignon et autres c/Ministre de l'Industrie et de l'Amenagement du territoire*, in dem Schweizer Gemeinden und schweizerische Umweltorganisationen als Kläger auftraten.

[472] Fn. 250, Annex, B.4.

2. *Der Zugang zu innerstaatlichen Entscheidungsinstanzen*

a) Die völkerrechtliche Grundlage des Grundsatzes des gleichberechtigten Zugangs

Eine allgemeine vertragliche Regelung des Zugangs zu innerstaatlichen Entscheidungsgremien gibt es im Völkerrecht nicht. Ein erstes bilaterales Abkommen, in dem der gleichberechigte Zugang von Auslandsbewohnern garantiert wird, ist das britisch-amerikanische Abkommen von 1909 über Grenzgewässer.[473] Das bislang einzige, geltende multilaterale Abkommen, in dem der Zugangsgrundsatz verankert ist, ist das Nordische Umweltschutzabkommen vom 19.2.1974.[474]

In den letzten beiden Jahren ist aber in der Staatenpraxis dem gleichberechtigten Zugang verstärkte Aufmerksamkeit zuteil geworden. Von speziellem Interesse sind hier vor allem Entwicklungen im Rahmen der United Nations Economic Commission for Europe (ECE), die, direkt oder indirekt, den gleichberechtigten Zugang als ein für die Vermeidung von Umweltschäden ganz entscheidendes Rechtprinzip herausstreichen. So sieht z. B. die Konvention über die Umweltverträglichkeitsprüfung bei grenzüberschreitenden Sachverhalten eine breite grenzüberschreitende Beteiligung der Öffentlichkeit vor.[475] Ähnliche Betonung findet das Prinzip in der als Entwurf vorliegenden Konvention über grenzüberschreitende Auswirkungen von Industrieunfällen;[476] im sogenannten Code of Conduct on Accidental Pollution of Transboundary Inland Waters;[477] aber auch im Bericht der „ECE Task Force on Responsibility and Liability Regarding Transboundary Water Pollution".[478]

---

[473] 1909 Boundary Waters Treaty between the United States and Great Britain, UST No. 548; 36 Stat. 2448. Die einschlägige Bestimmung des Art. II lautet: „...it is agreed that any interference with or diversion from their natural channels of such waters on either side of the boundary, resulting in any injury on the other side of the boundary, shall give rise to the same rights and entitle the injured parties to the same legal remedies as if such injury took place in the country where such diversion or interference occurs."

Obwohl diese Bestimmung in erster Linie eine Gleichbehandlungspflicht nach erfolgtem Schadenseintritt ins Auge faßt, hat sie doch auch präventiven Charakter, da sie bei der Abwehr konkreter grenzüberschreitender Schäden bzw. der Verringerung konkreter Risiken zum Tragen kommt.

[474] Art. 3 der Nordic Environmental Protection Convention (Fn. 246).

[475] *s.* Art. 3, Abs. 8 der Konvention, Fn..: „The Concerned Parties shall ensure that the public of the affected Party...be provided with possibilities for making comments and objections on the proposed activity...".

[476] s. Art. 12, Abs. 2 der Amended Draft Convention on the Transboundary Impacts of Industrial Accidents, U.N. Doc.ENVWA/WG./R.3, 7 February 1991.

[477] Allerdings, der Nature dieses Dokuments als das eines Verhaltenskodex entsprechend, haben die jeweiligen Passagen des Artikel IX, Abs. 3 lediglich Empfehlungscharakter: „Countries should endeavour, in accordance with their legal systems and, where appropriate,... to provide.. equivalent access to and treatment...and make available ...the same remedies". U.N. Doc. E/ECE/1225, ECE/ENVWA/16 (1990), *abgedruckt in* 1 *Y.B.Int'l Env.L.* 508 (1990).

Zur hier relevanten Staatenpraxis im weitesten Sinne kann man auch die Vereinbarung vom 1980 im Rahmen der Saar-Lor-Lux Kommission zwischen Saarland, Rheinland-Pfalz, Lothringen und Luxemburg zählen: Sie verbürgt die Gleichbehandlung von Bürgern jenseits der Grenze bei umweltschutzrechtlichen Genehmigungsverfahren nach dem Bundesimmissionsschutzgesetz.[479] Ebenso zu erwähnen wäre hier auch das von den Umweltministern Dr. Töpfer (für die Bundesrepublik) und Dr. Diederich (für die damalige DDR) erzielte Übereinkommen vom 17.1.1990, welches die besondere Bedeutung betont, die beide Staaten den Informations- und Beteiligungsmöglichkeiten ihrer Bürger bezüglich grenznaher kerntechnischer Anlagen beimessen.[480]

Diese nach wie vor eher spärlichen Ansätze einer einschlägigen internationalen Vertragspraxis berechtigen natürlich noch keineswegs zur Annahme, daß das Prinzip des gleichberechtigten Zugangs heute zumindest als partikulärer Völkerrechtssatz existiert. Vielmehr läßt sich eine derartige Folgerung nur über eine vielschichtige Beweisführung nachvollziehen. Zu dieser Indizienkette gehören zunächst vor allem Entschließungen internationaler Organisationen sowie nichtstaatlicher internationaler Vereinigungen und andere für die völkerrechtliche Rechtsentstehung bedeutsame Faktoren.

Ein allgemein und breit definiertes Recht jedes einzelnen auf Beteiligung an Umweltentscheidungsprozessen postuliert die von der Generalversammlung der Vereinten Nationen 1982 verabschiedete Weltcharta für die Natur.[481] Im Artikel 23 heißt es: „[A]ll persons...shall have the opportunity to participate, individually or with others, in the formulation of decisions of direct concern to their environment...“[482] Eine Erklärung ähnlicher Art enthält die „Europäischen Charta Umwelt und Gesundheit“ von 1990, nach der jeder Mensch Anspruch auf Teilnahme am Prozeß der Entscheidungsfindung sowie auf Umweltinformation hat.[483] Formal gesehen sind zwar beide Resolutionen in ihrer normativen Aussagekraft schwach; und die Formulierung des Artikel 23 der Weltcharta für die Natur entspricht keiner uneingeschränkten Bestätigung des Beteiligungsrechts von Einzelpersonen.[484] Trotzdem bezeugen beide Dokumente, ebenso wie

---

[478] § I.4 & 5 (in der Fassung des Textes von November 1990).

[479] s. „Entschließung betreffend die grenzüberschreitende Zusammenarbeit im Umweltschutz“ vom 21. März 1980, in *Rundschreiben des Auswärtigen Amtes vom 3. April 1980 zu GZ 420-410.20/50.*
Zur weiteren Entwicklung der grenzüberschreitenden Zusammenarbeit in dieser Region, s. v.a. Ress (Fn. 466) 85.

[480] s. Gemeinsame Mitteilung über die Zusammenarbeit beim Strahlenschutz und bei der kerntechnischen Sicherheit im Rahmen der friedlichen Nutzung der Kernenergie, *abgedruckt in Umwelt*, Nr. 2/1990, 58.

[481] World Charter for Nature (Fn. 217).

[482] *Ebenda*, 17.

[483] Artikel 1 der Europäischen Charta Umwelt und Gesundheit (Fn. 251) 29.

[484] So ist der Passus über das Beteiligungsrecht von Individuen durch den Vorbehalt „in accordance with...national legislation“ eingeschränkt: Fn. 217.

die Ministerielle Erklärung der Bergen Konferenz vom Mai 1990,[485] die Existenz eines breiten internationalen Konsenses über die prinzipielle Bedeutung der direkten Beteiligung der Öffentlichkeit an Umweltverfahren als einer wesentlichen Voraussetzung für erfolgreiche Umweltschutzpolitik.

Zahlreiche Resolutionen internationaler staatlicher oder nichtstaatlicher Organisationen oder Gremien beschäftigen sich konkret mit der Verwirklichung des gleichberechtigten Zugangs bei anfallenden Entscheidungen zur grenzüberschreitenden Umwelt, so mehrere Empfehlungen des OECD Rats, in denen die Mitgliedstaaten aufgefordert sind, den Grundsatz in der innerstaatlichen Rechtsordnung zu verwirklichen.[486] Dieselbe Forderung erheben z. B. Prinzip 14 der UNEP Principles of Conduct von 1978,[487] die Empfehlungen des Siena Forums von 1990;[488] sowie Artikel 8 der Resolution der International Law Association von 1982 über International Water Resources Law.[489]

Innerhalb der Völkerrechtskommission der Vereinten Nationen findet der gleichberechtigte Zugang von Auslandsbewohnern ebenso Bejahung als Rechtsprinzip[490] wie in Entschließungen der Parlamentarischen Versammlung des Europarats,[491] des Institut de Droit International zum Thema „Verschmutzung von Flüssen und Seen und das Völkerrecht" von 1979[492] und zur grenzüberschreitenden Luftverschmuzung von 1987.[493] Das Expertenkomitee für Umweltschutzrecht der World Commission on Environment and Development schließlich sieht im Zugangsrecht von Auslandsbewohnern zu innerstaatlichen Entscheidungsinstanzen ein elementares Prinzip jeder nationalen wie internationalen Umweltschutz- sowie langfristigen Entwicklungspolitik.[494]

In ihrer Gesamtheit belegen diese Dokumente eine sich in der internationalen Rechtsgemeinschaft erhärtende Überzeugung, daß das Prinzip des gleichberei-

---

[485] s. v. a. § 16 (g) der Bergen Ministerial Declaration (Fn. 220).

[486] s. oben Fn. 18; und Principles Concerning Transfrontier Pollution, OECD Doc. C(74)224, Annex, Abs.C & D; „Equal Right of Access in Relation to Transfrontier Pollution", OECD Doc. C(76)55(Final); und Strengthening International Co-Operation on Environmental Protection in Transfrontier Regions, OECD Doc. C(78)77(Final), Annex, Abs.II.2.

[487] s. Principles of Conduct in the Field of the Environment (Fn. 248).

[488] So empfiehlt Art. 13 (b) der Conclusions of the Siena Forum on International Law of the Environment, *abgedruckt in* 1 *Y.B.Int'l Env.L.* 704 (1990): „Facilitation of public participation at appropriate stages of the decision-making process, both for nationals and for those in other countries who may be affected".

[489] „Rules on Water Pollution in an International Drainage Basin", in *ILA, Report of the Sixtieth Session* (Fn. 33) 535, 544.

[490] So z. B. im Art. 32 („Non-Discrimination") der *ILC Draft Articles* (Fn. 369).

[491] s. Recommendation 1068 vom 25. Januar 1988, § 22, II (c).

[492] Art. VII, Abs. 1(i) der Resolution (Fn. 33).

[493] s. Art. 8, Abs. 3 der Entschließung zum Thema „Transboundary Air Pollution", in 62 *Ann.Inst.D.I.* (Bd. 2) 296, 302 (1987).

[494] s. Art. 6 und 20 der *WCED Legal Principles* (Fn. 85) 63-65 und 119-120.

tigten Zugangs innerstaatlich zu verwirklichen sei. Einige dieser Entschließungen gehen von einem bestehenden völkerrechtlichen Gebot des gleichberechtigten Zugangs aus. So auch das amerikanische Restatement (Third) Foreign Relations Law, das die innerstaatliche Gewährung des gleichberechtigten Zugangs einer völkergewohnheitsrechtlichen Pflicht des Staates entsprechend deutet.[495]

Dennoch, Vertragspraxis der Staaten und Praxis internationaler, staatlicher wie nichtstaatlicher Organisationen zusammengenommen, lassen noch keinen eindeutigen Rückschluß auf das Bestehen einer selbst geographisch und inhaltlich beschränkten völkerrechtlichen Gleichbehandlungspflicht zu. Ein entscheidendes Element in der Beweiskette bleibt allerdings noch zu berücksichtigen, nämlich die Verwirklichung des Grundsatzes des gleichberechtigten Zugangs in den innerstaatlichen Rechtsordungen. Zu diesem Nachweis soll aber keine detaillierte Untersuchung der diversen Formen und des Umfangs der Bürgerbeteiligung an innerstaatlichen Umweltentscheidungen vorgenommen werden.[496] Vielmehr genügt hier die Bestätigung des prinzipiell gleichberechtigten Zugangs von Auslandsbewohnern; andererseits geht es um die Beurteilung der völkerrechtlichen Aussagekraft dieser innerstaatlichen Praxis.

b) Der Zugang zu umweltschutzrechtlichen Entscheidungsinstanzen im nationalen Atomenergierecht

In der Rechtsordnung vieler der hier interessierenden Staaten ist die Frage des Zugangs von ausländischen Nachbarn zu den innerstaatlichen Entscheidungsinstanzen in Fällen von grenzüberschreitenden Umwelteinflüssen nicht ausdrücklich gesetzlich geregelt. Dennoch sind im allgemeinen in der Praxis dieser Staaten Auslandsbewohner Inländern gleichgestellt.[497] Gleiches gilt auch für das Zugangsrecht im Zusammenhang mit nuklearen Umwelteinwirkungen.

---

495 *Restatement* (Fn. 34) § 602, Absatz 2.

496 Eine derartige Untersuchung würde weit über den Rahmen der gegenwärtigen Fragestellung hinausgehen.

Einen Überblick über Beteilungsrechte an Umweltentscheidungsverfahren in diversen Rechtssystemen geben anstelle dessen z. B. M. Kriech (Fn. 182); Scovazzi, „La partecipazione del pubblico alle decisioni sui progetti che incidono sull'ambiente", 4 *Riv.Giur.Amb.* 485 (1989); Prieur, „Le droit à l'environnement et les citoyens: La participation", *4 Rev.J.Env.* 397 (1988); G. Ress (Hrsg.), *Grenzüberschreitende Verfahrensbeteiligung im Umweltrecht der Mitgliedstaaten der Europäischen Gemeinschaften* (1985); und P. Muldoon/D. Scriven/J. Olson, *Cross-Border Litigation: Environmental Rights in the Great Lakes Ecosystem* (1986).

497 In diesem Sinne z.B. zur französichen Rechtslage bereits 1977, Pacteau, „The Principle of Equal Right of Access of Foreigners in Cases of Transfrontier Pollution and Prospects of its Incorporation into French Law", *Organisation for Economic Co-operation and Development, Legal Aspects of Transfrontier Pollution* 203, 208 (1977); bezüglich Luxemburg, Raum-Degreve, „Le Grand-Duché de Luxembourg et le prévention juridique de la pollution transfrontière", in *Les pollutions transfrontières en droit comparé* 75, 88 (1988). *(Fortsetzung nächste Seite)*

Was die französische Rechtsordnung betrifft, so hat z. B. der Conseil d'Etat in seiner Entscheidung vom 23.12.1981 in der Sache Kernkraftwerk Cattenom[498] ganz klar bestätigt, daß Auslandsbewohner den gleichen Zugang zu Verwaltungsverfahren genießen wie Inländer.[499] Christian Autexier kommentiert die Cattenom-Entscheidung wie folgt:

> „[I]l conferme avec toute la force d'interprètation authentique qui est celle des decisions de la jurisprudence suprême de l'ordre administratif français, qu'aucun principe du droit public français ne s'oppose à l'admission d'etrangers non-residents aux procedures administratives en matière d'environnement."[500]

Für die Schweiz gilt, wie der Entscheid des Bundesrats vom 22.8.1979 in Sachen Kernkraftwerk Leibstadt[501] ausführt, daß weder das Verwaltungverfahrengesetz noch das schweizerische Atomgesetz, Personen mit Wohnsitz im Ausland von der Möglichkeit Beschwerde gegen eine schweizerische Atomanlage zu führen, grundsätzlich ausschließt.

Die damit verbundene Ablehnung der Auffassung, wonach dem Territorialitätsprinzips des öffentlichen Rechts gemäß, der Zugang zu Entscheidungsinstanzen im atomrechtlichen Genehmigungsverfahren Inländern vorbehalten sei, ist auch der Grundtenor des Urteils des deutschen BVerwG vom 17. Dezember

---

Punktuell können sich Schwierigkeiten ergeben, so z. B. in Nordamerika aufgrund der sogenannten „local action rule". Allerdings, diese Regel kommt nur noch in einigen wenigen Staaten / Provinzen zur Anwendung und dann auch nur im Zusammenhang mit „common law" Ansprüchen.

[498] s. *Commune de Thionville, et autres* C.E., 23.12.1981, 484.

[499] s. auch die Entscheidung des Conseil d'Etat im Rheinverschmutzungsfall, in der die Provinz Nord-Holland, die Stadt Amsterdam und holländische Interessenverbände als Kläger auftraten: *Societé „Les mines de potasse d'Alsace" c/ province de la Hollande septentrionale et autres*, C.E. 18.4.1986, 116. s. weiters Woehrling, „Grenzüberschreitende Beteiligung im Verwaltungsgverfahren — Frankreich —", in *Rechtsfragen* (Fn. 230) 101, 108.

[500] Autexier, „Participation à la procedure administrative non-contentieuse française des personnes concernées en cas de pollution transfrontalière", in G. Ress, (Fn. 466) 130, 167.

Allerdings, hinsichtlich der „declaration d'utilité public" in *Commune de Chooz et autres* hatte der Staatsrat erklärt:

> „Les dispositions du code de l'expropriation pour cause d'utilité publique ne s'appliquant que sur le territoire national, une enquête d'utilité publique n'a pas à incluire des communes non françaises".

C.E., 40188, 7.6. 1985, 659.

Das Dekret 85-449 vom 23.4.1985 erstreckt die Geltung des „Gesetzes zur Demokratisierung der öffentlichen Anhörungverfahren und des Umweltschutzes" auf nukleare Großanlagen. Die obige Territorialitätsbezogenheit der „enquête d'utilité public" wird davon nicht betroffen. Der Untersuchungskommissär kann aber alle jene Personen zum Verfahren zulassen, deren Anhöhrung nützlich erscheint. s. Colson, „Gravelines, Cattenom, Tchernobyl et les autres...", 2/3 *Rev.J.Env.*, 179, 185 (1986).

[501] Entscheid des Bundesrats vom 22.8.1979, 44 *Verwaltunsgpraxis der Bundesbehörden*, Nr. 22, 86 (1980).

1986 bezüglich des Kernkraftwerks Emsland.[502] Der durch die Vorschriften des deutschen Atomrechts vermittelte Drittschutz ist, wie das Gericht bestätigt, nicht auf im Inland betroffene Personen beschränkt.[503]

In den Niederlanden geniessen ausländische natürliche und juristische Personen gleichen Zugang zu umweltrechtlichen Beschwerde- und Klageverfahren.[504] Für das Kernenergierecht gelten keine abweichende Rechtsbestimmungen.[505]

In den USA haben alle Personen, d.h. auch Auslandsbewohner, Zugang zu den atomrechtlichen Verwaltungsverfahren. Die Beteiligung an atomrechtlichen Genehmigungsverfahren setzt voraus, daß eine faktische Betroffenheit von Interessen, deren Schutz mit der Zielsetzung der anwendbaren Gesetze bzw. Verordnungen übereinstimmt, plausibel gemacht werden kann.[506]

Selbst von der österreichischen Rechtsordnung ist — entgegen landsläufigen, v.a. auf der Entscheidung des Verwaltungsgerichthofs im Salzburger Flughafenfall[507] beruhenden Vorstellungen — mittlerweile anzunehmen, daß Auslandsbewohnern der Zugang zu innerstaatlichen Entscheidungsinstanzen nicht verwehrt werden würde. Diese Annahme stützt sich einerseits auf die Novellierung des § 75 der Gewerbeordnung von 1975, welche ausländischen Grenznachbarn gleiche Beteiligungsrechte einräumt wie österreichischen Nachbarn,[508] andererseits auf das Erkenntnis des Verwaltungsgerichthofs von 1978 zur Frage der Parteistellung im Baugenehmigungsverfahren für das ehemals geplante Kernkraftwerk Zwentendorf:[509] Sowohl in der Gesetzgebung wie auch in der Rechtsprechung besteht eine deutliche Tendenz zur Ausweitung des verwal-

---

[502] BVerwG 7 C29.85, Urteil vom 17.Dezember 1986, 75 BVerWGE 285.

[503] s. *ebenda.*

[504] s. Wet algemene bepalingen milieuhygiëne, 13.6.1979, Staatsblad 1979, No. 442.

[505] s. Jans, „Die Rechtstellung der Nachbarstaaten und ihrer Bürger bei Errichtung und Betrieb von Kernanlagen. Eine Schilderung der Situation im niederländisch-deutschen Grenzgebiet", N. Pelzer (Hrsg.), *Friedliche Kernenergienutzung* (Fn. 174) 76, 80.

[506] s. 10 C.F.R. § 2.714 (1991).
Neben dem Beteiligungsrecht kraft Gesetzes gibt es auch eine Beteiligung dank Ermessens der Nuclear Regulatory Commission. s. z.B. ASLAB 497, *In the Matter of Dairyland Power Cooperative*, September 20, 1978, CCH 30,329.01 (Anerkennung des Beteiligungsrechts bei Genehmigungsverfahren bezüglich Vergrößerung eines Kühlbeckens für abgebrannte Brennelemente, obwohl der Wohnsitz des Antragstellers 75 Meilen vom Standort der Anlage entfernt).

[507] s. VwGH.SlgNF. 7582(A). Dazu kritisch Schreuer, „Zur verwaltungs- und völkerrechtlichen Problematik des Salzburger Flughafenfalls", 26 *ÖJZ* 542 (1971).

[508] s. § 75, Abs. 3 der Gewerbeordnung. Zum Text der Bestimmung s. unten G.IV.3.

[509] Erkenntnis des VWGH vom 14.2.1978, 9485 (A). Bei Klärung des, für die Parteistellung entscheidenden Begriffs der „Nachbarschaft" im Baubewilligungsverfahren nach der niederösterreichischen Bauordnung, stellt der VwGH auf die Möglichkeit einer faktischen Betroffenheit ab, deren Geltendmachung mit der Zielsetzung des Gesetzes übereinstimmt.

tungsrechtlichen Begriffs „Partei“ und damit zur Gleichbehandlung von Auslandsbewohnern: Es bleibt jedoch zu beachten, daß von dieser Entwicklung ganze Rechtsbereiche nach wie vor ausgenommen sind.[509a]

Der Nachweis einer weitgehend übereinstimmenden innerstaatlichen Verwirklichung des Prinzips des gleichen Zugangs beweist an sich freilich noch nicht die Existenz einer völkerrechtlichen Verpflichtung zu derartiger Gleichstellung von Auslandsbewohnern. Vielmehr bedarf es des Nachweises des subjektiven Elements gewohnheitsrechtlicher Praxis, d.h. der Überzeugung seitens der staatlichen Behörden, daß diese Praxis auch völkerrechtlich geboten sei.[510]

Eine solche eindeutige Beweisführung ist für alle hier eben skizzierten Rechtsordnungen freilich nicht möglich. Es gibt jedoch einige Anhaltspunkte, die die völkerrechtliche Relevanz der innersstaatlichen Praxis beleuchten. So beruft sich zum Beispiel der schweizerische Bundesrat bei der Verneinung der Frage, ob der gleichberechtigte Zugang von Auslandsbewohnern von einer Gegenrechtserklärung seitens des fremden Staates abhängig zu machen sei, auf „neuere Konventionen auf dem Gebiet des Umweltschutzes“, die den Grundsatz der Gleichberechtigung von Personen im Ausland mit solchem im Inland postulieren.[511]

Eine noch gewichtigere Aussage trifft das deutsche Bundesverwaltungsgericht im Emslandurteil. Zwar erkennt es einerseits an, daß aus der völkerrechtlichen Pflicht, grenzüberschreitende Umweltbelastungen zu verhüten, abzubauen und zu kontrollieren, „noch keine Pflicht des Genehmigungsstaates zur Verleihung subjektiver öffentlicher Rechte an Auslandsbewohner“ abgeleitet werden kann; doch betont es andererseits, daß die Erstreckung der Drittschutzwirkung auf Auslandsbewohner eine effektivere Sicherung der Erfüllung der völkerrechtlichen Verpflichtung garantiert und daher einer völkerrechtsfreundlichen Auslegung des Atomgesetzes entspricht.[512]

Mit dieser Entscheidung verwirklicht das Gericht das in einem Teil der Literatur seit langem angemahnte Prinzip der grenzüberschreitenden Schutzwirkung des deutschen öffentlichen Rechts.[513] Der Einwand, daß das völkerrechtli-

---

509a So hat unlängst der Verwaltungsgerichtshof die Beschwerde der Republik Slowenien gegen Nichtanerkennung der Parteistellung in einem österreichischen wasserrechtlichen Genehmigungsverfahren mit der Begründung zurückgewiesen, daß der räumliche Geltungsbereich des Wasserrechtsgesetzes (WRG) sich auf das Bundesgebiet beschränkt, und damit „auf ‚jugoslawischem Hoheitsgebiet‘ in der im § 102 Abs. 1 lit. b und d WRG beschriebenen Art berührte Personen bzw. Gemeinden aus dem WRG keine subjektiven Rechte abzuleiten vermögen, die sie als Parteien ... im Verwaltungsverfahren durchsetzen könnten.“ Verwaltungsgerichtshof, Beschluß vom 29. 1. 1991, Zl. 90/07/0174.

510 In diesem Sinne der StIGH im *Lotus*-Fall (Fn. 72) 28.

511 Entscheid des Bundesrats in der Sache Kernkraftwerk Leibstadt (Fn. 501) 22.

512 s. Fn. 502, 288.

513 s. insbesonders Bleckmann, „Die Völkerrechtsfreundlichkeit der deutschen Rechtsordnung“, *DöV* 310 (1979); Bothe, „Grenzüberschreitender Verwaltungsrechtsschutz gegen umweltbelastende Anlagen“, 1 *UPR* 1, 5 (1983); und Weber, „Beteiligung und

che Nachbarrecht „nichts über die Einräumung von individuellen Klagrechten an Auslandsbewohner [sagt], und so...eine dahingehende Auslegung auch nicht als völkerrechtsfreundlich geboten sein" kann,[514] überzeugt nicht.

Es ist sicherlich richtig, daß die allgemeinen Regeln des Völkerrechts, nämlich jene der Staatenverantwortlichkeit, nichts über die Wahl der Mittel zur Gewährleistung einer bestimmten Erfolgsverpflichtung — hier der Vermeidung der völkerrechtlich verbotenen Umwelteinwirkung — aussagen.[515] Es ist jedoch nicht zu verkennen, daß die Öffnung des innerstaatlichen Verfahrens, im Sinne einer Beteiligung von Auslandsbewohnern, durchaus eine Voraussetzung für die Vermeidung dieser Einwirkungen sein kann. Sie ist einfach deswegen völkerrechtsfreundlich, weil sie offenkundig völkerrechtskonformes Verhalten fördert.

Hier von Bedeutung ist jedenfalls, daß staatliche Verwaltungsinstanzen und Gerichte unter ausdrücklicher Berufung auf eine völkerrechtsfreundliche Perspektive, die Drittschutzwirkung innerstaatlichen öffentlichen Rechts Auslandsbewohnern gegenüber, anerkannt haben. Damit kommt diesen Entscheidungen aber ein über die jeweils unmittelbar betroffenen nationalen Rechtsordnungen hinausgehender, völkerrechtlicher Indikationswert zu: Die weitgehend übereinstimmende innerstaatliche Verwirklichung des Prinzips des gleichberechtigten Zugangs in Westeuropa und Nordamerika gewinnt völkerrechtlich an Gewicht.

c) Zusammenfassung

(1) Der Nachweis einer Staatenpraxis die, für sich allein, das Bestehen eines völkergewohnheitrechtlichen Grundsatzes des gleichberechtigten Zugangs stützt, gelingt (noch immer) nicht.

(2) Die verscheidenen Resolutionen internationaler Organisationen und anderer völkerrechtlicher Gremien verleihen aber dem Grundsatz ein außerordentlich hohes Maß an Autorität. Die normative Schwäche des Prinzips — aufgrund fehlender breiter Staatenpraxis — wird durch diese Autoritätsbezeugungen zumindest zum Teil kompensiert.[516]

Rechtsschutz ausländischer Nachbarn im atomrechtlichen Genehmigungsverfahren", *DVBl.*1980, 330, 334-35.

Dagegen allerdings Oppermann, „Transnationale Ausgestaltung deutscher Grundrechte?", in: F. Kronek / T. Oppermann (Hrsg.), *Im Dienste Deutschland und des Rechtes, FS für W. Grewe* 521, 530-33 (1981); T. Oppermann / M. Killian, *Gleichstellung ausländischer Grenznachbarn in deutschen Umweltverfahren?* (1981); und Rauschning (Fn. 5) 326-27.

[514] Rauschning, *ebenda* 327.

[515] s. dazu Artikel 23 („Breach of an international obligation to prevent a given event") und den dazugehörigen Kommentar der Völkerrechtskommission, [1978] *ILC Y.B.* (Bd. 2, Teil 2) 81.

[516] Zur rechtstheoretischen Begündung s. z. B. Reisman, „International Lawmaking: A Process of Communication", [1981] *ASIL Proceedings* 101 ; und Miehsler, „Zur Autorität von Beschlüssen internationaler Institutionen", in: C. Schreuer (Hrsg.), *Autorität und internationale Ordnung* 35 (1979). Vgl. auch Bernhardt, „Custom and Treaty in the Law of the Sea", 205 *RdC* 247, 267-68 (1987).

(3) Es ist weiters nicht zu verkennen, daß die internationale Praxis und das innerstaatliche Verhalten der Behörden konvergieren. Diese Tatsache ist selbstverständlich völkerrechtlich bedeutsam. Sie gewinnt noch an Bedeutung dadurch, daß sich in einigen Fällen Ansätze einer völkerrechtlichen Rechtsüberzeugung nachweisen lassen.

(4) Ingesamt läßt sich somit festhalten, daß sich heutzutage die Rechtserwartungen im westeuropäischen und nordamerikanischen Raum so verdichtet haben, daß man von einem zumindest lokalen völkergewohnheitsrechtlichen Gebot des gleichberechtigten Zugangs sprechen kann.

3. Zur Frage der praktischen Umsetzbarkeit des Zugangsrechts des Auslandsbewohners

Allenthalben wird in der Literatur bzw. in anderweitig öffentlichen Diskussionen der Einwand erhoben, daß ein formalrechtlicher Anspruch des Auslandsbewohners auf Zugang zu inländischen Entscheidungsinstanzen, selbst wenn er sich dem Grunde nach als völkergewohnheitsrechtliches Prinzip nachweisen läßt, ohne spezielle zwischenstaatliche Ausführungsregelungen, nicht effektiv sein könne. Zum einen wird behauptet, daß der gleichberechtigte Zugang von Auslandsbewohnern letztlich einer prozeduralen Rechtsfigur ohne substantiellen Gehalt gleicht, weil die inländischen Behörden nicht auf die Substantiierung der betroffenen, im Ausland belegenen, Interessen bestehen können.[517]

Dieser Einwand beruht jedoch auf der überholten Auffassung, daß der Schutzbereich des inländischen öffentlichen Rechts Interessen, die im Ausland belegen sind, nicht erfaßt. Das Gegenteil ist natürlich der Fall: Wie bereits angedeutet, gelten in den Verfahren vor den inländischen Verwaltungsinstanzen sowie Gerichten, grundsätzlich gleiche Beweisanforderungen für in- wie ausländische Umwelteinwirkungen. Die inländischen Entscheidungsinstanzen sind daher sehr wohl in der Lage, Rechtsansprüche von Auslandsbewohnern in rechtlich relevanter Weise zu würdigen und gegebenfalls in der Entscheidungsfindung zu berücksichtigen.

Zum anderen findet man die Ansicht, daß bei einem Vorhaben mit möglichen grenzüberschreitenden Umwelteinwirkungen, der staatliche Akt der öffentlichen Bekanntmachung im Ausland einen völkerrechtlich unzulässigen Hoheitsakt darstellt;[518] daß daher einer effektiven Ausübung des Zugangsrechts von Auslandsbewohnern von vorneherein ganz entscheidende Schranken gesetzt sind. Dieses Argument vermag nicht zu überzeugen.

---

[517] s. z. B. Rebentisch, „Grenzüberschreitende Umweltbelastungen aus der Sicht der Praxis — Sicht der Verwaltung —“, in *Rechtsfragen* (Fn. 230) 79, 81.

[518] So z. B. Bothe (Fn. 458) 53; oder Kromarek, „Grenzüberschreitende Umweltbelastungen aus der Sicht der Praxis — Resumé de la discussion —“, in *Rechtsfragen* (Fn. 230) 83-84.

Bei einer ständig wachsenden Interdependenz, d.h. einer zunehmenden Verflechtung staatlicher Interessen und Aktivitäten, ist grenzüberschreitendes staatliches Handeln in zunehmenden Maße unvermeidlich. Eine Charakterisierung aller staatlichen Akte der Informationsvermittlung in das Ausland als einer völkerrechtswidrigen Vornahme hoheitlichen Handelns auf fremden Territorium, entspricht selbstverständlich weder heutigen internationalen Gepflogenheiten, noch einem allgemeinen heutigen Souveränitätsverständnis. Bei der Bewertung der völkerrechtlichen Zulässigkeit wird vielmehr darauf abzustellen sein, ob die Bekanntmachungsakte im Ausland „Zwangscharakter“ haben, d.h. unter Androhung von Sanktionsmaßnahmen auf die Durchsetzung staatlicher Interessen abzielen.[519] Wenn ja, so handelt es sich zweifelsohne um Maßnahmen, die völkerrechtlich verboten sind.

Unter diesem Gesichtspunkt erscheinen staatliche Schritte, wie die durch bezahlte Zeitungsanzeigen im Ausland erfolgende Bekanntmachung von inländischen Projekten mit möglicherweise grenzüberschreitender Umweltauswirkungen, eindeutig völkerrechtskonform. Sie haben nicht verpflichtenden, sondern vielmehr einen berechtigenden Charakter: Sie dienen nicht der Durchsetzung staatlicher Interessen im Ausland, sondern, im Gegenteil, schaffen die Voraussetzung für die Geltendmachung subjektiver Ansprüche auf Schutz gegen etwaige grenzüberschreitende Folgen des anstehenden inländischen Vorhabens.

Tatsächlich ist denn auch die öffentliche Bekanntmachung im Ausland mancherorts mittlerweile zur reinen Routinesache geworden. Hier sei lediglich auf die „saarländische Regelung“ von 1980 verwiesen, wonach bei einem Vorhaben das einer Betriebsgenehmigung nach dem BImSchG bedarf und das möglicherweise Auswirkungen auf das benachbarte Ausland zeitigen könnte, die öffentliche Bekanntmachung auch durch Anzeigen in Tageszeitungen der französichen und luxemburgischen Anrainergemeinden erfolgt.[520]

Von der Bekanntmachung zu unterscheiden ist die Auslegung der Antragsunterlagen im Ausland. Ohne Einverständnis seitens des Territorialstaates ist sie völkerrechtlich problematisch. In der Praxis behilft man sich daher damit, daß die Akten in grenznahen Gemeinden zum Einsehen aufgelegt werden und eine diesbezügliche Nachricht in den ausländischen Massenmedien veröffentlicht wird. Damit wird den Anrainern im Ausland die Möglichkeit eröffnet, vom Zugangsrecht auch effektiven Gebrauch machen zu können. Angesichts der Tatsache, daß mehrere multilaterale Umweltschutzabkommen der jüngsten Zeit ein grenzüberschreitendes Informationsverfahren vorschreiben,[521] ist zu erwarten, daß aufgrund zwischenstaatlicher Durchführungsvereinbarungen, zukünf-

---

[519] s. z.B. die Entscheidung des bundesamerikanischen Court of Appeal in *Federal Trade Commission v. Compagnie de Saint-Gobain-Pont-à-Mousson,* 636 F.2d 1300, 1313 (1980).

[520] Vgl. dazu Ress (Fn. 466) 88.

[521] Vgl. dazu unten G.IV.4.

tig die Auslegung von Unterlagen zunehmend auch im betroffenen Ausland selbst vorgenommen werden wird.

Zusammenfassend läßt sich jedenfalls festhalten, daß das völkergewohnheitsrechtliche Zugangsrecht kein *ius nudum* ist, sondern vielmehr ein Anspruch, der auch heute ohne spezialrechtliche zwischenstaatliche Vereinbarungen durchaus einen effektiven Rechtsschutz von im Ausland belegenen Interessen zu bieten vermag.

4. Ausländergleichbehandlungspflicht unter dem Vorbehalt der Gegenseitigkeit?

Die Frage, ob nun die Gleichbehandlung von Ausländern beim Zugang zu innerstaatlichen atomrechtlichen Verwaltungsverfahren[522] einem Vorbehalt der Gegenseitigkeit unterliegt, hängt von der jeweiligen inländischen Rechtsordnung ab. Sowohl die zwischenstaatliche als auch die innerstaatliche Praxis zeigen ein eher widersprüchliches Bild.

Ein völkergewohnheitsrechtlicher Ansatz in dieser Frage läßt sich jedenfalls angesichts der uneinheitlichen Staatenpraxis nicht nachweisen. Einerseits fordert z. B. die OECD Ratsempfehlung C(78)77(Final) Mitgliedstaaten u. a. auf, „möglicherweise unter Vorbehalt der Gegenseitigkeit", das Prinzip des gleichberechtigten Zugangs innerstaatlich zu verwirklichen,[523] und im Artikel 12, Abs. 2 des Entwurfs der ECE-Konvention über grenzüberschreitende Auswirkungen von Industrieunfällen wird die Beteiligung der Öffentlichkeit an verwaltungsrechtlichen sowie gerichtlichen Verfahren einem Reziprozitätsvorbehalt unterstellt.[524] Andererseits aber begründen verschiedene völkerrechtliche Instrumente zur Umweltinformation[525] eine unbedingte Rechtspflicht des Staates zur Ausländergleichbehandlung: So die OECD Ratsentscheidung C(88)85(Final),[526] die EG-Richtlinie 90/313/EEC,[527] oder aber die im Entwurf vorliegende Europaratskonvention über Schäden durch umweltgefährdende Tätigkeiten.[528]

[522] Zur Frage des Gegenseitigkeitsvorbehalts im Atomhaftungsrecht, s. Moser, „Reziprozität im Atomhaftungsrecht", in: N. Pelzer (Hrsg.), *Deutsches Atomenergierecht im internationalen Rahmen* (1992); und Pelzer, „Überlegungen zur Novellierung des atomrechtlichen Haftungs- und Deckungsrechts in den 90er Jahren", in: R. Lukes (Hrsg.), *Reformüberlegungen zum Atomrecht* 455, 490-91 (1991).

[523] Fn. 486.

[524] „The Parties shall...on a reciprocal basis, provide natural or juridical persons...with equivalent access to and treatment in the same administrative and judicial proceedings...": (Fn. 476).

[525] s. im Detail unten G.IV.4 (a).

[526] Council Decision-Recommendation concerning provision of information to the public and public participation in decicion-making processes related to the prevention of, and response to, accidents involving hazardous substances, OECD Dok. C(88)85(Final) 2.

[527] Richtlinie 90/313/EWG.

[528] s. Art. 13, Draft Convention on Damage Resulting from Activities Dangerous to the Environment, Council of Europe Doc. DIR/JUR (90) 2, 13. September 1990.

Was die Widersprüchlickeit der innerstaatlichen Praxis[529] betrifft, so sei beispielhaft auf einschlägige Dokumente der österreischischen und schweizerischen Rechtsordnung verwiesen. Im § 75, Abs. 3 der österreichischen Gewerbeordnung heißt es:

> Als Nachbarn sind auch...Personen zu behandeln, die auf grenznahen Grundstücken im Ausland wohnen, wenn in dem betreffenden Staat österreichische Nachbarn in den entsprechenden Verfahren rechtlich oder doch tatsächlich den gleichen Nachbarschaftsschutz genießen.

Währendessen geht der Entscheid des schweizerischen Bundesrates bezüglich des Kernkraftwerks Leibstadt ausdrücklich davon aus, daß "die Anerkennung der Legitimation (der Beschwerde ausländischer Nachbarn) nicht von einer Gegenseitigkeitserklärung abhängig gemacht werden kann".[530]

Zusammenfassend wird man also nicht umhinkommen festzustellen, daß es auch heute noch völkerrechtlich statthaft ist, den Zugang von Auslandsbewohnern zu innerstaatlichen atomrechtlichen Verwaltungsverfahren an die Bedingung der Gegenseitigkeit zu knüpfen. Rechtspolitisch wäre aber bei der Frage der Zulässigkeit dieses Vorbehalts daraufhin abzustellen, daß die Öffnung des Verfahrens für Auslandsbewohner dem Staat selbst zum Vorteil gereicht. Es handelt sich hier also weniger um ein zwischenstaatliches Zugeständnis an den Nachbarstaat, dessen Geltendmachung zur Wahrung der Gegenseitigkeit einem entsprechenden Vorbehalt unterstellt werden sollte,[531] als um die Stärkung der Rechtsposition der von grenzüberschreitenden Umwelteinwirkungen möglicherweise betroffenen Individuen; damit aber um die Verfolgung von letztlich höchsteigenen staatlichen Interessen, gleichgültig ob diese nun als die Vermeidung einer völkerrechtswidrigen grenzüberschreitenden Einwirkung oder „lediglich" als innerstaatlich „objektiv rechtmässige" Verwaltungsentscheidung verstanden werden oder nicht.[532] Von dieser Warte aus gesehen, ist es sicherlich wünschenswert, daß das Gleichbehandlungsgebot als eine völkerrechtlich unbedingte Rechtspflicht Anerkennung findet.

---

[529] Zur allgemeinen Bedeutung des Gegenseitigkeitvorbehalts, vgl. z.B. Art. 16 der Einführungsbestimmungen des italienischen Codice civile: „Lo straniero è amesso a godere dei diritti attribuiti al cittadino a condizione di reciprocità e salve le disposizioni contenute in leggi speciali". Vgl. dazu Focarelli, „La reciprocità nel trattamento degli stranieri in Italia come forma di ritorsione o rappresaglia", 72 *Riv.D.I.* 825 (1989).

Anders z.B. die Situation in Frankreich, wo im Grunde das Prinzip der Gleichbehandlung gilt, ausgenommen für jene Recht, die Ausländern audrücklich vorenthalten sind. s. Cassation civile, 27.7.1948, Dalloz 1948.535; Cassation civile 22.12.1959, Dalloz 1960, *R.C.D.I.P.* 361 (1960).

[530] s. Fn. 501, 90.

[531] Anders ist eben die Interessenlage bei der zwischenstaatlichen Vermittlung kerntechnischer Informationen. So betont das Kommuniqué des Arbeitsstabs „Deutsch-Französische Energiekonzeption", — m.E. zu Recht — daß beide Seiten darin übereinstimmen, *„auf der Grundlage der Gegenseitigkeit* weiterhin für eine verstärkte Transparenz der Information [über Umweltradioaktivität] zu sorgen". *Abgedruckt in Umwelt* Nr. 6/89, 293. (Hervorhebung durch den Verfasser).

[532] s. oben Fn. 468.

5. Das Recht auf Zugang zu Umweltinformation

a) Entwicklung eines „Grundrechts" auf Umweltinformation im internationalen Umweltschutzrecht

Die Tatsache, daß man erst dann von einem effektiven Recht auf Zugang zu innerstaatlichen Verwaltungsverfahren sprechen kann, wenn es auch den Zugang zum innerstaatlichen Informationstand impliziert, ist bereits in der eingangs erwähnten OECD Ratsempfehlung „Equal Right of Access in Relation to Transfrontier Pollution" vorwegenommen. Sie betont, daß ein „System des gleichberechtigten Zugangs", das Recht auf (a) Informationen über möglicherweise umweltbeeinflussende Projekte, und (b) Informationen, die die Behörden betroffenen inländischen Personen übermitteln, miteinschließt.[533]

Es ist daher nicht verwunderlich, daß der Anspruch des einzelnen auf Zugang zu Umweltinformationen, sich zusehends zu einem, gewissermaßen völkerrechtlich verbrieften „Grundrecht des internationalen Umweltschutzes" herauszukristallieren beginnt. So wird z.B. in der Erklärung der Ministerkonferenz in Bergen der Zugang zu relevanter Umweltinformation als notwendig bezeichnet „to safeguard the rights of individuals and concerned groups".[534] Ähnlich stark untermauern die World Charta for Nature (§ 16),[535] die Empfehlungen des Siena Forums (Art. 13, Abs. (a)),[536] sowie die der WCED (Art. 6),[537] die grundsätzliche Bedeutung des freien Zugangs zu Umweltinformationen. Mit einer entsprechenden Formulierung ist in der Abschlußerklärung bzw. dem Grundsatzdokument der Vereinten Nationen Konferenz über Umwelt und Entwicklung zu rechnen.

Eine breite, nicht speziell auf grenzüberschreitende Umweltsachverhalte abstellende Verpflichtung, betroffenen Personen Zugang zu Umweltinformation zu gewähren, schafft nun für den EG-Bereich die Richtlinie über den freien Zugang zu Umweltinformationen.[538] Sie ist bis zum 31.12.1992, in innerstaatliches Recht umzusetzen. Artikel 3 der Richtlinie berechtigt „jede natürliche oder juristische Person" auf Zugang zu Umweltinformationen. Das Zugangsrecht ist nicht auf Staatsangehörige oder Einwohner der EWG-Länder beschränkt.[539]

Den Zugang zu Umweltinformationen speziell im Zusammenhang mit Schäden durch umweltgefährliche Aktivitäten regelt die im Entwurf vorliegende

---

[533] s. Fn. 250.

[534] s. § 16 (g)-(j) der Bergen Ministerial Declaration (Fn. 220).

[535] Fn. 217.

[536] Fn. 488.

[537] Fn. 85.

[538] Richtlinie 90/313/EWG.

[539] s. auch von Schwanenflügel, „Das Öffentlichkeitsprinzip des EG-Umweltrechts — Zur Bedeutung der Richtlinie über den freien Zugang zu Umweltinformationen —", *DVBl.*1991, 93, 100.

einschlägige Europaratskonvention.[540] Die Konvention folgt im wesentlichen der EG-Richtlinie, indem sie jedermann den Zugang zu Informationen im Besitz der Behörden (Art. 13, Abs. 1) oder von amtlichen Stellen mit „public responsibilities for the environment" (Art. 14) einräumt. Ein Trend zur völkerrechtlichen Normierung dieses Informationsanspruchs des einzelnen Bürgers läßt sich aber auch umgekehrt anhand der, unten noch näher zu behandelnden Fälle der Staatenpraxis nachzeichnen, in denen eine völkerrechtliche Pflicht zur aktiven Information der Bevölkerung über Umweltrisiken begründet wird.

Ob man angesichts dieser Entwicklungen, bereits heute von einer völkerrechtlich garantierten Position des freien Zugangs zu Umweltinformation wird sprechen können, darf noch bezweifelt werden. Sicher ist jedenfalls, daß sich eine zwischenstaatliche Verankerung des Rechts des einzelnen auf Umweltinformation abzuzeichnen beginnt, und zwar nicht notwendigerweise als ein unmittelbarer Rechtsanspruch,[541] sondern als eine zwischenstaatliche Verpflichtung zugunsten des einzelnen.[542] Allerdings, dieser Rechtsanspruch des Bürgers beschränkt sich — und das ist ganz eindeutig — auf die Möglichkeit, Informationen einzuholen. Ihm entspricht also eine passive Informationspflicht seitens der öffentlichen Verwaltung.

b) Der Anspruch auf Zugang zu umwelt- bzw. atomrechtlicher Information im nationalen Recht

Ein der völkerrechtlichen Entwicklung entsprechender Rechtsanspruch des einzelnen auf freien Zugang zu Umweltinformationen läßt sich bereits heute in mehreren, der hier zur Debatte stehenden innerstaatlichen Rechtsordnungen nachweisen. In einer umfassenden Untersuchung haben kürzlich Gerd Winter und Kollegen zur Öffentlichkeit von Umweltinformationen im allgemeinen rechtsvergleichend Stellung genommen.[543] Was den Aktenzugang betrifft, stellen sie fest, daß er prinzipiell als subjektives Recht in Schweden, Dänemark, Holland, Frankreich, aber auch in Griechenland, den USA und Kanada anerkannt ist. Lediglich in Großbritannien, Irland und Belgien ist der Aktenzugang des einzelnen noch im Prinzip dem Ermessen der Verwaltung überlassen,[544]

---

[540] s. Fn. 528.

[541] Eine unmittelbare, d.h. auf Gemeinschaftsrecht beruhende Direktwirkung erzielt jedoch die EG-Richtlinie über den freien Zugang zu Umweltinformationen, Richtlinie 90/313/EWG. s. dazu auch Winter, „Direktwirkung von EG-Richtlinien", *DVBl.*1991, 657, 662; und allgemein Krämer, „The Implementation of Community Environmental Directives Within the Member States: Some Implications of the Direct Effects Doctrine", 3 *J.Env.L* 39 (1991).

[542] In diesem Sinne auch die *WCED Legal Principles* (Fn. 85) 63: „Indeed, that principle [des freien Zugangs zu Umweltinformationen] may also be deemed to reflect a duty of the State vis-a-vis other States ‚merely' for the benefit of ‚persons' in order to protect them against infringements upon their use of a natural resource or their environment".

[543] s. G.Winter (Hrsg.), *Öffentlichkeit von Umweltinformation* (1990).

während in Deutschland, in den hier besonders interessierenden Verfahren, die Genehmigungsbehörde Akteneinsicht nach pflichtgemäßem Ermessen gewähren kann.[545]

Innerhalb der Gruppe der Staaten, die ein subjektives Zugangsrecht anerkennen, gibt es natürlich Unterschiede je nach dem Grad der Betroffenheit.[546] Ein weiteres Unterscheidungkriterium ist die Nationalität des Informationssuchenden: Lediglich in Schweden, Frankreich, Spanien, Deutschland, den Niederlanden und den USA sind Ausländer vorbehaltlos einsichtsbefugt.[547]

Die EG-Richtlinie 90/313 macht nun die Qualifikation der Berechtigung durch Betroffenheit oder Nationalität unzulässig. Damit wird also in absehbarer Zeit im EG-Bereich die unterschiedliche Behandlung von inländischen und ausländischen Informationssuchenden unterbunden. Art. 2, Abs.(a) der Richtlinie definiert den Begriff „Umweltinformation" sehr weit; ihre Bestimmungen gelten daher auch für kerntechnische Anlagen. Das heißt also, ab 1993 sollte es im EG-Bereich bezüglich des Zugangs zu umweltrelevanten Informationen über kerntechnische Anlagen prinzipiell keine Diskriminierung von Auslandsbewohnern geben. Damit gleicht sich die rechtliche Situation im westlichen Europa jener in den USA[548] und Kanada[549] an.

c) Ausländergleichbehandlung und aktive Umweltinformationspflicht der Behörden

Während also eine passive Informationspflicht der Behörden, die gleichermaßen In- und Ausländer begünstigt, völkerrechtlich und innerstaatlich zusehends zur Realität wird, verläuft bei der Verrechtlichung der aktiven, d.h. der durch die Behörden selbst initiierten,[550] Vermittlung von Umweltinformationen an die

---

[544] s. Winter, „Zusammenfassender Bericht", *ebenda*, 1, 38-39.

[545] s. §§ 6, Abs. 3 AtVfV; 10 Abs. 4 der 9. BImSchV.

[546] Anders als in der zukünftigen Regelung durch die EG-Richtlinie, gilt in Deutschland kein vom rechtlichen Interesse prinzipiell unabhängiges Einsichtsrecht in Umweltakte. Allerdings, Akteneinsicht gemäß § 6, Abs. 3 AtVfV bzw. § 10 Abs. 4 der 9. BImSchV, müßte jedermann gewährt werden. So auch Burmeister und Winter, „Akteneinsicht in der Bundesrepublik", s. Winter (Fn. 543) 87, 104-05; und vgl. von Mutius, „Akteneinsicht im atom- und immissionsrechtlichen Genehmigungsverfahren" *DVBl.* 1978, 665.

[547] s. Winter (Fn. 544) 41.

[548] Zur prinzipiellen Öffentlichkeit der Aktenlage in amerikanischen atomrechtlichen Verfahren, s. 10 C.F.R. § 2.790 (1991).

[549] Laut Art. 4, Abs. 1 des „Access to Information Act" des Bundes, war zwar zunächst der Zugang zu Akten kanadischen Staatsbürgern bzw. Inländern vorbehalten gewesen. 1989 wurde allerdings das Recht auf Akteneinsicht auf „any individuals... or corporations present in Canada" erweitert: s. Access to Information Act Extension Order, No. 1, *Canada Gazette*, Part II, Vol. 123, No. 9, SOR/89-207 (1989).

Davon unabhängig hatte aber der Atomic Energy Control Board bereits seit 1980 eine Politik des freien Zugangs der Öffentlichkeit zu Informationen über AECB-Verwaltungspraktiken befolgt.

ausländische Bevölkerung, die Entwicklung zögernd und uneinheitlich. Dies kommt sicherlich nicht überraschend, ist doch die direkte grenzüberschreitende Umweltinformation der Bevölkerung des Nachbarstaates geeignet, heikle Fragen der staatlichen Souveränität, etc. aufzuwerfen. Andererseits aber besteht weitestgehende Übereinstimmung darüber, daß die direkte Information der Bevölkerung ein wesentliches Instrument nicht nur der innerstaatlichen, sondern auch der grenzüberschreitenden Umweltschutzpolitik ist bzw. sein kann.[551] Diese Spannung zwischen Maximierung der Effektivität des grenzüberschreitenden Informationsverfahrens einerseits und traditionellem Souveränitätsverständnis andererseits, spiegelt sich in der Rechtsentwicklung wider.

Zunächst zeigt sich, daß in jenen Fällen der internationalen Umweltrechtspraxis, in der eine Pflicht zur aktiven grenzüberschreitenden Informationsvermittlung begründet wird, das begünstigte Rechtssubjekt nicht unbedingt der einzelne Auslandbewohner oder Grenznachbar ist, sondern vielmehr der Nachbarstaat. So erwächst z.B. durch Art. 7 der EG Richtlinie über die Umweltverträglichkeitsprüfung dem Anlagestaat die Pflicht, gegebenenfalls Informationen an betroffene Mitgliedstaaten,[552] nicht aber an im benachbarten Ausland lebende Einzelpersonen zu übermitteln;[553] gleiche Wirkung kommte der revidierten „Seveso"-Richtlinie (88/610/EEC) zu,[554] sowie der EG-Richtlinie 89/618/Euratom (betreffend Information der Öffentlichkeit über Gesundheitsmaßnahmen und Vorkehrungen in radiologischen Notfällen),[555] sofern die Richtlinie grenzüberschreitend wirksam wird.[556] Das Nordische Umweltschutzabkommen sieht keine Direktinformationen der Behörden für Auslandsbewohner vor und überläßt die Weitergabe der zwischenstaatlich übermittelten Umweltinformationen an die lokale Bevölkerung dem Ermessen des benachrichtigten Staates.[557] Bei der aktiven Informationsvermittlung im Verfahren nach der ECE Konvention über die Umweltverträglichkeitsprüfung bei grenzüberschreitenden Sachverhalten schließlich, handelt es sich lediglich um einen indirekten Informationsprozeß für Auslandsbewohner.[558]

---

[550] Oder aber durch den Inhaber oder Betreiber von gefährlichen Industrieanlagen. s. z.B. Art. 1, Abs. 1 der revidierten „Seveso" Richtlinie, Council Directive of 24 November 1988 amending Directive 82/501/EEC on the major-accident hazards of certain industrial activities, 1988 ABl. L 336/14, 7.12.1988.

[551] s. dazu bereits die OECD Ratsempfehlung C(78)77(Final) (Fn. 486).

[552] Zur deutschen Umsetzung der Richtlinie, aufgrund deren auch Behörden von Nicht-EG Staaten am Verfahren beteiligt werden, s. Fn. 407

[553] s. Richtlinie des Rates 85/337/EWG.

[554] s. Fn. 550 im Zusammenhang mit Art. 8, Abs. 1 Council Directive of 24 June 1982 on the major-accident hazards of certain industrial activities, 1982 ABl. L 230/1, 5.8.1982.

[555] s. Richtlinie des Rates 89/618/EURATOM.

[556] s. Art. 10, Abs. 2 der Richtlinie, *ebenda*.

[557] s. Artikel 7 (Fn. 246).

Andere Rechtsinstrumente oder völkerrechtlich relevante Dokumente bezeugen allerdings — *de lege lata* oder bloß *de lege ferenda* — eine Informationsverpflichtung des Staates dem einzelnen Auslandsbewohner gegenüber.[559] Am eindeutigsten kommt dies wohl im Artikel 6 der Rechtsprinzipien der WCED zum Ausdruck, in dem es heißt: „States shall inform *all persons*...“[560] Der offizielle Kommentar dazu läßt keine Zweifel daran, daß diese Formulierung eine aktive und direkte Informationspflicht des Anlagestaates den Auslandsbewohnern gegenüber beschreibt.[561]

Ähnliche Aussagen über die aktive Vermittlung von Umweltinformationen an Auslandsbewohner finden sich auch anderswo, allerdings unter ausdrücklichem Vorbehalt hinsichtlich der anzuwendenden Übermittlungsmechanismen. So heißt es z.B. im ECE Code of Conduct on Accidental Pollution of Transboundary Inland Water:

> "Countries of incident...should take *all appropriate measures*...to provide sufficient information...[to persons exposed to a significant risk of accidental pollution of transboundary inland waters]...“[562]

Die kritische Rolle, die bei der direkten grenzüberschreitenden Information der betroffenen Bevölkerung der Modus der Informationsvermittlung spielt, wird besonders deutlich in jenen Fällen der internationalen Praxis, in denen die Bestimmung des genauen Verfahrens der einverständlichen Regelung durch die betroffenen Staaten vorbehalten bleibt. So in der bereits erwähnten Empfehlung des OECD Rats C(78)77(Final),[563] der Entscheidung des OECD Rates C(88)85(Final),[564] und im ECE Vertragsentwurf über grenzüberschreitende Auswirkungen von Industrieunfällen.[565]

---

558 Art. 3, Abs. 8 und Art. 4, Abs. 2 der Konvention ECE/25/2/91, sehen zwar bei der grenzüberschreitenden Umweltverträglichkeitsprüfung die Möglichkeit von direkten Eingaben der Bevölkerung des betroffenen Nachbarstaates vor. Allerdings, kann in diesen Bestimmungen noch kein Ansatz für eine direkte aktive Informationspflicht der Behörden Auslandsbewohnern gegenüber, gesehen werden. Im Gegenteil, Art. 4, Abs. 2 betont den zunächst zwischenstaatlichen Charakter des Verfahrens: „The Party of origin shall furnish the affected Party, as appropriate through a joint body where one exists, with the environmental impact documentation.“ s. weiters Art. 3, Abs. 1.

559 So z.B. auch in Art. 16 Abs. (b) der Entschließung 1130 (1990) (1) der Parlamentarischen Versammlung des Europarats, 1 *Y.B. Int'l Env. L.* 484 (1990).

560 Fn. 85, 63. (Hervorhebung durch den Verfasser).

561 Zur rechtlichen Verankerung, s. oben Fn. 528.

562 Art. VII, 2 (Fn. 477). (Hervorhebung durch den Verfasser).

563 Bezüglich der Informierung der betroffenen Bevölkerung heißt es:
In accordance with the principle of equal right of access...Countries should in particular take care to see that persons exposed to a significant risk of transfrontier pollution are informed *through channels selected by the Countries themselves* ...
Annex II, § 2 der Empfehlung (Fn. 486). (Hervorhebung durch den Verfasser).

564 „[The Council d]ecides that Member countries shall ensure, *through the legal and procedural means they deem appropriate*, ...“:
Abs. 1 der Entscheidung (Fn. 526).

Zusammenfassend läßt sich feststellen, daß die Staatenpraxis zwar ingesamt einen Trend zur völkerrechtlichen Normierung einer aktiven Umweltinformationspflicht der Behörden im allgemeinen erkennen läßt.[566] Gleichzeitig zeigt sich aber auch, daß diese Rechtspflicht vereinzelt Beschränkungen unterworfen ist, die vom Standpunkt der Ausländergleichbehandlung ganz wesentlich sind. Die Pflicht wird entweder ausschließlich Inländern, oder aber bei grenzüberschreitender Wirkung, lediglich den ausländischen Behörden gegenüber wirksam. Mit anderen Worten, bei der aktiven Vermittlung von Umweltinformationen zeigt sich möglicherweise in der internationalen Praxis ein Abrücken von der Ausländergleichbehandlung als einer allgemeinen normativen Zielvorstellung der grenzüberschreitenden Umweltinformationspolitik.

In wieweit diese Durchbrechung des Gleichbehandlungsprinzips im Einzelfall sachlich gerechtfertigt oder aber lediglich die Folge der Staatsgrenze als einer nach wie vor politisch-psychologisch unüberbrückbaren Barriere für einen effektiveren grenzüberschreitenden Umweltschutz ist, kann hier nicht allgemein, wohl aber in Bezug auf das Management grenzüberschreitender nuklearer Risiken, beantwortet werden.

d) Aktive kerntechnische Informationsvermittlung: Die Grenzen der Ausländergleichbehandlungsmaxime

In der internationalen Praxis werden kerntechnische Anlagen, zum Unterschied von anderen grenzüberschreitend gefährlichen Tätigkeiten, von der aktiven Informationsvermittlung an Auslandsbewohner meist ausdrücklich ausgenommen. So etwa im Entwurf für die ECE Konvention über grenzüberschreitende Auswirkungen von Industrieunfällen,[567] oder der Entscheidung des OECD Rates C(88)85(Final).[568]

Diese Sonderbehandlung kerntechnischer Anlagen oder, mit anderen Worten, diese Ausklammerung der Ausländergleichbehandlung bei der aktiven Vermittlung kerntechnischer Informationen, hat zum Teil sicherlich mit einer gewissen Sonderstellung des Atomenergierechts innerhalb des allgemeinen Völkerrechts bzw. des internationalen Umweltschutzrechts, zu tun.[569] Im

---

[565] „The Parties shall ensure that adequate information is given in *appropriate cases* to the public in the areas capable of being affected. This information shall be transmitted *through such channels as the Parties concerned deem appropriate...*"
Artikel 11 der *ILC Draft Articles* (Fn. 85). (Hervorhebung durch den Verfasser).

[566] Allerdings, in der jüngsten Vertragspraxis gibt es auch Beispiele für die Fixierung einer lediglich passiven Informationspflicht: So in der EG-Richtlinie über den freien Zugang zu Umweltinformation, sowie der Europaratskonvention über Schäden durch umweltgefährliche Aktivitäten.

[567] s. Art. 1 (d) der Konvention (Fn. 476).

[568] s. Appendix, Abs. 2 (Fn. 526).

[569] Zum Teil mögen aber auch andere Faktoren, wie nationale Sicherheitsinteressen oder wirtschaftliche Interessen des Staates an der Atomenergieindustrie, mit eine Rolle spielen.

wesentlichen jedoch — und dies belegen auch indirekt die zwischenstaatlichen Vereinbarungen bezüglich des grenzüberschreitenden kerntechnischen Informationprozesses[570] — hat dieses Phänomen eine sachliche Begründung. Bei kerntechnischen Anlagen entfällt die Notwendigkeit, die mit dem Betrieb verbundenen Risiken erst einmal grundsätzlich transparent zu machen, während die, vor allem lokale, Transparenz beim aktiven Informationsprozeß im allgemeinen vordergründig im Spiel steht:[571] Das Risikopotential von Kernenergieanlagen, auch das grenzüberschreitende, ist hinlänglich bekannt. Vor allem aber, die nukleare Notfallsplanung erfordet in hohem Grad Maßnahmen auf regionaler, wenn nicht nationaler Ebene. Die optimale Ebene grenzüberschreitender Risikokommunikation mag daher in der Regel[572] die zwischenstaatliche sein — anders eben als bei lediglich lokaler grenzüberschreitender Gefährdung durch nicht-nukleare Industrieanlagen.

Wenngleich also mehrheitlich gute Gründe für die Ausgestaltung der grenzüberschreitenden kerntechnischen Informationsvermittlung zwischen den zuständigen Behörden selbst sprechen, so erschiene es dennoch sinnvoll, gewisse Informationen der betroffenen Bevölkerung im Ausland direkt zukommen zu lassen: Z.B. Meßwerte der Routineüberwachung von Umweltradioaktivität im Bereich von grenznahen kerntechnischen Anlagen, oder aber Informationen über besondere Vorkommnisse im Betrieb solcher Anlagen. Die Einführung einer einheitlichen Bewertungsskala durch die „International Nuclear Event Scale" der IAEO[573] könnte die Verwirklichung einer unmittelbaren kerntechnischen Informationsvermittlung über die Grenze hinweg wesentlich erleichtern.

Der politische Wert einer derartigen, zwischenstaatlich vereinbarten Informationspolitik, die direkt, wenn auch nur in beschränktem Umfang, Informationen an Auslandsbewohner vorsieht, würde wahrscheinlich die „Kosten" eines solchen Verfahrens aufwiegen. Die offene und rasche Information der Bevölkerung, vor allem in Fragen, die die Sicherheit von kerntechnischen Anlagen betreffen, ist eine wesentliche Bedingung für die Akzeptanz der Kernenergie durch die Öffentlichkeit.[574] Was wäre daher vom Standpunkt gutnachbarschaftlicher Beziehungen im allgemeinen, oder einer sich immer stärker integrierenden Staatengemeinschaft wie der Europäischen Gemeinschaft, natürlicher als jene kerntechnischen Statusinformationen, die der inländischen Bevölkerung routinemäßig übermittelt werden, auch der benachbarten ausländischen Bevölke-

---

[570] s. oben G.I.

[571] So z.B. in der Seveso-Richtlinie (Fn. 550).

[572] In der Praxis zeigt sich allerdings auch eine Tendenz zur Dezentralisierung des Kommunikationsverfahrens, z.B. in der Errichtung lokaler, grenznaher Zentren zur gegenseitigen Alarmierung im Bedarfsfalle. s. z.B. Art. 2 des deutsch-französichen Abkommens D-F/28/1/81.

[573] s. z.B. 6 *IAEA Newsbriefs* No. 2 (49), 6 March/April 1991; und „The International Nuclear Event Scale", 32 *IAEA Bulletin* No. 2 (Inserat) (1990).

[574] s. Wedekind, „Public Understanding and Nuclear Energy", 32 *IAEA Bulletin* No. 2, 5 (1990); und „National Reports", *ebenda* 7.

rung direkt mitzuteilen? Eine Diskriminierung von Auslandsbewohnern unter Hinweis auf die Staatsgrenze als einer völkerrechtlichen Schranke für hoheitliches staatliches Handeln, ist in diesen Fällen der aktiven Informationsvermittlung letztlich ebenso unverständlich,[575] wie im Bereich anderer grenzüberschreitender Risiken bereits unstatthaft.

6. *Zusammenfassung*

Die Frage ob heute in atomrechtlichen Genehmigungsverfahren innerstaatliche Entscheidungsinstanzen völkerrechtlich verpflichtet sind, im Ausland belegenen Interessen gleiche Behandlung angedeihen zu lassen wie solchen im Inland, kann nicht generell beantwortet werden. Bei einer punktuellen Betrachtungsweise zeigt sich jedoch, daß der Grundsatz des gleichberechtigten Zugangs von Auslandsbewohnern zumindest regional, in Westeuropa und Nordamerika bereits Bestandteil des völkergewohnheitsrechtlichen Nachbarrechts ist.

Staaten steht es nach wie vor frei, die Gewährung dieses Zugangsrechts von der Bedingung der Gegenseitigkeit im formellen oder auch materiellen Sinne abhängig zu machen. Es wäre allerdings wünschenswert, daß diese völkerrechtlich garantierte Position als ein unbedingter Rechtsanspruch Anerkennung finden würde.

Eine entscheidende Voraussetzung für die Effektivität des gleichberechtigten Zugangs zu den innerstaatlichen Verfahren ist der Informationsstand der Auslandsbewohner. Ein völkergewohnheitsrechtlicher Anspruch von Ausländern auf Zugang zu umweltrelevanten Daten der inländischen Behörden, beginnt sich mittlerweile in der internationalen Praxis abzuzeichnen. Die Untersuchung berechtigt auch zur Annahme, daß in der innerstaatlichen Praxis der hier untersuchten Staaten, hinsichtlich des Zugangs zu umweltrelevanten Informationen bzw. speziell atomrechtlich interessanten Daten, Inländer und Auslandsbewohner spätestens ab 1993, unterschiedslos behandelt werden dürften.

Im Gegensatz zur „passiven Informationspflicht" der Behörden, beginnt sich jedoch bei der Rechtsentwicklung auf eine aktive Informationspflicht hin, eine Unterscheidung zwischen in- und ausländischen Bewohnern abzuzeichnen. Diese Durchbrechung des Gleichbehandlungsgrundsatzes ist bei der Regelung des Informationflusses bezüglich grenzüberschreitender nuklearer Risiken offensichtlich. Obwohl in diesem Zusammenhang eine Diskriminierung sachlich weitgehend gerechtfertigt erscheint, behält die Maxime der Ausländergleichbehandlung selbst im Bereich der direkten Informationsvermittlung an die Bevölkerung eine gewisse rechtspolitische Weisungsfunktion.

Insgesamt bleibt jedenfalls die völkerrechtliche Verankerung bzw. die weitere Ausgestaltung des Gleichbehandlungsgrundsatzes in atomrechtlichen Geneh-

---

[575] Zur Frage der Direktinformation der ausländischen Bevölkerung, s. oben G.IV.3.

migungsverfahren, trotz der sich immer stärker verdichtenden zwischenstaatlichen Zusammenarbeit auf dem Gebiet der nuklearen Sicherheit und des Strahlenschutzes von besonderem Interesse: Der grenzüberschreitenden Bürgerbeteiligung kommt eine internationale Konfliktvermeidungsfunktion zu; sie mag zur Verbesserung der Qualität der anstehenden Entscheidung beitragen; die dadurch bewirkte größere Transparenz der Entscheidungsprozesse entspricht einem sich immer stärker manifestierenden, grenzüberschreitenden Demokratieverständnis bzw. dem völkerrechtlichen Prinzip der guten Nachbarschaft.

Dritter Teil

Kurzfassung der Ergebnisse

H. Zusammenfassung

1. Gegenstand der vorliegenden Untersuchung ist der bilaterale völkerrechtliche Anspruch des gefährdeten Staates auf Absicherung gegen grenzüberschreitende nukleare Umwelteinwirkungen kerntechnischer Anlagen im Ausland.

2. Für die völkerrechtliche Bewertung der grenzüberschreitenden Risiken kerntechnischer Anlagen ist es erforderlich, den bei diesen Anlagen dominierenden Umweltrisikofaktor — Stör- / Unfall oder Routineeinleitungen radioaktiver Stoffe in die Umwelt — zu bestimmen. Bei Kernkraftwerken dominiert das Unfallsrisiko; bei Wiederaufbereitungsanlagen sowie Endlagerstätten für radioaktive Abfälle, sind sowohl die ungeplante wie geplante Freisetzung von Radioaktivität, Anknüpfungspunkt der rechtlichen Untersuchung.

3. Staaten sind kraft Völkergewohnheitsrecht verpflichtet, erheblich schädigende grenzüberschreitende Umwelteinwirkungen zu vermeiden. Die Präventionspflicht orientiert sich an der Bedeutung des grenzüberschreitenden Risikos. Ihr entspricht ein völkerrechtlicher Anspruch des gefährdeten Staates auf Absicherung gegen die Verwirklichung der völkerrechtlich sanktionierten grenzüberschreitenden Umwelteinwirkungen.

4. Ein völkerrechtlich „signifikantes" Risiko kann vorliegen, wenn eine relativ hohe Wahrscheinlichkeit des Ereigniseintritts mit zumindest „erheblichen" grenzüberschreitenden Schadensfolgen gepaart ist; aber auch umgekehrt, wenn trotz geringer Wahrscheinlichkeit des Schadenseintritts, die für dieses Ereignis berechenbaren Schadensfolgen schwerwiegender oder katastrophaler Art sind.

5. In bezug auf den Normalbetrieb kerntechnischer Anlagen gilt, daß jede routinemäßige Freisetzung radioaktiver Stoffe, die zu nachweisbaren grenzüberschreitenden Immissionen von Radionukliden führt oder führen muß, als eine Tätigkeit mit erheblichen grenzüberschreitenden Umweltseinwirkungen einzustufen ist. Da jede zusätzliche Strahlenbelastung gemäß allgemein anerkannten Grundsätzen des Strahlenschutzes so weit wie möglich zu vermeiden ist, ist bereits die grenzüberschreitende Verbreitung von Radionukliden an sich völkerrechtlich anspruchsbegründend: Der exponierte Staat wird ein „Mitspracherecht" hinsichtlich der Emissionsparameter der Anlage haben.

6. Schwieriger ist die völkerrechtliche Bewertung des grenzüberschreitenden Stör- bzw. Unfallrisikos bei kerntechnischen Anlagen. Das Problem liegt in der

Beurteilung jener Risiken, deren Wahrscheinlichkeit zwar als äußerst gering, deren Unfallsfolgen aber als gravierend oder katastrophal gelten müssen. Derartige Risiken sind völkerrechtlich grundsätzlich relevant. Zum einem ist der Betrieb kerntechnischer Anlagen, trotz der immanenten grenzüberschreitenden Gefahren, völkerrechtlich statthaft. Andererseits stellt sich aber die Frage, wie sich ein derartiger Risikobegriff für die konkrete Gestaltung des Rechtsverhältnisses zwischen Anlagestaat und gefährdetem Staat praktisch umsetzen läßt.

7. Bei der völkerrechtlichen Bewertung des Unfallrisikos von Kernkraftwerken, spielt natürlich die Nähe der Anlage zur Grenze eine entscheidende Rolle. Liegt die Anlage innerhalb einer Entfernung zur Grenze, bei der die Notfallplanung, insbesonders der zum Schutz der gefährdeten Bevölkerung notwendige Evakuierungsbereich, auch das Territorium des Nachbarstaates erfassen würde, so bedeutet der Standort des Kernkraftwerks ein wesentlicher Eingriff in die souveränen Rechte des gefährdeten Nachbarstaates.

8. Eine Vermutung der Rechtmäßigkeit eines solchen Eingriffs in die Souveränität eines anderen Staates ist prinzipiell nicht zulässig. Die Kehrseite dieser Tatsache ist allerdings nicht einfach ein Vetorecht seitens des belasteten Staates, wohl aber ein Anspruch auf Mitentscheidung der, die Sicherheit der Anlage betreffenden wesentlichen Fragen.

Diese Folgerung ergibt sich aus der Tatsache, daß zum Unterschied von anderen typischen grenzüberschreitenden Umweltbelastungen, bei denen passives staatliches Verhalten im Sinne einer „Nutzungsenthaltung“ in bezug auf gemeinsame Umweltressourcen im Vordergrund steht, die Grenznähe der kerntechnischen Anlage dem exponierten Nachbarstaat praktisch ein intensives Tätigwerden abverlangt: Der gefährdete Staat ist gezwungen seinerseits Notfallmaßnahmen zu treffen, um der eigenen Bevölkerung jenen Schutz angedeihen zu lassen, den der Anlagestaat für seine Bevölkerung als unabdingbar hält. Damit ist eine völkerrechtliche Grundrechtsposition des gefährdeten Staates angesprochen, deren Beschneidung, wie bereits die Judikatur des Ständigen Internationalen Gerichtshofs eindeutig bestätigt, nur unter Nachweis der Existenz eines speziellen Rechtfertigungsgrunds als völkerrechtskonform gelten kann. Das heißt also, daß nicht etwa der durch die Grenznähe der kerntechnischen Anlage belastete Staat nachweisen müßte, daß die Staatenpraxis heute ein völkergewohnheitsrechtliches Verbot derartiger grenzüberschreitender Einwirkungen widerspiegelt. Es obliegt vielmehr dem Anlagestaat zu bewiesen, daß heute ein solcher Eingriff in die souveränen Rechte des belasteten Staates generell zu dulden ist.

Ein solcher Beweis der Zulässigkeit kann jedoch kaum gelingen, angesichts einer zumindest zum Teil klar widersprüchlichen Staatenpraxis. Der Bau und Betrieb eines „Grenzkraftwerks“ erscheint also nur im Einvernehmen mit dem Nachbarstaat völkerrechtlich zumutbar.

9. Anders ist die rechtliche Ausgangslage, wenn erstens der belastete Staat seinerseits, durch ein eigenes Grenzkraftwerk, den (anderen) Anlagestaat auf

ähnliche Weise belastet. Im Falle einer solchen gegenseitigen Gefährdung begeben sich die Staaten der völkerrechtlichen Abwehransprüche, die ihnen angesichts des mit dem Grenzkraftwerk verbundenen Eingriffs in ihre Souveränitätsrechte normalerweise zustünden.

Zweitens erscheint der Anspruch auf ein Mitentscheidungsrecht dann reduziert, wenn der belastete Staat direkten Nutzen aus der Anlage zieht, sei es daß er oder eine seiner öffentlichen Körperschaften etwa am Kraftwerk finanziell beteiligt ist oder die Abnahme von Elektrizität aus diesem Kernkraftwerk vereinbart hat.

10. Aber auch von diesen besonderen Umständen abgesehen, bedeutet mangelndes Einvernehmen kein *de facto* Vetorecht des belasteten Staates. Eine solche Rechtsauffassung wäre wohl unvereinbar mit der Existenz manches vom Nachbarstaat unerwünschten Grenzkraftwerks. Hier haben die Aussagen internationaler Gerichte und Schiedsgerichte zur einvernehmlichen Lösung von zwischenstaatlichen Ressourcekonflikten im allgemeinen, für den gegenständlichen, wesentlich schärferen Souveränitätskonflikt eine gewiße richtungsweisende Funktion. Der belastete Staat muß allerdings einen verfahrensrechtlich abgesicherten Anspruch darauf haben, daß seine berechtigten Interessen vom Anlagestaat berücksichtigt werden. Das hieße, daß für den Fall des mangelnden Einvernehmens zwischen den beiden Staaten ein internationales Entscheidungsverfahren mit bindendem Ausgang zu vereinbaren wäre, welches eine Beurteilung der strittigen Fragen entweder durch ein technisches Expertenkommittee oder gegebenenfalls durch ein Schiedsgericht vorsieht. Entsprechend der Schwere des Eingriffs in die souveränen Rechte des gefährdeten Staates, müßte diesem ein suspensives Veto zustehen. Ein einseitiges Vorgehen seitens des Anlagestaates, ohne entsprechende Genehmigung im Zuge eines überparteilichen Entscheidungsverfahrens wäre also völkerrechtlich nicht zu rechtfertigen. Dieser rechtsdogmatische Ansatz wird nicht nur indirekt durch Entscheidungen internationaler Gerichte und Schiedsgerichte gestützt, sondern stimmt auch grundsätzlich mit der sich entwickelnden Staatenpraxis zur Streitbeilegung bei grenzüberschreitenden Umweltproblemen im allgemeinen überein.

11. Angesichts der Tatsache, daß in den überwiegenden Fällen nationale Notfallpläne einen Evakuierungsbereich von zumindest 10 km Radius vorsehen, kann allgemein angenommen werden, daß ein Mitentscheidungsrecht des gefährdeten Staates hinsichtlich jener Kernkraftwerke besteht, die innerhalb dieser Entfernung von der Grenze zum exponierten Staat gelegen sind. Dieser Entfernungswert läßt sich auch aufgrund der Erfahrungen in Tschernobyl rechtfertigen.

12. Ein Mitspracherecht, dessen verfahrensrechtlicher Kern ein Informations- bzw. Konsultationsanspruch ist, besteht grundsätzlich hinsichtlich ausländischer Kernkraftwerke, die jenseits der 10 km Zone, bis zu einer Distanz von zumindest 30 km Entfernung von der Grenze gelegen sind. Kann der Nachbarstaat aber eine besondere grenzüberschreitende Gefährdung auch durch weiter

entfernte kerntechnische Anlagen plausibel machen, so steht ihm ein Mitspracherecht auch bezüglich dieser Anlagen zu.

13. Was das Störfallrisiko für Endlagerstätten für nukleare Abfälle bzw. Wiederaufbereitungsanlagen betrifft, so gelten analog die Ausführungen zum Kernkraftwerk: Soferne Schutz- oder etwaige Evakuierungszonen (im Falle von Wiederaufbereitungsanlagen) Gebiete des benachbarten Staates erfassen würden, hat dieser ein Mitentscheidungsrecht, anderenfalls ein Mitspracherecht hinsichlich der Anlagen, die zumindest innerhalb einer 30 km Distanz von der Staatsgrenze gelegen sind.

14. Ein prinzipielles völkergewohnheitsrechtliches Verbot, besonders risikoträchtige kerntechnische Anlagen, wie Kernkraftwerke, in unmittelbarer Nähe zur Grenze zu errichten oder zu betreiben, läßt sich nach wie vor nicht nachweisen. Das heißt aber nicht, daß jeder vom Anlagestaat vorgesehene Standort vom exponierten Nachbarstaat hinzunehmen wäre.

15. In Beschreibung des Minimums, worauf der vom grenzüberschreitenden Risiko der kerntechnischen Anlage betroffene Nachbarstaat Anspruch hat, läßt sich folgendes zur materiellrechtlichen Seite sagen:

(a) Es besteht ein Rechtsanspruch auf grundsätzliche Betriebssicherheit und Umweltsverträglichkeit der Anlage. Das heißt, der Anlagestaat ist dem Nachbarstaat verpflichtet, hinsichtlich Emissions- und Sicherheitstandards den internationalen Strahlenschutz- und Sicherheitsrichtlinien Folge zu leisten. Soferne der Anlagestaat für Binnenanlagen überdurchschnittlich strikte Standards vorschreibt, hat der Nachbarstaat im allgemeinen kraft „Diskriminierungverbots“ auch einen Rechtsanspruch auf deren Anwendung auf grenznahe Anlagen. Überdurchschnittlich strikte Strahlengrenzwerte (oder Sicherheitsstandards im Fall eigener kerntechnischer Anlagen) des Nachbarstaates sind jedoch für den Anlagestaat, bei der Vorgabe von Emissionsgrenzwerten (oder Sicherheitsnormen) für die eigenen Anlagen unverbindlich.

(b) Der gefährdete Nachbarstaat hat einen Anspruch nicht nur auf sektorale grenzüberschreitende Vorsorgemaßnahmen, wie den Aufbau eines grenzüberschreitenden Warn- und Kommunikationsystems und der Vorabregelung grenzüberschreitender Hilfeleistung, sondern auch auf umfassende gemeinsame Notfallplanung.

(c) Im Stör- bzw. Katastrophenfall selbst, hat der gefährdete Staat, kraft Völkergewohnheitsrecht, Anspruch auf rasche und vollständige Benachrichtigung all jener Daten, die der Minderung oder Verhinderung von schädlichen grenzüberschreitenden Auswirkungen dienlich sind.

Entscheidend für die Effektivität dieses Kommunikationsverfahrens ist die genaue Festlegung eines objektiven Auslösungtatbestandes für die Benachrichtigungspflicht. Die bilaterale Vertragspraxis tendiert dementsprechend grundsätzlich zu stärkerer Objektivierung sowie umfassender Auflistung von Auslösungstatsbeständen. Dabei beginnt sich für grenznahe kerntechnische Anlagen im allgemeinen, und Grenzkraftwerke im besonderen, der Trend abzuzeichnen, daß bereits jedes unvorhergesehene Betriebsereignis, d.h. ohne Rücksicht auf seine grenzüberschreitende radiologische Bedeutung, eine zwischenstaatliche Benachrichtigungspflicht auslöst.

Schließlich hat der beeinträchtigte Nachbarstaat natürlich einen völkergewohnheitsrechtlichen Anspruch auf Hilfeleistung durch den Anlagestaat, wenn Schädigungen nicht anders zu verhindern oder mindern sind.

16. Zur verfahrensrechtlichen Seite läßt sich sagen:

(a) Seitens des Anlagestaates besteht eine weitreichende, allgemeine Informationspflicht, die sich auf die Projektierung, die Standortwahl, den Bau, Betrieb sowie die Entsorgung kerntechnischer Anlagen erstreckt. Seit Tschernobyl zeichnet sich in der Praxis deutlich eine parallel laufende Entwicklung zur Festschreibung einer sehr häufig bereits distanzunabhängigen, dafür allerdings normativ abgeschwächten Informationspflicht ab. Gegenstand dieser geographisch erweiterten Rechtspflicht sind Informationen, die in erster Linie der Vorbereitung auf, bzw. Bewältigung von etwaigen grenzüberschreitenden Folgen eines möglichen Nuklearunfalls im Anlagestaat dienen.

Der gefährdete Staat hat über den allgemeinen Informationsanspruch hinausgehend, möglichwerweise heutzutage bereits ein Anrecht auf die spezifische Ausgestaltung der Informationsprozesses, nämlich auf die Durchführung eines grenzüberschreitenden Umweltverträglichkeitsverfahrens.

(b) Ein weiterer, völkergewohnheitsrechtlich normierter Verfahrensgrundsatz betrifft Konsultationen zwischen Anlagestaat und gefährdetem Staat. Die damit zusammenhängende Frage, ob der Konsultationsanspruch des Nachbarstaates auch einen Anspruch auf internationale, unparteiische oder zumindest gemeinsame Inspektionen der kerntechnischen Anlagen miteinschließt, ist zunehmend positiv zu beantworten: Sowohl Entwicklungen auf multilateraler Ebene, v.a. im Rahmen des ASSET und RAPAT Programms der IAEO, sowie des EURATOM-Vertrags, als auch auf bilateraler Ebene, deuten darauf hin, daß zumindest im westlichen Europa und Nordamerika heutzutage ein derartiger Anspruch immer mehr rechtliche Anerkennung findet.

(c) Schließlich wird man heute bereits davon ausgehen können, daß im westeuropäischen und nordamerikanischen Raum eine allgemeine völkerrechtliche Verpflichtung des Anlagestaates besteht, Auslandsbewohnern in bezug auf im Ausland belegene Rechtsinteressen, gleichen Zugang zu atomrechtlichen Entscheidungsverfahren zu gewähren, wie in inlandsbezogenen Umweltangelegenheiten.

Ähnliches gilt für den Anspruch auf Zugang zu Umweltinformationen im Besitz der Behörden des Anlagestaates: Der Prozeß der zwischenstaatlichen Verrechtlichung dieses Anspruchs ist mittlerweile soweit fortgeschritten, daß man praktisch bereits heute von einer partiellen völkerrechtlichen Normierung dieses Anspruchs sprechen kann.

I. Summary

1. The forgoing analysis addresses, from the perspective of the bilateral relationship between nuclear installation state and exposed neighboring state, the issue of states' international legal entitlement to be protected against the risk of transboundary effects from nuclear fuel cycle installations.

2. The starting point in any international legal evaluation of the transboundary risks from nuclear energy installations is the dominating environmental risk factor characteristic of the respective facilities — accidental or intentional, routine releases of radioactivity. For nuclear power plants this will be accidental discharges; for reprocessing plants and final waste repositories both planned and unplanned release scenarios will have to be considered.

3. Customary international law commits states not to cause significant transboundary environmental harm. The related obligation of prevention is a function of the significance of the transboundary risk. Its corollary is the exposed state's international legal right to be protected against internationally proscribed transboundary effects.

4. An internationally "significant" risk can be the result of an activity that carries a high probability of an injurious event, coupled with at least "significant" transboundary damage consequences in case of its realization; or, conversely, of conduct that entails a low probability of injury, but potentially very serious or catastrophic transboundary consequences.

5. As regards normal operating conditions at nuclear fuel cycle facilities, any releases of radioactivity that lead to a measurable increase in transboundary environmental radioactivity, render the operation of the facility concerned a matter of legitimate international concern: Given that as a fundamental radiological protection principle, any increase in radiation exposure should, as far as reasonably possible, be avoided, the transboundary movement of radionuclides *per se* creates an international legal entitlement on the part of the exposed state: It will have a right to participate in the decision on the plant's emission parameters.

6. The international legal significance of a transboundary nuclear accident risk presents a more difficult evaluative task. The problem lies in judging those risks that involve exceedingly improbable injurious events, but which would have devastating or catastrophic consequences. While the operation of nuclear energy facilities remains internationally permissible notwithstanding inherent transboundary risks associated therewith, the question arises of how to legally "operationalize" the existing risk in the context of the bilateral relationship of installation and risk-exposed neighboring states.

7. A key factor in assessing accident risks of a nuclear power plant from an international legal perspective, is the plant's location relative to the international boundary. If the site is at a distance to the border at which the emergency planning zone (evacuation zone) would extend into the territory of the

neighboring state, were it not for the existence of the international boundary, the plant site implies a major infringement of the risk-exposed state‘s sovereign rights.

8. As a general principle, such derogation from the sovereignty of another state cannot be presumed internationally permissible. Coversely, the burdened neighboring state while not being entitled to simply veto such a plant, has a right to the consensual resolution of all essential questions bearing on the safety of the installation.

This conclusion flows from the fact that, unlike other typical transboundary environmental interferences which may require the the burdened state to adopt a passive conduct, i.e. to abstain from utilizing or fully utilizing the internationally shared natural resource concerned, the border siting of a nuclear power plant practically forces the exposed state to become intensively active: The risk-exposed state will have to take precautionary measures to ensure its own population of a degree of protection against the risks of a nuclear accident commensurate with the level of protection that the installation state deems essential for its residents. Thus, the transboundary risk created infringes upon a fundamental international legal right of the exposed state. Such an imposition, however, can be deemed internationally permissible only on the basis of an exceptional justifying ground, as the Permanent Court of International Justice has held emphatically. In other words, it is not upon the burdened state to prove that today customary international law reflects a prohibition of such trans-boundary effects. Rather, the burden of proof that such an encroachment of another state‘s sovereignty would be generally permissible under present-day international law, lies with the installation state.

This burden, however, cannot be discharged: State practice, though inconsistent on this issue, is sufficiently averse to acceptance of such a derogation of state sovereignty. The siting, construction and operation of a “border” nuclear power plant therefore appears internationally permissible only if decided upon consensually as between installation and risk-exposed states.

9. The legal situation is different, however, first, in case of reciprocal risk-creation, i.e. when the exposed neighboring state in turn infringes upon the (other) installation state‘s sovereignty by similarly siting a nuclear power plant in the border area. In such a case the states‘ mutually operative sovereign rights cancel each other out.

Second, a risk-exposed neighboring state’s right to consensual decision-making will be diminished if the state benefits directly from the border plant, be that that it or one of its public entities has a financial stake in the plant, or that it has entered into a power supply arrangement with the installation state that involves the border plant.

10. But even in situations other than these special circumstances, the absence of a bilateral consensus does not imply a *de facto* veto on the part of the

burdened state. Such a view would be incompatible with the existence of many a nuclear border plant that neighboring states would prefer to do without. Instead, the findings of international courts and tribunals with regard to mutually agreeable solutions in analogous international disputes over natural resources in general, do provide guidance on how to resolve the much sharper conflict of sovereign rights over the nuclear border plant. The burdened state must, however, have a procedurally protected right to have its justified interests taken into account by the installation state. This means that if the two sides fail to reach a mutual accommodation, recourse to a binding international third-party decision-making procedure would have to be available. The disputed issue might be decided either by a committee of technical experts or by arbitration; and, depending on the threatened encroachment on its sovereign rights, the burdened state's interest might have to be protected by a suspensive veto. Thus, unilateral action by the installation state, without approval in the course of such a third-party process, would be impermissible from an international legal viewpoint. This approach not only finds, as noted, support in international judicial and abitral decisions but is consistent with a slowly evolving state practice in the field of international environmental dispute settlement.

11. In the overwhelming majority of cases, national nuclear emergency plans establish an evacuation zone of at least 10 kms in diameter around the nuclear power plant. It is consequently a reasonable assumption that a neighboring state has a right to consensual decision-making with regard to any nuclear power plant located within this distance from the international border of the exposed state. This distance value is justifiable also in light of the Chernobyl accident.

12. A risk-exposed state's right to participate in decisions on nuclear facilities in the installation state whose procedural essence is a right to information and to consultation, exists generally with regard to nuclear power plants located beyond the 10 km zone, up to a distance of at least 30 kms from the border. If the exposed state makes a plausible case for the existence of special transboundary risks from nuclear installations located further to the interior, it will be entitled to the same safeguards as in the case of plants sited within the 30 km zone.

13. As regards accident risks involving final nuclear waste repositories and reprocessing plants, the findings on nuclear power plants apply *mutatis mutandis*: To the extent exclusion areas or emergency evacuation zones (in the case of reprocessing plants) would encompass the territory of the neighboring state, the latter is entitled to consensual decision-making, otherwise to participate in decisions on installations located within at least a distance of 30 kms from the border.

14. The existence of a general international legal prohibition to site or operate particularly hazardous nuclear installations, such as power plants, in the immediate vicinity of the international border, continues to be impossible to prove. This does not imply, however, that the exposed neighboring state would have to accept every and any border site proposed by the installation state.

15. As to the minimum of substantive rights that the risk-exposed neighboring state can be said to enjoy, the following can be listed:

(a) The neighboring state has a right to be assured the basic safety and environmental soundness of the nuclear installation concerned. This means that the installation state owes the former an obligation to abide by any generally applicable international nuclear safety and radiological protection standards in setting the plant's safety and environmental impact criteria. If the installation state adopts stricter than usual standards for its plants sited in the interior of its territory, the exposed neighboring state will generally be entitled to rely on the principle of "non-discrimination" and insist on application of the same strict standards to any installation at or near the border. An exposed neighboring state's exceptionally strict radiological protection criteria (or safety standards in case it possesses nuclear facilities itself) do not imply parameters that the installation state is bound to follow in setting standards for its own facilities.

(b) The exposed neighboring state is not only entitled to limited, specific transboundary precautionary measures on the part of the installation state, such as the setting up and operation of emergency communications systems or the in advance regulation of emergency assistance between them, but to comprehensive joint contingency planning.

(c) In case of an accident, the exposed neighboring state has a customary international right to early and complete information that encompasses all the data which could be useful to the state's effort at minimizing or preventing any transboundary harmful effects of the accident.

A factor the bears decisively on the effectiveness of the transboundary communications process is whether the factual circumstances triggering the obligation of notification are defined exactly and objectively. Not surprisingly, bilateral treaty practice tends towards greater objectivity and comprehensiveness with regard to threshold definitions.

Finally, a state affected by a nuclear accident has, of course, a right to assistance from the installation state if transboundary damage cannot be otherwise prevented or minimized.

16. As regards procedural rights, the following conclusions apply:

(a) The installation state has a far-reaching general duty to provide in advance information on the siting, the construction, operation and decommissioning of nuclear fuel cycle facilities. Since Chernobyl, treaty practice evinces a parallel trend towards obliging installation states to provide transboundary information that, on the one hand, is frequently laid down independently of whether the plant concerned is sited at or near the border, but whose normative contents is, on the other hand, diluted: The obligation concerned covers only information which serves principally to put the risk-exposed neighboring state in a position to prepare for and to manage any transboundary consequences of an accident once it has happened.

Beyond its general international right to nuclear information, today the exposed neighboring state might already be entitled to the application of specified procedures as part of the transboundary information exchange process, such as a full and formal assessment of the transboundary impact of the nuclear installation involved.

(b) A risk-exposed state's customary international entitlement extends also to consultations with the installation state. Increasingly, this right to consultations must be viewed as including also a right to international inspection, either by a third-party or at least jointly, of the nuclear facility concerned. Developments both on a multilateral level — in particular within the framework of the ASSET and RAPAT programs of the IAEA as well as of the EURATOM Treaty — and on a bilateral level point towards growing legal recognition, at least in Western Europe and North America, of such a claim by the risk-exposed state.

(c) Finally, the assumption is well-founded that at least in Western Europe and North America, today the installation state is under a customary international legal obligation to grant equal access to its decision-making fora to residents of neighboring states for the purpose of vindicating any interests and/or rights located abroad that might be threatened by the nuclear installation.

A similar conclusion applies to the right of residents of neighboring states to equal access to environmental information in possession or under the control of authorities in the installation state: The process of internationalization of this issue has proceeded to such an extent that today it would not be inappropriate to speak of the principle of equality of access to environmental information as reflecting a special regional customary norm.

Vierter Teil

Vertrags- und Dokumentenregister

J. Erläuternde Bemerkungen

Mit dem folgenden Register soll ein Überblick über all jene bilateralen Abkommen geschaffen werden, die, mit Stand vom 31. Oktober 1991, von direkter Bedeutung für das zwischenstaatliche Management der von kerntechnischen Anlagen ausgehenden grenzüberschreitenden nuklearen Risiken sind. Die Vertragsliste enthält daher in der Regel keine Hinweise auf bilaterale Vereinbarungen über die allgemeine Zusammenarbeit von Staaten auf dem Gebiet der kerntechnischen Sicherheit oder des Strahlenschutzes.

Das Register enthält auch Angaben über ausgewählte multilaterale Verträge, sowie Enscheidungen, Richtlinien und Empfehlungen internationaler Organisationen, deren Aufnahme in das Register aus denselben Gründe als notwendig oder empfehlenswert erschien.

Verträge bzw. andere Dokumente sind stichwortartig nach Staaten bzw. Organisationen in alphabetischer, bei mehreren Eintragungen unter ein und demselben Stichwort, in chronologischer Reihenfolge angeführt. Einfachheitshalber wurde für bilaterale Verträge ein System von Registriernummern entwickelt, in welchem das internationale Autokennzeichnen für den betreffenden Staat mit dem Datum der Unterzeichnung des jeweiligen Abkommens kombiniert ist.

Die hier aufgelisteten Verträge und Dokumente werden im Text, bzw. in den Fussnoten nach ihrer Registriernummer zitiert.

In jenen Fällen, in denen es nicht möglich war, offizielle Quellen heranzuziehen, wird dies durch Einklammerung der Quellenangabe* verdeutlicht. Dokumente, die dem Verfasser nicht direkt oder nicht im Originaltext zugänglich waren, sind jeweils mit dem gesonderten Vermerk, „*HW*" (Hinweis) oder „*inoffiz.*" versehen.

---

* Abkürzungen zum Nachweis inoffizieller Quellen:

Commission of EC	*Commission of the European Communities, Aims and Practices of Transfrontier Planning within the E.C. Countries in Case of An Accident in a Nuclear Installation*, January 1986.
IAEA, Leg.Ser. 15	*International Atomic Energy Agency, Bilateral, Regional and Multilateral Agreements Relating to Co-operation in the Field of Nuclear Safety, Legal Series No. 15* (1990).
NLB	*Nuclear Law Bulletin*

K. Bilaterale Verträge

Argentinien

Registriernummer: RA-BR/29/7/86
Vertragspartner: **Argentinien, Brasilien**
Datum: 29.7.1986
Quelle: (IAEA,Legal Ser. 15, 21)
Gegenstand: Frühwarnung, Hilfeleistung
Status: ergänzt durch „Annex I to Protocol No. 11 vom 10.12.1986, Off.Journal of Brazil vom 11.3.1987
Zusatz: Protocolo nro. 11: Información inmediata y asistencia reciproca en casos de accidentes nucleares y emergencias radiológicas

Belgien

Registriernummer: B-F/23/9/66
Vertragspartner: **Belgien, Frankreich**
Datum: 23.9.1966
Quelle: 588 UNTS 226; Moniteur belge, 7.3.1967, 2276.
Gegenstand: Frühwarnung, Hilfeleistung
Status: in Kraft am 23.9.1966
Zusatz: Convention entre Belgique et la France sur la protection radiologique concernant les installations de la Centrale nucléaire des Ardennes

Registriernummer: B-F/25/10/68
Vertragspartner: **Belgien, Frankreich**
Datum: 25.10.1968
Quelle: HW: Commission of EC, B.1.
Gegenstand: Hilfeleistung
Status: ./., novelliert am 14.11.1979
Zusatz: Accord particulier rélatif à l'assistance mutuelle en cas d'accident survenant à la Centrale Nucléaire des Ardennes

Registriernummer: B-NL/13/9/76 und 27/10/76
Vertragspartner: **Belgien, Niederlande**
Datum: 23.9.1976 und 27.10.1976
Quelle: HW: Commission of EC, B.1.
Gegenstand: Hilfeleistung, Notfallsplanung
Status: ./.
Zusatz: Exchange of Letters between the „Minister van Volksgezondheid en Milieuhygiene“ and the „Minister van Binnenlandse Zaken“

Registriernummer: B-FL/23/7/77
Vertragspartner: **Belgien, Luxemburg**
Datum: 23.7.1979
Quelle: Moniteur Belge 24.04.1978, 4918
Gegenstand: Hilfeleistung
Status: in Kraft am 29.12.1977
Zusatz: Accord entre le Gouvernement du Royaume Belgique et le Gouvernement du Grand-Duché de Luxembourg sur l'assistance en matière de protection civile

Registriernummer:	B-NL/2/4/79 und 25/9/79
Vertragspartner:	**Belgien, Niederlande**
Datum:	2.4.; und 25.9.1979
Quelle:	HW: Commission of EC, B.2
Gegenstand:	Frühwarnung
Status:	./.
Zusatz:	Afspraak tussen de Commissarissen de Koningin van Zeeland en de Goeverneur van de provincie West-Vlaanderen inzake wederzijdse alarmering bij rampsituaties in de Nederlandse provincie Zeeland en de Belgische provincie West-Vlaanderen

Registriernummer:	B-NL/4/8/78 und 22/9/78 und 3/10/79
Vertragspartner:	**Belgien, Niederlande**
Datum:	4.8.1979; 22.9.1979 und 3.10.1978
Quelle:	Bestuursmemorial van de provincie Antwerpen, 23.10.1978, 2126
Gegenstand:	Frühwarnung
Status:	./.
Zusatz:	Afspraak tussen de Commissarissen de Koningin van Noord-Brabant en Zeeland en de Goeverneur van de provincie Antwerpen inzake wederzijdse alarmering bij rampsituaties in de Nederlandse provincie Noord-Brabant en/of Zeeland en de Belgische provincie Antwerpen

Registriernummer:	B-NL/16/7/79; 15/8/79 und 6/9/79
Vertragspartner:	**Belgien, Niederlande**
Datum:	17.7.; 15.8. und 6.9.1979
Quelle:	HW: Commission EC, B.2.
Gegenstand:	Frühwarnung
Status:	./.
Zusatz:	Afspraak tussen de Commissarissen de Koningin van Noord-Brabant en Zeeland en de Goeverneur van de provincie West-Vlaanderen inzake wederzijdse alarmering bij rampsituaties in de Nederlandse provincie Noord-Brabant en/of Zeeland en de Belgische provincie Oost-Vlaanderen

Registriernummer:	B-D/6/11/80
Vertragspartner:	**Belgien, Deutschland**
Datum:	6.11.1980
Quelle:	BGBl. II, 1982, 1006
Gegenstand:	allgemeine Hilfeleistung
Status:	in Kraft am 1.5.1984
Zusatz:	Abkommen zwischen der Bundesrepublik Deutschland und dem Königreich Belgien über die gegenseitige Hilfeleistung bei Katastrophen oder schweren Unglücksfällen

Registriernummer:	B-F/21/4/81
Vertragspartner:	**Belgien, Frankreich**
Datum:	21.4.1981
Quelle:	Moniteur belge 29.5.1974, 7781; J.O.R.F. 9.12.1984, 3787
Gegenstand:	allgemeine Nothilfe

Status:	in Kraft am 1.2.1984
Zusatz:	Convention entre Le Gouvernement de la République française et le Gouvernement du Royaume de Belgique sur l'assistance mutuelle en cas de catastrophes ou d'accidents graves

Registriernummer:	B-F/10/5/82
Vertragspartner:	**Belgien, Frankreich**
Datum:	10.5.1982
Quelle:	J.O.R.F. 10.10.1982.
Gegenstand:	Erfahrungsaustausch, Zusammenarbeit
Status:	in Kraft am 10.5.1982
Zusatz:	Échanges de lettres franco-belge rélatif aux échanges d'informations dans le domaine de la securité nucléaire

Registriernummer:	B-NL/14/11/84
Vertragspartner:	**Belgien, Niederlande**
Datum:	14.11.1984
Quelle:	Tractatenblad van het Koninkrijk der Nederlanden 1984, 155
Gegenstand:	allgemeine Hilfeleistung
Status:	in Kraft am 1.11.1988
Zusatz:	Overeenkomst tussen het Koninkrijk der Nederlanden en het Koninkrijk Belgie inzake wederzijdse bijstandsverlening bij het bestrijden van rampen en ongevallen

Registriernummer:	B-NL/20/12/90
Vertragspartner:	**Belgien, Niederlande**
Datum:	20.12.1990
Quelle:	unveröffentlicht
Gegenstand:	Frühwarnung, Erfahrungsaustausch
Status:	in Kraft am 21.12.1990
Zusatz:	Memorandum van overeenstemming tussen het Koninkrijk Belgie en het Koninkrijk der Nederlanden inzake vroetijdige kennisgeving van een nucleair ongeval en uitwisseling van informatie betreffende de werking van nucleaire installaties.

Brasilien

Registriernummer:	RA-BR/29/7/86
Vertragspartner:	**Brasilien, Argentinien**
Datum:	29.7.1986
Quelle:	(IAEA,Legal Ser.No. 15, 21)
Gegenstand:	Frühwarnung, Hilfeleistung
Status:	ergänzt durch „Annex I to Protocol No. 11 vom 10.12.1986, Off.Journal of Brazil vom 11.3.1987
Zusatz:	Protocolo nro. 11: Información inmediata y asistencia reciproca en casos de accidentes nucleares y emergencias radiológicas

Dänemark

Registriernummer:	DK-D/4/7/77
Vertragspartner:	**Dänemark, Deutschland**
Datum:	4.7.1977
Quelle:	(17 ILM 274 (1978))
Gegenstand:	Erfahrungsaustausch, grenznahe Anlagen

Status: in Kraft am 4.7.1977
Zusatz: Vereinbarung zwischen dem Bundesministerium des Inneren der Bundesrepublik Deutschland und dem Minister für Umweltschutz des Königreichs Dänemark über gegenseitige Unterrichtung beim Bau grenznaher kerntechnischer Einrichtungen

Registriernummer: DK-S/11/4/85
Vertragspartner: **Dänemark, Schweden**
Datum: 11.4.1985
Quelle: SÖ 1986: 15
Gegenstand: Frühwarnung, Erfahrungsaustausch, Hilfeleistung: Barsebäck
Status: in Kraft am 11.4.1985
Zusatz: Avtal mellan den danska och den svenska regeringen om informationsutbyte rörande Barsebäcksverket

Registriernummer: DK-D/16/5/85
Vertragspartner: **Dänemark, Deutschland**
Datum: 16.5.1985
Quelle: BGBl.II 1988, 286
Gegenstand: allgemeine Nothilfe
Status: in Kraft am 1.8.1988
Zusatz: Abkommen zwischen der Bundesrepublik Deutschland und dem Königreich Dänemark über die gegenseitige Hilfeleistung bei Katastrophen oder schweren Unglücksfällen

Registriernummer: DK-S/21/10/86
Vertragspartner: **Dänemark, Schweden**
Datum: 21.10.1986
Quelle: SÖ 1987: 26
Gegenstand: Frühwarnung, Erfahrungsaustausch
Status: in Kraft am 22.7.1987
Zusatz: Avtal mellan Sverige och Norge om informationsutbyte och varsel rörande svenska och norska kärntekniska anläggningar m.m.

Registriernummer: DK-SF/25/2/87
Vertragspartner: **Dänemark, Finnland**
Datum: 25.2.1987
Quelle: (IAEA Leg.Ser. 15, 97)
Gegenstand: Informationsaustausch, Frühwarnung
Status: ./.
Zusatz: Aftale mellem Danmark og Finland om informationsudveksling og varsling vedrørende finske og danske kernetekniske anlæg m.m.

Registriernummer: DK-DDR/5/3/87
Vertragspartner: **Dänemark, DDR**
Datum: 5.3.1987
Quelle: (IAEA Leg.Ser. 15, 113)
Gegenstand: Informationsaustausch, Erfahrungsaustausch
Status: in Kraft am 5.3.1987

Zusatz: Vereinbarung zwischen dem Ministerium für Umweltschutz des Königreiches Dänemark und dem Staatlichen Amt für Atomsicherheit und Strahlenschutz beim Ministerrat der Deutschen Demokratischen Republik über Informations- und Erfahrungsaustausch auf dem Gebiet des Strahlenschutzes

Registriernummer: DK-D/13/10/87
Vertragspartner: **Dänemark, Deutschland**
Datum: 13.10.1987
Quelle: BGBl.II 1988, 1099
Gegenstand: Frühwarnung, Erfahungsaustausch
Status: in Kraft am 30.9.1988
Zusatz: Vereinbarung zwischen dem Bundesminister für Umwelt, Naturschutz und Reaktorsicherheit der Bundesrepublik Deutschland und dem Minister für Umweltschutz des Königreichs Dänemark über Fragen gemeinsamen Interesses im Zusammenhang mit kerntechnischer Sicherheit und Strahlenschutz

Registriernummer: DK-SU/12/11/87
Vertragspartner: **Dänemark, Sowjetunion**
Datum: 12.11.1987
Quelle: (IAEA, Leg.Ser. 15, 159)
Gegenstand: Frühwarnung, Erfahrungsaustausch
Status: ./.
Zusatz: Aftale mellem Kongeriget Danmarks Regering og Unionen af Socialistiske Sovjetrepublikkers Regering om hurtig varsling om nukleare uheld samt om udveksling af information om atomanlæg

Registriernummer: DK-GB/19/11/87
Vertragspartner: **Dänemark, Großbritannien**
Datum: 19.11.1987
Quelle: UKTS 1989, No. 11
Gegenstand: Frühwarnung, Erfahrungsaustausch
Status: in Kraft am 9.12.1987
Zusatz: Agreement between the Government of the Kingdom of Denmark and the Government of the United Kingdom of Great Britain and Northern Ireland on Early Notification of a Nuclear Accident and Exchange of Information Concerning the Operation and Management of Nuclear Facilities

Registriernummer: DK-PL/22/12/87
Vertragspartner: **Dänemark, Polen**
Datum: 22.12.1987
Quelle: (41 NLB 49 (1988))
Gegenstand: Frühwarnung, Erfahrungsaustausch
Status: ./.
Zusatz: Aftale mellem Kongeriget Danmarks regering og den Polske Folkerepubliks regering verdrørende informationsudveksling og samarbejde på området nuklear sikkerhed og strålebeskytelse

Deutschland, Bundesrepublik

Registriernummer: D-DDR/20/9/73
Vertragspartner: **Deutschland, DDR**
Datum: 20.9.1973
Quelle: BGBl.II 1974, 1237
Gegenstand: Frühwarnung und Hilfeistung
Status: in Kraft am 20.9.1973
Zusatz: Vereinbarung zwischen der Regierung der Bundesrepublik Deutschland und der Regierung der Deutschen Demokratischen Republik über Grundsätze zur Schadensbekämpfung an der Grenze zwischen der Bundesrepublik Deutschland und der Deutschen Demokratischen Republik

Registriernummer: D-F/3/2/77
Vertragspartner: **Deutschland, Frankreich**
Datum: 3.2.1977
Quelle: BGBl.II 1980, 34
Gegenstand: allgemeine Hilfeleistung
Status: in Kraft am 1.12.1980
Zusatz: Abkommen zwischen der Bundesrepublik Deutschland und der Französischen Republik über die gegenseitige Hilfeleistung bei Katastrophen oder schweren Unglücksfällen

Registriernummer: D-DK/4/7/77
Vertragspartner: **Deutschland, Dänemark**
Datum: 4.7.1977
Quelle: (17 ILM 274 (1978))
Gegenstand: Informationsaustausch, grenznahe Anlagen
Status: in Kraft am 4.7.1977
Zusatz: Vereinbarung zwischen dem Bundesminister des Inneren der Bundesrepublik Deutschland und dem Minister für Umweltschutz des Königreichs Dänemark über gegenseitige Unterrichtung beim Bau grenznaher kerntechnischer Einrichtungen

Registriernummer: D-NL/2/11/77
Vertragspartner: **Deutschland, Niederlande**
Datum: 2.11.1977
Quelle: (IAEA, Leg.Ser. 15, 296)
Gegenstand: Informationsaustausch, grenznahe Anlagen
Status: in Kraft am 28.10.1977, konkretisiert durch Beschluß der niederländisch-deutschen Kommission für grenznahe kerntechnische Einrichtungen vom 21.5.1981
Zusatz: Memorandum über gegenseitige Unterrichtung und Konsultation hinsichtlich grenznaher kerntechnischer Einrichtungen

Registriernummer: D-FL/2/3/78
Vertragspartner: **Deutschland, Luxemburg**
Datum: 2.3.1978
Quelle: BGBl.II 1981, 447.
Gegenstand: allgemeine Hilfeleistung

Status: in Kraft am 8.7.1981
Zusatz: Abkommen zwischen der Bundesrepublik Deutschland und dem Großherzogtum Luxemburg über die gegenseitige Hilfeleistung bei Katastrophen oder schweren Unglücksfällen

Registriernummer: D-CH/31/5/78
Vertragspartner: **Deutschland, Schweiz**
Datum: 31.5.1978
Quelle: BGBl.II 1980, 563
Gegenstand: Frühwarnung, Hilfeleistung
Status: in Kraft am 10.1.1979, novelliert durch am 25.3.1988 in Kraft getretenen Notenaustausch vom 15.2.1980, BGBl II 1988, 653; vom 25.7.1986, BGBl. II 1988, 519; mit Durchführungsbestimmungen vom 25.7.1986, BGBl.II 1988, 520
Zusatz: Vereinbarung zwischen der Regierung der Bundesrepublik Deutschland und dem Schweizerischen Bundesrat über den radiologischen Notfallschutz

Registriernummer: D-CH/15/2/80
Vertragspartner: **Deutschland, Schweiz**
Datum: 15.2.1980
Quelle: BGBl.II 1980, 563
Gegenstand: Frühwarnung
Status: in Kraft am 25.3.1980
Zusatz: Notenwechsel vom 15.2.1980 betreffs Änderung der Nummmer 12 der Vereinbarung vom 31.5.1978.

Registriernummer: B-D/6/11/80
Vertragspartner: **Deutschland, Belgien**
Datum: 6.11.1980
Quelle: BGBl.II, 1982, 1006
Gegenstand: allgemeine Nothilfe
Status: in Kraft am 1.5.1984
Zusatz: Abkommen zwischen der Bundesrepublik Deutschland und dem Königreich Belgien über die gegenseitige Hilfeleistung bei Katastrophen oder schweren Unglücksfällen

Registriernummer: D-F/28/1/81
Vertragspartner: **Deutschland, Frankreich**
Datum: 28.1.1981
Quelle: BGBl.II 1981, 885
Gegenstand: Frühwarnung
Status: in Kraft am 6.8.1981
Zusatz: Vereinbarung zwischen der Regierung der Bundesrepublik Deutschland und der Regierung der Französischen Republik über den Informationsaustausch bei Vorkommnissen oder Unfällen, die radiologische Auswirkungen haben können

Registriernummer: D-CH/10/8/82
Vertragspartner: **Deutschland, Schweiz**
Datum: 10.8.1982
Quelle: BGBl.II 1983, 734

Gegenstand:	Informationssaustausch, grenznahe Anlagen
Status:	in Kraft am 19.9.1983
Zusatz:	Vereinbarung zwischen der Regierung der Bundesrepublik Deutschland und der Regierung der Schweizerischen Eidgenossenschaft über die gegenseitige Unterrichtung beim Bau und beim Betrieb grenznaher kerntechnischer Einrichtungen

Registriernummer:	D-CH/28/11/84
Vertragspartner:	**Deutschland, Schweiz**
Datum:	28.11.1984
Quelle:	BGBl.II 1987,74
Gegenstand:	allgemeine Nothilfe
Status:	in Kraft am 1.12.1988
Zusatz:	Abkommen zwischen der Bundesrepublik Deutschland und der Schweizerischen Eidgenossenschaft über die gegenseitige Hilfeleistung bei Katastrophen oder schweren Unglücksfällen

Registriernummer:	D-DK/16/5/85
Vertragspartner:	**Deutschland, Dänemark**
Datum:	16.5.1985
Quelle:	BGBl.II 1988, 286
Gegenstand:	allgemeine Hilfeleistung
Status:	in Kraft am 1.8.1988
Zusatz:	Abkommen zwischen der Bundesrepublik Deutschland und dem Königreich Dänemark über die gegenseitige Hilfeleistung bei Katastrophen oder schweren Unglücksfällen

Registriernummer:	D-CH/25/7/86
Vertragspartner:	**Deutschland, Schweiz**
Datum:	25.7.1986
Quelle:	BGBl.II 1988, 519
Gegenstand:	Hilfeleistung
Status:	in Kraft am 25.3.1988
Zusatz:	Vereinbarung zwischen der Regierung der Bundesrepublik Deutschland und dem Schweizerischen Bundesrat zur Änderung der Vereinbarung über den radiologischen Notfallschutz, D-CH/31/5/80

Registriernummer:	D-DDR/8/9/87
Vertragspartner:	**Deutschland, DDR**
Datum:	8.9.1987
Quelle:	BGBl.II 1988, 159
Gegenstand:	Frühwarnung, Informationssaustausch
Status:	in Kraft am 24.11.1987
Zusatz:	Vereinbarung zwischen der Regierung der Bundesrepublik Deutschland und der Regierung der Deutschen Demokratischen Republik über Informations- und Erfahrungsaustausch auf dem Gebiet des Strahlenschutzes

Registriernummer:	DK-D/13/10/87
Vertragspartner:	**Deutschland, Dänemark**
Datum:	13.10.1987

Quelle:	BGBl.II 1988, 1099
Gegenstand:	Frühwarnung, Informationsaustausch
Status:	in Kraft am 30.9.1988
Zusatz:	Vereinbarung zwischen dem Bundesminister für Umwelt, Naturschutz und Reaktorsicherheit der Bundesrepublik Deutschland und dem Minister für Umweltschutz des Königreichs Dänemark über Fragen gemeinsamen Interesses im Zusammenhang mit kerntechnischer Sicherheit und Strahlenschutz
Registriernummer:	D-N/10/5/88
Vertragspartner:	**Deutschland, Norwegen**
Datum:	10.5.1988
Quelle:	BGBl.II 1988, 1097
Gegenstand:	Frühwarnung, Informationsaustausch
Status:	in Kraft am 30.8.1988
Zusatz:	Vereinbarung zwischen der Regierung der Bundesrepublik Deutschland und der Regierung des Königreichs Norwegen über Fragen gemeinsamen Interesses im Zusammenhang mit kerntechnischer Sicherheit und Strahlenschutz
Registriernummer:	D-SU/25/10/88
Vertragspartner:	**Deutschland, Sowjetunion**
Datum:	25.10.1988
Quelle:	BGBl.II 1990, 165
Gegenstand:	Frühwarnung, Informationsaustausch
Status:	in Kraft am 16.2.1989; novelliert durch am 8.1.1990 in Kraft getretene Verbalnote vom 13.6.1989, BGBl.II 1990, 165
Zusatz:	Abkommen zwischen der Regierung der Bundesrepublik Deutschland und der Regierung der Union der Sozialistischen Sowjetrepubliken über die frühzeitige Benachrichtigung bei einem nuklearen Unfall und den Informationsaustausch über Kernanlagen
Registriernummer:	D-CS/30/5/90
Vertragspartner:	**Deutschland, Tschechoslowakei**
Datum:	30.5.1990
Quelle:	BGBl.II 1990, 1307
Gegenstand:	Informationsaustausch, allgemein u. grenznahe Anlagen; Frühwarnung
Status:	in Kraft am 2.8.1990
Zusatz:	Abkommen zwischen der Regierung der Bundesrepublik Deutschland und der Regierung der Tschechischen und Slowakischen Föderativen Republik zur Regelung von Fragen gemeinsamen Interesses in Zusammenhang mit kerntechnischer Sicherheit und Strahlenschutz. Notenwechsel desselben Datums zum Geltungsbereich des Art. 3 des Abkommens
Registriernummer:	D-S/25/9/90
Vertragspartner:	**Deutschland, Schweden**
Datum:	25.9.2990

Quelle:	BGBl.II 1991, 421; SÖ 1990: 64
Gegenstand:	Frühwarnung, Informationsaustausch
Status:	in Kraft am 5.12.1990
Zusatz:	Abkommen zwischen der Regierung des Königreichs Schweden und der Regierung der Bundesrepublik Deutschland über die frühzeitige Benachrichtigung bei nuklearen Unfällen sowie über den Informations- und Erfahrungsaustausch bzgl. kerntechnischer Sicherheit und Strahlenschutz

Registriernummer:	D-H/26/9/90
Vertragspartner:	**Deutschland, Ungarn**
Datum:	26.9.1990
Quelle:	BGBl.II 1991, 889
Gegenstand:	Frühwarnung
Status:	in Kraft am 7.2.1991
Zusatz:	Abkommen zwischen der Regierung der Bundesrepublik Deutschland und der Regierung der Republik Ungarn über Fragen gemeinsamen Interesses im Zusammenhang mit kerntechnischer Sicherheit und Strahlenschutz

DDR

Registriernummer:	D-DDR/20/9/73
Vertragspartner:	**DDR, BR Deutschland**
Datum:	20.9.1973
Quelle:	BGBl.II 1974, 1237
Gegenstand:	Frühwarnung und Nothilfe
Status:	in Kraft am 20.9.1973
Zusatz:	Vereinbarung zwischen der Regierung der Bundesrepublik Deutschland und der Regierung der Deutschen Demokratischen Republik über Grundsätze zur Schadensbekämpfung an der Grenze zwischen der Bundesrepublik Deutschland und der Deutschen Demokratischen Republik

Registriernummer:	DK-DDR/5/3/87
Vertragspartner:	**DDR, Dänemark**
Datum:	5.3.1987
Quelle:	(IAEA, Leg.Ser. 15, 113)
Gegenstand:	Informations- u. Erfahrungsaustausch
Status:	in Kraft am 5.3.1987
Zusatz:	Vereinbarung zwischen dem Ministerium für Umweltschutz des Königreiches Dänemark und dem Staatlichen Amt für Atomsicherheit und Strahlenschutz beim Ministerrat der Deutschen Demokratischen Republik über Informations- und Erfahrungsaustausch auf dem Gebiet des Strahlenschutzes

Registriernummer:	DDR-N/22/6/87
Vertragspartner:	**DDR, Norwegen**
Datum:	22.6.1987
Quelle:	(IAEA Leg.Ser. 15, 238)
Gegenstand:	Informations- u. Erfahrungsaustausch
Status:	in Kraft am 22.6.1987

Zusatz: Abkommen zwischen der Regierung der Deutschen Demokratischen Republik und der Regierung des Königreichs Norwegen über Informations- und Erfahrungsaustausch auf dem Gebiet des Strahlenschutzes

Registriernummer: D-DDR/8/9/87
Vertragspartner: **DDR, BR Deutschland**
Datum: 8.9.1987
Quelle: BGBl.II 1988, 159
Gegenstand: Frühwarnung, Informations- u. Erfahrungsaustausch
Status: in Kraft am 30.9.1988
Zusatz: Vereinbarung zwischen der Regierung der Bundesrepublik Deutschland und der Regierung der Deutschen Demokratischen Republik über Informations- und Erfahrungsaustausch auf dem Gebiet des Strahlenschutzes

Registriernummer: DDR-A/3/5/88
Vertragspartner: **DDR, Österreich**
Datum: 3.5.1988
Quelle: öBGBl. 1989/128, 1245
Gegenstand: Frühwarnung, Informations- u. Erfahrungsaustausch
Status: in Kraft am 1.4.1989
Zusatz: Abkommen zwischen der Regierung der Republik Österreich und der Regierung der Deutschen Demokratischen Republik über Informations- und Erfahrungsaustausch auf dem Gebiet des Strahlenschutzes samt Anlage

Registriernummer: DDR-S/12/4/89
Vertragspartner: **DDR, Schweden**
Datum: 12.4.1989
Quelle: (IAEA, Legal Ser. 15, 255)
Gegenstand: Frühwarnung, Informations- u. Erfahrungsaustausch
Status: in Kraft am 12.4.1989
Zusatz: Abkommen zwischen der Regierung des Königreichs Schweden und der Regierung der Deutschen Demokratischen Republik über die Benachrichtigung bei nuklearen Unfällen und den Informationsaustausch über Kernanlagen

Finnland

Registriernummer: SF-SU/7/1/87
Vertragspartner: **Finnland, Sowjetunion**
Datum: 7.1.1987
Quelle: Finlands Författiningssamlings FÖmfM Nr. 39 (1987); (39 NLB 54 (1987))
Gegenstand: Frühwarnung, Erfahrungsaustausch
Status: in Kraft am 18.7.1987
Zusatz: Avtal on tidig information vi känolyckoe och informationsutbyte rörande kärranndagninger/ Agreement between the Government of Finland and the Government of the Union of Socialist Republics on Early Notification of a Nuclear Accident and on the Exchange of Information relative to Nuclear Facilities

Registriernummer: SF-N/25/2/87
Vertragspartner: **Finnland, Norwegen**
Datum: 25.2.1987
Quelle: Overenkomster med fremmede Stater 1987 Nr. 7, 1438
Gegenstand: Informationsaustausch
Status: in Kraft am 24.8.1987
Zusatz: Avtale mellom Norge og Finland om informasjonsutveksling og varsling vedrørende kjernetekniske anlegg og nukleære hendelser

Registriernummer: SF-S/25/2/87
Vertragspartner: **Finnland, Schweden**
Datum: 25.2.1987
Quelle: SÖ 1987: 16
Gegenstand: Informationsaustausch
Status: in Kraft am 23.5.1987
Zusatz: Avtal mellan Sverige och Finland om informationsutbyte och varsel rörande svenska och finska kärntekniska anläggningar m.m.

Registriernummer: DK-SF/25/2/87
Vertragspartner: **Finnland, Dänemark**
Datum: 25.2.1987
Quelle: Finlands Författiningssamlings FÖmfM Nr. 27 (1987)
Gegenstand: Frühwarnung, Informationsaustausch
Status: in Kraft am 14.5.1987
Zusatz: Tanskan ja Suomen välinen sopimus Taskan ja Suomen ydinlaitoksia ja ydintapahtumia koskevasta tietojenvaihdosta ja ilmoittamisesta; Aftale mellem Danmark og Finland om informationsudvekseling og varsling vedrørende finske og danske kernetekniske anlæg m.m.

Frankreich

Registriernummer: B-F/23/9/66
Vertragspartner: **Frankreich, Belgien**
Datum: 23.9.1966
Quelle: 588 UNTS 226, Nr. 8528
Gegenstand: Frühwarnung und Hilfeleistung
Status: in Kraft am 23.9.1966
Zusatz: Convention entre Belgique et la France sur la protection radiologique concernant les installations de la Centrale nucléaire des Ardennes

Registriernummer: B-F/25/10/68
Vertragspartner: **Frankreich, Belgien**
Datum: 25.10.1968
Quelle: ./.
Gegenstand: Nothilfe
Status: ./., novelliert am 14.11.1979
Zusatz: Accord particulier rélatif à l'assistance mutuelle en cas d'accident survenant à la Centrale Nucléaire des Ardennes

Registriernummer: D-F/3/2/77
Vertragspartner: **Frankreich, Deutschland**
Datum: 3.2.1977
Quelle: BGBl. II 1980, 34
Gegenstand: allgemeine Hilfeleistung
Status: in Kraft am 1.12.1980
Zusatz: Abkommen zwischen der Bundesrepublik Deutschland und der Französischen Republik über die gegenseitige Hilfeleistung bei Katastrophen oder schweren Unglücksfällen

Registriernummer: F-CH/18/10/79
Vertragspartner: **Frankreich, Schweiz**
Datum: 18.10.1979
Quelle: J.O.R.F. 16.4.80, 1006; Sammlung eidgenössischer Gesetze 1980, 19
Gegenstand: Frühwarnung
Status: in Kraft am 13.12.1979, ersetzt durch Vertrag vom 30.11.1989
Zusatz: Accord entre le Gouvernemnet de la République Française et le Conseil Federal de la Suisse sur les échanges d'information en cas d'accident pouvant avoir des conséquences radiologiques

Registriernummer: D-F/28/1/81
Vertragspartner: **Frankreich, Deutschland**
Datum: 28.2.1981
Quelle: BGBl.II 1981, 885
Gegenstand: Frühwarnung
Status: in Kraft am 6.8.1981
Zusatz: Vereinbarung zwischen der Regierung der Bundesrepublik Deutschland und der Regierung der Französischen Republik über den Informationsaustausch bei Vorkommnissen oder Unfällen, die radiologische Auswirkungen haben können

Registriernummer: B-F/21/4/81
Vertragspartner: **Frankreich, Belgien**
Datum: 21.4.1981
Quelle: Moniteur belge 29.5.1974, 7781; J.O.R.F. 9.12.1984, 3787
Gegenstand: allgemeine Hilfeleistung
Status: in Kraft am 1.2.1984
Zusatz: Convention entre le Gouvernement de la République Française et le Gouvernement du Royaume de Belgique sur l'assistance mutuelle en cas de catastrophes ou d'accidents graves

Registriernummer: B-F/10/5/82
Vertragspartner: **Frankreich, Belgien**
Datum: 10.5.1982
Quelle: J.O.R.F. 10.10.1982, 3023
Gegenstand: Erfahrungsaustausch
Status: in Kraft am 10.5.1982
Zusatz: Échanges de lettres franco-belge rélatif aux échanges d'informations dans le domaine de la securité nucléaire

Registriernummer: F-FL/11/4/83
Vertragspartner: **Frankreich, Luxemburg**
Datum: 11.4.1983
Quelle: J.O.R.F. 20.10.84, 3292; Mem.Lux. A No. 8, 9.4.1984
Gegenstand: Frühwarnung
Status: in Kraft am 27.4.1984
Zusatz: Accord entre le Gouvernement de la République Française et le Gouvenement du Grand-Duché de Luxembourg rélatif aux échanges d'information en cas d'incident ou d'accident pouvant avoir des conséquences radiologiques

Registriernummer: F-GB/18/7/83
Vertragspartner: **Frankreich, Großbritannien**
Datum: 18.7.1983
Quelle: J.O.R.F. 16.11.83, 3342; UKTS 1983, no. 60
Gegenstand: Frühwarnung
Status: in Kraft am 8.11.1983
Zusatz: Échanges de lettres entre la France et la Grande-Bretagne rélatif aux échanges d'informations en cas de situations d'urgence ayant des conséquence radiologiques

Registriernummer: F-FL/12/3/86
Vertragspartner: **Frankreich, Luxemburg**
Datum: 12.3.1986
Quelle: J.O.R.F. 24.12.1986, 15543
Gegenstand: Vertrag über Betriebsparameter, Cattenom/Mosel
Status: nicht in Kraft
Zusatz: Convention entre le Gouvernement de la République française et le Gouvernement du Grand-Duché de Luxembourg pour la réalisation et l'éxploitation de certaines implantations industrielles sur la Moselle

Registriernummer: F-CH/14/1/87
Vertragspartner: **Frankreich, Schweiz**
Datum: 14.1.1987
Quelle: J.O.R.F. 9.4.1989, 4565; (91 RGDIP 1063 (1987))
Gegenstand: allgemeine Hilfeleistung
Status: 1.4.1989
Zusatz: Accord entre le Gouvernement de la République française et le Conseil Fédéral Suisse sur l'assistance mutuelle en cas de catastophe ou d'accident grave

Registriernummer: F-FL/12/9/1988
Vertragspartner: **Frankreich, Luxemburg**
Datum: 12.9.1988
Quelle: J.O.R.F. 21.12.1988, 15.983
Gegenstand: allgemeine Hilfeleistung
Status: in Kraft am 1.11.1988
Zusatz: Avenant sous forme d'échange de lettres entre le Gouvernement de la République française et le Gouvernement du Grand-Duché de Luxembourg à l'accord du 10 Decembre 1962 sur l'assistance

mutuelle entre les services d'incendie et de secours français et luxembourgeois

Registriernummer: F-CH/30/11/89
Vertragspartner: **Frankreich, Schweiz**
Datum: 30.11.1989
Quelle: J.O.R.F. 21.3.1990, 3421
Gegenstand: Frühwarnung, Erfahrungsaustausch
Status: in Kraft am 18.1.1990, löst Vertrag vom 18.10.1979 ab
Zusatz: Accord entre le Gouvernement de la République française et le Conseil Fédéral Suisse sur les échanges d'information en cas d'incident ou d'accident pouvant avoir des conséquences radiologiques et échanges de lettres

Großbritannien

Registriernummer: F-GB/18/7/83
Vertragspartner: **Großbritannien, Frankreich**
Datum: 18.7.1983
Quelle: UKTS 1983, no. 60; J.O.R.F. 16.11.83, 3342
Gegenstand: Frühwarnung
Status: in Kraft am 18.7.1983
Zusatz: Exchange of Notes between the Government of the United Kingdom of Great Britain and Northern Ireland and the Government of the French Republic Concerning Exchanges of Information in the Event of Emergencies Occurring in One of the Two States Which Could Have Radiological Consequences for the Other State.

Registriernummer: DK-GB/19/11/87
Vertragspartner: **Großbritannien, Dänemark**
Datum: 19.11.1987
Quelle: UKTS 1989, no. 11
Gegenstand: Frühwarnung, Erfahrungsaustausch
Status: in Kraft am 9.12.1987
Zusatz: Agreement between the Government of the Kingdom of Denmark and the Government of the United Kingdom of Great Britain and Northern Ireland on Early Notification of a Nuclear Accident and Exchange of Information Concerning the Operation and Management of Nuclear Facilities

Registriernummer: GB-N/24/11/87
Vertragspartner: **Großbritannien, Norwegen**
Datum: 24.11.1987
Quelle: UKTS 1988, no. 30
Gegenstand: Frühwarnung, Informationsaustausch
Status: in Kraft am 7.1.1988
Zusatz: Agreement between the Government of the United Kingdom of Great Britain and Northern Ireland and the Government of the Kingdom of Norway on Early Notification of a Nuclear Accident and Exchange of Information Concerning the Operation and Management of Nuclear Facilities

Registriernummer: GB-SU/10/4/90
Vertragspartner: **Großbritannien, Sowjetunion**
Datum: 10.4.1990
Quelle: UKTS 1990, no. 54
Gegenstand: Frühwarnung, Informationsaustausch
Status: in Kraft am 10.4.1990
Zusatz: Agreement between the Government of the United Kingdom of Great Britain and Northern Ireland and the Government of the Union of Soviet Socialist Republics on Early Notification of a Nuclear Accident and Exchange of Information concerning the Operation and Management of Nuclear Facilities and Protocol

Italien

Registriernummer: I-CH/15/12/89
Vertragspartner: **Italien, Schweiz**
Datum: 15.12.1989
Quelle: AS 1990 592
Gegenstand: Frühwarnung, Informationsaustausch
Status: in Kraft am 26.2.1990
Zusatz: Abkommen zwischen dem Schweizerischen Bundesrat und der Regierung der Italienischen Republik über den frühzeitigen Informationsaustausch bei nuklearen Zwischenfällen

Japan

Registriernummer: J-KO/25/5/90
Vertragspartner: **Japan, Republik Korea**
Datum: 25.5.1990
Quelle: HW: 46 NLB 87 (1990)
Gegenstand: Frühwarnung, Hilfeleistung
Status: in Kraft am 25.5.1990
Zusatz: inoffiz: Agreement for Co-operation in the Peaceful Uses of Nuclear Energy

Kanada

Registriernummer: CAN-USA/9/9/75
Vertragspartner: **Province of New Brunswick, State of Maine**
Datum: 9.9.1975
Quelle: unveröffentlicht
Gegenstand: allgemeine Notfallplanung, Hilfeleistung
Status: in Kraft am 9.9.1975; Erneuerungsabkommen vor Abschluss
Zusatz: Letter of Understanding between the State of Maine, U.S.A. and the Province of New Brunsdwick, Canada on Civil Emergency Planning and Co-operative Emergency Arrangements

Registriernummer: CAN-USA/28/4/86
Vertragspartner: **Kanada, Vereinigte Staaten von Amerika**
Datum: 28.4.1986
Quelle: unveröffentlicht
Gegenstand: allgemeine Notfallplanung
Status: in Kraft am 28.4.1986

Zusatz:	Agreement between the Government of the United States of America and the Government of Canada on Cooperation in Comprehensive Civil Emergency Planning and Management
Registriernummer:	CAN-USA/28/4/87
Vertragspartner:	**Province of Ontario, State of Michigan**
Datum:	28.4.1987
Quelle:	unveröffentlicht
Gegenstand:	Frühwarnung, Hilfeleistung
Status:	in Kraft am 28.4.1987
Zusatz:	inoffiz: „Letters of Agreement“ zwischen Department of State Police und Emergency Planning Ontario, vom 6.1.1987 bzw. 28.4.1987
Registriernummer:	CAN-USA/21/6/89
Vertragspartner:	**AECB, U.S. NRC**
Datum:	21.6.1989
Quelle:	unveröffentlicht
Gegenstand:	Informationsaustausch, allg. Zusammenarbeit
Status:	in Kraft am 21.6.1989
Zusatz:	Administrative Arrangement between the United States Nuclear Regulatory Commission and the Atomic Energy Control Board of Canada for Cooperation and the Exchange of Information in Nuclear Regulatory Matters
Registriernummer:	CAN-USA/13/8/91
Vertragspartner:	**Province of Ontario, State of Ohio**
Datum:	13.8.1991
Quelle:	Ohio Plan for Response to Radiation Emergencies at Licensed Nuclear Facilities (Section III, Figure III-18).
Status:	in Kraft am 13.8.1991
Zusatz:	Letter of Agreement between the State of Ohio Emergency Management Agency and the Province of Ontario Ministry of the Solicitor General

Korea, Republik

Registriernummer:	J-KO/25/5/90
Vertragspartner:	**Republik Korea, Japan**
Datum:	25.5.1990
Quelle:	HW: 46 NLB 87 (1990)
Gegenstand:	Frühwarnung, Hilfeleistung
Status:	in Kraft am 25.5.1990
Zusatz:	inoffiz: Agreement for Co-operation in the Peaceful Uses of Nuclear Energy

Luxemburg

Registriernummer:	B-FL/23/7/77
Vertragspartner:	**Luxemburg, Belgien**
Datum:	23.7.1979
Quelle:	Moniteur Belge 24.04.1978, 4918
Gegenstand:	allgemeine Hilfeleistung
Status:	in Kraft am 29.12.1977

Zusatz:	Accord entre le Gouvernement du Royaume Belgique et le Gouvernement du Grand-Duché de Luxembourg sur l'assistance en matière de protection civile
Registriernummer:	D-FL/2/3/78
Vertragspartner:	**Luxemburg, Deutschland**
Datum:	2.3.1978
Quelle:	BGBl.II 1981, 447; Mem.Lux. A No. 34, 27.5.1980
Gegenstand:	allgemeine Hilfeleistung
Status:	in Kraft am 8.7.1981
Zusatz:	Abkommen zwischen der Bundesrepublik Deutschland und dem Großherzogtum Luxemburg über die gegenseitige Hilfeleistung bei Katastrophen oder schweren Unglücksfällen
Registriernummer:	F-FL/11/4/83
Vertragspartner:	**Luxemburg, Frankreich**
Datum:	11.4.1983
Quelle:	J.O.R.F. 20.10.84, 3292; Mem.Lux. A No. 8, 9.4.1984
Gegenstand:	Frühwarnung
Status:	in Kraft am 27.4.1984
Zusatz:	Accord entre le Gouvernement de la République française et le Gouvernement du Grand-Duché de Luxembourg rélatif aux échanges d'information en cas d'incident ou d'accident pouvant avoir des conséquences radiologiques
Registriernummer:	F-FL/12/3/86
Vertragspartner:	**Luxemburg, Frankreich**
Datum:	12.3.1986
Quelle:	J.O.R.F. 24.12.1986, 15543
Gegenstand:	Abkommen über Betriebsparameter
Status:	nicht in Kraft
Zusatz:	Convention entre le Gouvernement de la République française et le Gouvernement du Grand-Duché de Luxembourg pour la réalisation et l'éxploitation de certaines implantations industrielles sur la Moselle
Registriernummer:	F-FL/12/9/1988
Vertragspartner:	**Luxemburg, Frankreich**
Datum:	12.9.1988
Quelle:	J.O.R.F. vom 21.12.1988, 15.983
Gegenstand:	Hilfeleistung
Status:	1.11.1988
Zusatz:	Avenant sous forme d'échange de lettres entre le Gouvernement de la République française et le Gouvernement du Grand-Duché de Luxembourg à l'accord du 10 decembre 1962 sur l'assistance mutuelle entre les services d'incendie et de secours français et luxembourgeois

Mexiko

Registriernummer: MEX-USA/8/4/81
Vertragspartner: **Comision Nacional de Seguridad Nuclear y Salvaguardias, U.S. NRC**
Datum: 8.4.1981
Quelle: (IAEA Leg.Ser. 15, 371)
Gegenstand: Erfahrungsaustausch, nukleare Zusammenarbeit
Status: in Kraft am 8.4.1981
Zusatz: inoffiz: Arrangements between the Comision Nacional de Seguridad Nuclear y Salvaguardias of Mexico and the United States Nuclear Regulatory Commission for the Exchange of Technical Information and Cooperation in Nuclear Safety Matters

Registriernummer: MEX-USA/14/8/1983
Vertragspartner: **Mexiko, Vereinigte Staaten von Amerika**
Datum: 14.8.1983
Quelle: (22 ILM 1025 (1983))
Gegenstand: allg. Umweltschutz
Status: in Kraft am 16.2.1984
Zusatz: Agreement Between the United States of America and the United Mexican States on Cooperation for the Protection and Improvement of the Environment in the Border Area

Registriernummer: MEX-USA/6/10/89
Vertragspartner: **Comision Nacional de Securidad Nuclear y Salvaguardias, U.S. NRC**
Datum: 8.9.1989 bzw. 6.10.1989
Quelle: unveröffentlicht
Gegenstand: Frühwarnung, Informationaustausch: grenznahe Anlagen, Notfallplanung
Status: in Kraft am 6.10.1989
Zusatz: Implementing Procedures for the Exchange of Technical Information and Cooperation in Nuclear Safety Matters between the Nuclear Reguilatory Commission of the United States and the Comision Nacional de Seguridad Nuclear y Salvaguardias of Mexico

Niederlande

Registriernummer: B-NL/13/9/76 und 27/10/76
Vertragspartner: **Niederlande, Belgien**
Datum: 23.9.1976 und 27.10.1976
Quelle: HW: Commission of EC, B.1
Gegenstand: Hilfeleistung, Notfallplanung
Status: ./.
Zusatz: Exchange of Letters between the „Minister van Volksgezondheid en Milieuhygiene“ and the „MInister van Binnenlandse Zaken“

Registriernummer: D-NL/2/11/77
Vertragspartner: **Niederlande, Deutschland**
Datum: 2.11.1977

Quelle:	(IAEA, Leg.Ser. 15, 293)
Gegenstand:	Informationsaustausch: grenznahe Anlagen
Status:	in Kraft am 28.10.1977, konkretisiert durch Beschluss der niederländisch-deutschen Kommission für grenznahe kerntechnische Einrichtungen vom 21.5.1981
Zusatz:	Memorandum über gegenseitige Unterrichtung und Konsultation hinsichtlich grenznaher kerntechnischer Einrichtungen

Registriernummer:	B-NL/2/4/79 und 25/9/79
Vertragspartner:	**Niederlande, Belgien**
Datum:	2.4.1979; 25.9.1979
Quelle:	HW: Commission of the EC, B.2
Gegenstand:	Frühwarnung
Status:	./.
Zusatz:	Afspraak tussen de Commissarissen de Koningin van Zeeland en de Goeverneur van de provincie West-Vlaanderen inzake wederzijdse alarmering bij rampsituaties in de Nederlandse provincie Zeeland en de Belgische provincie West-Vlaanderen

Registriernummer:	B-NL/4/8/78 und 22/9/78 und 3/10/79
Vertragspartner:	**Niederlande, Belgien**
Datum:	4.8.1979; 22.9.1979 und 3.10.1978
Quelle:	Bestuursmemorial van de provincie Antwerpen, 23.10.1978, pp. 2126
Gegenstand:	Frühwarnung
Status:	./.
Zusatz:	Afspraak tussen de Commissarissen de Koningin van Noord-Brabant en Zeeland en de Goeverneur van de provincie Antwerpen inzake wederzijdse alarmering bij rampsituaties in de Nederlandse provincie Noord-Brabant en/of Zeeland en de Belgische provincie Antwerpen

Registriernummer:	B-NL/16/7/79; 15/8/79 und 6/9/79
Vertragspartner:	**Niederlande, Belgien**
Datum:	17.7.;15.8. und 6.9.1979
Quelle:	HW: Commission of the EC, B.2
Gegenstand:	Frühwarnung
Status:	./.
Zusatz:	Afspraak tussen de Commissarissen de Koningin van Noord-Brabant en Zeeland en de Goeverneur van de provincie West-Vlaanderen inzake wederzijdse alarmering bij rampsituaties in de Nederlandse provincie Noord-Brabant en/of Zeeland en de Belgische provincie Oost-Vlaanderen

Registriernummer:	B-NL/14/11/84
Vertragspartner:	**Niederlande, Belgien**
Datum:	14.11.1984
Quelle:	Tractatenblad van het Koninkrijk der Nederlanden 1984, 155
Gegenstand:	allgemeine Nothilfe
Status:	in Kraft am 1.11.1988

Zusatz:	Overeenkomst tussen het Koninkrijk der Nederlanden en het Koninkrijk Belgie inzake wederzijdse bijstandsverlening bij het bestrijden van rampen en ongevallen
Registernummer:	B-NL/20/12/90
Vertragspartner:	**Niederlande, Belgien**
Datum:	20.12.1990
Quelle:	unveröffentlicht
Gegenstand:	Frühwarnung, Erfahrungsaustausch
Status:	in Kraft am 21.12.1990
Zusatz:	Memorandum van overeenstemming tussen het Koninkrijk Belgie et het Koninkrijk der Nederlanden inzake vroetijdige kennisgeving van een nucleair ongeval en uitwisseling van informatie betreffende de werking van nucleaire installaties

Norwegen

Registriernummer:	N-S/21/10/86
Vertragspartner:	**Norwegen, Schweden**
Datum:	21.10.1986
Quelle:	Overenkomster med fremmede Stater 1987 Nr. 4, 766; SÖ 1987: 26
Gegenstand:	Informationsaustausch
Status:	22.7.1987
Zusatz:	Avtale mellom Norge og Sverige om informasjonsutveksling og varseling vedrørende svenske og norge kjernetekniske anlegg m.m.
Registriernummer:	N-SF/25/2/87
Vertragspartner:	**Norwegen, Finnland**
Datum:	25.2.1987
Quelle:	Overenkomster med fremmede Stater 1987 Nr. 7, 1438
Gegenstand:	Informationsaustausch
Status:	in Kraft am 24.8.1987
Zusatz:	Avtale mellom Norge og Finland om informasjonsutveksling og varseling vedrørende kjernetekniske anlegg og nukleære hendelser
Registriernummer:	DDR-N/22/6/87
Vertragspartner:	**Norwegen, DDR**
Datum:	22.6.1987
Quelle:	(IAEA, Leg.Ser. 15, 238)
Gegenstand:	Informationsaustausch
Status:	in Kraft am 22.6.1987
Zusatz:	Abkommen zwischen der Regierung der Deutschen Demokratischen Republik und der Regierung des Königreichs Norwegen über Informations- und Erfahrungsaustausch auf dem Gebiet des Strahlenschutzes
Registriernummer:	GB-N/24/11/87
Vertragspartner:	**Norwegen, Großbritannien**
Datum:	24.11.1987
Quelle:	UKTS No. 30 (1988)

Gegenstand:	Frühwarnung, Erfahrungsaustausch
Status:	in Kraft am 7.1.1988
Zusatz:	Agreement between the Government of the United Kingdom of Great Britain and Northern Ireland and the Government of the Kingdom of Norway on Early Notification of a Nuclear Accident and Exchange of Information Concerning the Operation and Management of Nuclear Facilities

Registriernummer:	D-N/10/5/88
Vertragspartner:	**Norwegen, Deutschland**
Datum:	10.5.1988
Quelle:	BGBl. II 1988, 1097
Gegenstand:	Frühwarnung, Informationsaustausch
Status:	in Kraft am 30.8.1988
Zusatz:	Vereinbarung zwischen der Regierung der Bundesrepublik Deutschland und der Regierung des Königreichs Norwegen über Fragen gemeinsamen Interesses im Zusammenhang mit kerntechnischer Sicherheit und Strahlenschutz

Österreich

Registriernummer:	A-CS/18/11/82
Vertragspartner:	**Österreich, Tschechoslowakei**
Datum:	18.11.1982
Quelle:	öBGBl. 1984/208
Gegenstand:	Frühwarnung, Erfahrungsaustausch
Status:	in Kraft am 1.6.1984, aufgehoben durch Vertrag A-CS/25/10/1989
Zusatz:	Abkommen zwischen der Republik Österreich und der Tschechoslowakischen Sozialistischen Republik zur Regelung von Fragen gemeinsamen Interesses im Zusammenhang mit Kernkraftanlagen

Registriernummer:	A-H/7/6/84
Vertragspartner:	**Österreich, Ungarn**
Datum:	7.6.1984
Quelle:	ÖBGBl. 1985/415
Gegenstand:	allg. Umweltschutz
Status:	in Kraft am 8.11.1985
Zusatz:	Vertrag zwischen der Republik Österreich und der Ungarischen Volksrepublik über die Zusammenarbeit auf dem Gebiet des Umweltschutzes

Registriernummer:	A-H/29/4/87
Vertragspartner:	**Österreich, Ungarn**
Datum:	29.4.1987
Quelle:	ÖBGBl. 1987/454; Magyar Közlöny v. 10.12.1987
Gegenstand:	Frühwarnung, Erfahrungsaustausch
Status:	in Kraft am 1.11.1987
Zusatz:	Vertrag zwischen der Regierung der Republik Österreich und der Regierung der Ungarischen Volksrepublik zur Regelung von Fragen gemeinsamen Interesses in Zusammenhang mit kerntechnischen Anlagen

Registriernummer: A-DDR/3/5/88
Vertragspartner: **Österreich, DDR**
Datum: 3.5.1988
Quelle: öBGBl. 1989/128
Gegenstand: Frühwarnung, Erfahrungsaustausch
Status: in Kraft am1.4.1989
Zusatz: Abkommen zwischen der Regierung der Republik Österreich und der Regierung der Deutschen Demokratischen Republik über Informations- und Erfahrungsaustausch auf dem Gebiet des Strahlenschutzes samt Anlage

Registriernummer: A-SU/12/9/1988
Vertragspartner: **Österreich, Sowjetunion**
Datum: 12.9.1988
Quelle: öBGBl. 1990/130
Gegenstand: Frühwarnung, Erfahrungsaustausch
Status: in Kraft am 26.3.1990
Zusatz: Abkommen zwischen der Regierung der Republik Österreich und der Regierung der Union der Sozialistischen Sowjetrepubliken über die frühzeitige Benachrichtigung bei einem nuklearen Unfall und den Informationsaustausch über Kernanlagen

Registriernummer: A-CS/25/10/1989
Vertragspartner: **Österreich, Tschechoslowakei**
Datum: 25.10.1987
Quelle: öBGBl. 1990/565
Gegenstand: Frühwarnung, Informationsaustausch
Status: in Kraft am 23.7.1990; Notenwechsel (österreichische bestätigende Note vom 27.5.1991) bringt Auslegung des Art. 2, Abs. 2; löst Vertrag vom 18.11.1982 ab
Zusatz: Abkommen zwischen der Regierung der Republik Österreich und der Tschechoslowakischen Sozialistischen Republik zur Regelung von Fragen gemeinsamen Interesses im Zusammenhang mit der nuklearen Sicherheit und dem Strahlenschutz

Registriernummer: A-PL/15/12/89
Vertragspartner: **Österreich, Polen**
Datum: 15.12.1989
Quelle: öBGBl. 1990/643
Gegenstand: Informationsaustausch
Status: in Kraft am1.12.1990
Zusatz: Abkommen zwischen der Regierung der Republik Österreich und der Regierung der Volksrepublik Polen über Informationsaustausch und Zusammenarbeit auf dem Gebiet der nuklearen Sicherheit und des Strahlenschutzes

Polen

Registriernummer: DK-PL/22/12/87
Vertragspartner: **Polen, Dänemark**
Datum: 22.12.1987
Quelle: (41 NLB 49.(1988))

Gegenstand: Frühwarnung, Erfahrungsaustausch
Status: ./.
Zusatz: Aftale mellem Kongeriget Danmarks regering og den Polske Folkerepubliks regering vedrørende informationsudveksling og smarabejde på området nuklear sikkerhed og strålebeskyttelse

Registriernummer: A-PL/15/12/89
Vertragspartner: **Polen, Österreich**
Datum: 15.12.1989
Quelle: öBGBl. 1990/643
Gegenstand: Informationsaustausch
Status: in Kraft am 1.12.1990
Zusatz: Abkommen zwischen der Regierung der Republik Österreich und der Regierung der Volksrepublik Polen über Informationsaustausch und Zusammenarbeit auf dem Gebiet der nuklearen Sicherheit und des Strahlenschutzes

Portugal

Registriernummer: P-E/31/3/80a
Vertragspartner: **Portugal, Spanien**
Datum: 31.3.1980
Quelle: BOE 17.8.1981, 18859
Gegenstand: Frühwarnung, Informationsaustausch: grenznahe Anlagen
Status: in Kraft am 13.7.1981
Zusatz: Acuerdo sobre Cooperación en materia de Seguridad de las instalaciones nucleares fronterizas entre España y la República de Portugal

Registriernummer: P-E/31/3/80b
Vertragspartner: **Portugal, Spanien**
Datum: 31.3.1980
Quelle: BOE 22.5.1980, 11077
Gegenstand: allgemeine Nothilfe
Status: in Kraft am 31.3.1980
Zusatz: Convenio de Asistencia Mutua entre los Servicios contra Incendio y de Socorro Portugueses y Españoles

Registriernummer: P-E/31/3/80c
Vertragspartner: **Portugal, Spanien**
Datum: 31.3.1980
Quelle: DR 1981, I 2043
Gegenstand: Informationsaustausch: grenznahe Anlagen
Status: in Kraft am 31.5.1980
Zusatz: Protocolo entre o Gabinete de Protecção e Segurança Nuclear de Portugal e a Junta de Energia Nuclear de Espanha Relativo a Informação Técnica das Instalações Nucleares de Fronteira; Ergänzungsprotokoll zum Abkommen P-E/31/3/80a

Schweden

Registriernummer: DK-S/11/4/85
Vertragspartner: **Schweden, Dänemark**
Datum: 11.4.1985

Quelle: SÖ 1986: 15
Gegenstand: Frühwarnung, Erfahrungsaustausch, Hilfeleistung
Status: in Kraft am 11.4.1985
Zusatz: Avtal mellan den danska och den svenska regeringen om informationsutbyte rörande Barsbäcksverket

Registriernummer: DK-S/21/10/86
Vertragspartner: **Schweden, Dänemark**
Datum: 21.10.1986
Quelle: SÖ 1987: 12
Gegenstand: Frühwarnung, Informationsaustausch
Status: 21.10.1986
Zusatz: Avtal mellan Sverige och Danmark om informationsutbyte och varsel rörande svenska och danska kärntekniska anläggningar m.m.

Registriernummer: N-S/21/10/86
Vertragspartner: **Schweden, Norwegen**
Datum: 21.10.1986
Quelle: SÖ 1987: 26; Overenskomster med fremmede Stater 1987, Nr. 4, 766
Gegenstand: Frühwarnung, Informationsaustausch
Status: in Kraft am 22.7.1987
Zusatz: Avtal mellan Sverige och Norge om informationsutbyte och varsel rörande svenska och norska kärntekniska anläggningar m.m.

Registriernummer: SF-S/25/2/87
Vertragspartner: **Schweden, Finnland**
Datum: 25.2.1987
Quelle: SÖ 1987: 16
Gegenstand: Frühwarnung, Informationsaustausch
Status: in Kraft am 23.5.1987
Zusatz: Avtal mellan Sverige och Finland om informationsutbyte och varsel rörande svenska och finska kärntekniska anläggningar m.m.

Registriernummer: S-SU/13/1/88
Vertragspartner: **Schweden, Sowjetunion**
Datum: 13.1.1988
Quelle: SÖ 1988: Nr. 5
Gegenstand: Frühwarnung, Erfahrungsaustausch
Status: in Kraft am 3.4.1988
Zusatz: Avtal mellan Sveriges regering och De Socialistiska Rådsrepublikernas Unions regering om varsel vid kärenergiolycka och om informationsutbyte rörande kärntekniska anläggningar

Registriernummer: DDR-S/12/4/89
Vertragspartner: **Schweden, DDR**
Datum: 12.4.1989
Quelle: (IAEA Leg.Ser. 15, 255)
Gegenstand: Frühwarnung, Erfahrungsaustausch

Status: in Kraft am 12.4.1989
Zusatz: Abkommen zwischen der Regierung des Königreichs Schweden und der Regierung der Deutschen Demokratischen Republik über die Benachrichtigung bei nuklearen Unfällen und den Informationsaustausch über Kernanlagen

Registriernummer: D-S/25/9/1990
Vertragspartner: **Schweden, Deutschland**
Datum: 25.9.1990
Quelle: BGBl.II 1991, 421; SÖ 1990: 64
Gegenstand: Frühwarnung, Erfahrungsaustausch
Status: in Kraft am 5.12.1991
Zusatz: Abkommen zwischen der Regierung des Königreichs Schweden und der Bundesrepublik Deutschland über die frühzeitige Benachrichtigung bei nuklearen Unfällen sowie über den Informations- und Erfahrungsaustausch bezüglich kerntechnischer Sicherheit und Strahlenschutz

Schweiz

Registriernummer: D-CH/31/5/78
Vertragspartner: **Schweiz, Deutschland**
Datum: 31.5.1978
Quelle: BGBl.II 1980, 563
Gegenstand: Frühwarnung
Status: in Kraft am 10.1.1979, novelliert durch am 25.3.1988 in Kraft getretenen Notenaustausch vom 15.2.1980, BGBl II 1988, 653; vom 25.7.1986, BGBl. II 1988, 519; mit Durchführungsbestimmungen vom 25.7.1986, BGBl.II 1988, 520
Zusatz: Vereinbarung zwischen der Regierung der Bundesrepublik Deutschland und dem Schweizerischen Bundesrat über den radiologischen Notfallschutz

Registriernummer: F-CH/18/10/79
Vertragspartner: **Schweiz, Frankreich**
Datum: 18.10.1979
Quelle: J.O.R.F. 16.4.80, 1006; Sammlung eidgenössischer Gesetze 1980, 19
Gegenstand: Frühwarnung
Status: in Kraft am 13.12.1979, ersetzt durch Vertrag vom 30.11.1989
Zusatz: Accord entre le Gouvernement de la République française et le Conseil Fédéral de la Suisse sur les échanges d'information en cas d'accident pouvant avoir des conséquences radiologiques

Registriernummer: D-CH/15/2/80
Vertragspartner: **Schweiz, Deutschland**
Datum: 15.2.1980
Quelle: BGBl.II 1980, 563
Gegenstand: Frühwarnung
Status: in Kraft am 25.3.1980
Zusatz: Notenwechsel vom 15.2.1980 betreffs Änderung der Nummmer 12 der Vereinbarung vom 31.5.1978

Registriernummer: D-CH/10/8/82
Vertragspartner: **Schweiz, Deutschland**
Datum: 10.8.1982
Quelle: BGBl.II 1983, 734
Gegenstand: Informationsaustausch: grenznahe Anlagen
Status: in Kraft am 19.9.1983
Zusatz: Vereinbarung zwischen der Regierung der Bundesrepublik Deutschland und der Regierung der Schweizerischen Eidgenossenschaft über die gegenseitige Unterrichtung beim Bau und beim Betrieb grenznaher kerntechnischer Einrichtungen

Registriernummer: D-CH/28/11/84
Vertragspartner: **Schweiz, Deutschland**
Datum: 28.11.1984
Quelle: BGBl.II 1987,74
Gegenstand: allgemeine Nothilfe
Status: in Kraft am 1.12.1988
Zusatz: Abkommen zwischen der Bundesrepublik Deutschland und der Schweizerischen Eidgenossenschaft über die gegenseitige Hilfeleistung bei Katastrophen oder schweren Unglücksfällen

Registriernummer: D-CH/25/7/86
Vertragspartner: **Schweiz, Deutschland**
Datum: 25.7.1986
Quelle: BGBl.II 1988, 519
Gegenstand: Nothilfe
Status: in Kraft am 25.3.1988
Zusatz: Vereinbarung zwischen der Regierung der Bundesrepublik Deutschland und dem Schweizerischen Bundesrat zur Änderung der Vereinbarung über den radiologischen Notfallschutz, D-CH/31/5/80

Registriernummer: F-CH/14/1/87
Vertragspartner: **Schweiz, Frankreich**
Datum: 14.1.1987
Quelle: J.O.R.F. 9.4.1989, 4565 ; (91 RGDIP 1063 (1987))
Gegenstand: allgemeine Nothilfe
Status: 1.4.1989
Zusatz: Accord entre le Gouvernement de la République française et le Conseil Fédéral Suisse sur l'assistance mutuelle en cas de catastrophe ou d'accident grave

Registriernummer: F-CH/30/11/1989
Vertragspartner: **Schweiz, Frankreich**
Datum: 30.11.1989
Quelle: J.O.R.F. 21.3.1990, 3421
Gegenstand: Frühwarnung
Status: in Kraft am 18.1.1990, löst Vertrag vom 18.10.1979
Zusatz: Accord entre le Gouvernement de la République française et le Conseil Fédéral Suisse sur les échanges d'information en cas d'incident ou d'accident pouvant avoir des conséquences radiologiques

Registriernummer: I-CH/15/12/89
Vertragspartner: **Schweiz, Italien**
Datum: 15.12.1989
Quelle: AS 1990 592
Gegenstand: Frühwarnung, Informationsaustausch
Status: in Kraft am 26.2.1990
Zusatz: Abkommen zwischen dem Schweizerischen Bundesrat und der Regierung der Italienischen Republik über den frühzeitigen Informationsaustausch bei nuklearen Zwischenfällen

Sowjetunion

Registriernummer: SF-SU/7/1/87
Vertragspartner: **Sowjetunion, Finnland**
Datum: 7.1.1987
Quelle: Finlands Författininssamling, FÖFmfM Nr. 39 (1987); (39 NLB 54 (1987))
Gegenstand: Frühwarnung, Erfahrungsaustausch
Status: in Kraft am 18.7.1987
Zusatz: Avtal on tidig information vid kärnolyckoe och informationsutbyte rörande kärrnanlaggninger/ Agreement between the Government of Finland and the Government of the Union of Socialist Republics on Early Notification of a Nuclear Accident and on the Exchange of Information relative to Nuclear Facilities

Registriernummer: DK-SU/12/11/87
Vertragspartner: **Sowjetunion, Dänemark**
Datum: 12.11.1987
Quelle: (IAEA, Leg.Ser. 15, 159)
Gegenstand: Frühwarnung, Erfahrungsaustausch
Status: ./.
Zusatz: Aftale mellem Kongeriget Danmarks Regering og Unionen af Socialistiske Sovjetrepublikkers Regering om hurtig varsling om nukleare uheld samt om udveksling af information om atomanlæg

Registriernummer: S-SU/13/1/88
Vertragspartner: **Sowjetunion, Schweden**
Datum: 13.1.1988
Quelle: SÖ 1988: 5
Gegenstand: Erfahrungsaustausch
Status: in Kraft am 3.4.1988
Zusatz: Avtal mellan Sveriges regering och De Socialistika Rådsrepublikernas Unions regering om varsel vid kärenergilycka och om informationsutbyte rörande kärntekniska anläggningar

Registriernummer: TR-SU/29/7/88
Vertragspartner: **Sowjetunion, Türkei**
Datum: 29.7.1988
Quelle: HW: 42 NLB 52 (1988)
Gegenstand: Frühwarnung, Erfahrungsaustausch

Status:	paraphiert am 29.7.1988
Zusatz:	inoff: Agreement on Early Notification of Nuclear Accidents and Exchange of Information of Nuclear Facilities

Registriernummer:	A-SU/12/9/88
Vertragspartner:	**Sowjetunion, Österreich**
Datum:	12.9.1988
Quelle:	öBGBl. 1990/130
Gegenstand:	Frühwarnung, Erfahrungsaustausch
Status:	in Kraft am 26.3.1990
Zusatz:	Abkommen zwischen der Regierung der Republik Österreich und der Regierung der Union der Sozialistischen Sowjetrepubliken über die frühzeitige Benachrichtigung bei einem nuklearen Unfall und den Informationsaustausch über Kernanlagen

Registriernummer:	D-SU/25/10/88
Vertragspartner:	**Sowjetunion, Deutschland**
Datum:	25.10.1988
Quelle:	BGBl.II 1990, 165
Gegenstand:	Frühwarnung, Erfahrungsaustausch
Status:	in Kraft am 16.2.1989; novelliert durch am 8.1.1990 in Kraft getretene Verbalnote vom 13.6.1989, BGBl.II 1990, 165
Zusatz:	Abkommen zwischen der Regierung der Bundesrepublik Deutschland und der Regierung der Union der Sozialistischen Sowjetrepubliken über die frühzeitige Benachrichtigung bei einem nuklearen Unfall und den Informationsaustausch über Kernanlagen

Registriernummer:	GB-SU/10/4/90
Vertragspartner:	**Sowjetunion, Großbritannien**
Datum:	10.4.1990
Quelle:	UKTS no. 54 (1990)
Gegenstand:	Frühwarnung, Informationsaustausch
Status:	in Kraft am 10.4.1990
Zusatz:	Agreement between the Government of the United Kingdom of Great Britain and Northern Ireland and the Government of the Union of Soviet Socialist Republics on Early

Spanien

Registriernummer:	P-E/31/3/80a
Vertragspartner:	**Spanien, Portugal**
Datum:	31.3.1980
Quelle:	BOE 17.8.1981, 18859
Gegenstand:	Frühwarnung, Informationsaustausch: grenznahe Anlagen
Status:	in Kraft am 13.7.1981
Zusatz:	Acuerdo sobre Cooperación en materia de Seguridad de las instalaciones nucleares fronterizas entre España y la República de Portugal

Registriernummer:	P-E/31/3/80b
Vertragspartner:	**Spanien, Portugal**
Datum:	31.3.1980
Quelle:	BOE 22.5.1980, 11077

Gegenstand:	allgemeine Nothilfe
Status:	in Kraft am 31.3.1980
Zusatz:	Convenio de Asistencia Mutua entre los Servicios contra Incendio y de Socorro Portugueses y Españoles
Registriernummer:	P-E/31/3/80c
Vertragspartner:	**Spanien, Portugal**
Datum:	31.3.1980
Quelle:	Diario da Republica 1981, I 2043
Gegenstand:	Informationsaustausch: grenznahe Anlagen
Status:	in Kraft am 31.5.1980
Zusatz:	Protocolo entre o Gabinete de Protecção e Segurança Nuclear de Portugal e a Junta de Energia Nuclear de Espanha Relativo a Informação Técnica das Instalações Nucleares de Fronteira; Ergänzungsprotokoll zum Abkommen P-E/31/3/80a

Tschechoslowakei (ČSFR)

Registriernummer:	A-CS/18/11/82
Vertragspartner:	**Tschechoslowakei, Österreich**
Datum:	18.11.1982
Quelle:	öBGBl. 1984/208
Gegenstand:	Frühwarnung, Erfahrungsaustausch
Status:	in Kraft am 1.6.1984, aufgehoben durch Vertrag vom 25.10.1989
Zusatz:	Abkommen zwischen der Republik Österreich und der Tschechoslowakischen Sozialistischen Republik zur Regelung von Fragen gemeinsamen Interesses im Zusammenhang mit Kernkraftanlagen
Registriernummer:	A-CS/25/10/89
Vertragspartner:	**Tschechoslowakei, Österreich**
Datum:	25.10.1989
Quelle:	öBGBl. 1990/565
Gegenstand:	Frühwarnung, Erfahrungsaustausch
Status:	in Kraft am 23.7.1970, ausgelegt durch Notenwechsel (österreichische Note vom 27.5.1991; löst Vertrag vom 18.11.1982 ab
Zusatz:	Abkommen zwischen der Regierung der Republik Österreich und der Tschechoslowakischen Sozialistischen Republik zur Regelung von Fragen gemeinsamen Interesses im Zusammenhang mit der nuklearen Sicherheit und dem Strahlenschutz
Registriernummer:	D-CS/30/5/90
Vertragspartner:	**Tschechoslowakei, Deutschland**
Datum:	30.5.1990
Quelle:	BGBl.II 1990, 1307
Gegenstand:	Frühwarnung, Informationsaustausch
Status:	in Kraft am 2.8.1990
Zusatz:	Abkommen zwischen der Regierung der Bundesrepublik Deutschland der Regierung der Tschechischen und Slowakischen Föderativen Republik zur Regelung von Fragen gemeinsamen Interesses in Zusammenhang mit kerntechnischer Sicherheit und Strahlenschutz

Registriernummer: CS-H/20/9/90
Vertragspartner: **Tschechoslowakei, Ungarn**
Datum: 20.9.1990
Quelle: HW: 47 NLB 70-71 (1991)
Gegenstand: Frühwarnung, Informationsaustausch
Status: ./.
Zusatz: inoffiziell: Agreement on Exchange of Information on Nuclear Safety and Radiation Protection between the Czech and Slovak Republic and Hungary

Türkei

Registriernummer: TR-SU/29/7/88
Vertragspartner: **Türkei, Sowjetunion**
Datum: 29.7.1988
Quelle: HW: 42 NLB 52 (1988)
Gegenstand: Frühwarnung, Erfahrungsaustausch
Status: paraphiert am 29.7.1988
Zusatz: inoffiz: Agreement on Early Notification of Nuclear Accidents and Exchange of Information of Nuclear Facilities

Ungarn

Registriernummer: A-H/7/6/84
Vertragspartner: **Ungarn, Österreich**
Datum: 7.6.1984
Quelle: öBGBl. 1985/415
Gegenstand: allg. Umweltschutz
Status: in Kraft am 8.11.1985
Zusatz: Vertrag zwischen der Republik Österrecih und der Ungarischen Volksrepublik über die Zusammenarbeit auf dem Gebiet des Umweltschutzes

Registriernummer: A-H/29/4/87
Vertragspartner: **Ungarn , Österreich**
Datum: 29.4.1987
Quelle: öBGBl. 1987/454; Magyar Közlöny v. 10.12.1987
Gegenstand: Frühwarnung, Informationsaustausch
Status: in Kraft am 1.11.1987
Zusatz: Vertrag zwischen der Regierung der Republik Österreich und der Regierung der Ungarischen Volksrepublik zur Regelung von Fragen gemeinsamen Interesses in Zusammenhang mit kerntechnischen Anlagen

Registriernummer: CS-H/20/9/1990
Vertragspartner: **Ungarn, Tschechoslowakei**
Datum: 20.9.1990
Quelle: HW: 47 NLB 70-71 (1990)
Gegenstand: Erfahrungsaustausch
Status: ./.
Zusatz: inoffiz: Agreement on Exchange of Information on Nuclear Safety and Radiation Protection between the Czech and Slovak Republic and Hungary

Registriernummer: D-H/26/9/90
Vertragspartner: **Ungarn, Deutschland**
Datum: 26.9.1990
Quelle: BGBl. II 1991, 889
Gegenstand: Frühwarnung, Infromationsaustausch
Status: in Kraft am 7.2.1991
Zusatz: Abkommen zwischen der Regierung der Bundesrepublik Deutschland und der Regierung der Republik Ungarn über Fragen gemeinsamen Interesses im Zusammenhang mit kerntechnischer Sicherheit und Strahlenschutz

Vereinigte Staaten von Amerika

Registriernummer: CAN-USA/9/9/75
Vertragspartner: **Province of New Brunswick, State of Maine**
Datum: 9.9.1975
Quelle: unveröffentlicht
Gegenstand: allgemeine Notfallplanung, Hilfeleistung
Status: in Kraft am 9.9.1975; Erneuerungsabkommen vor Abschluß
Zusatz: Letter of Understanding between the State of Maine, U.S.A. and the Province of New Brunsdwick, Canada on Civil Emergency Planning and Co-operative Emergency Arrangements

Registriernummer: MEX-USA/8/4/81
Vertragspartner: **U.S. NRC, Comision Nacional de Seguridad Nuclear y Salvaguardias**
Datum: 8.4.1981
Quelle: (IAEA Leg.Ser. 15, 371.)
Gegenstand: Erfahrungsaustausch u. Zusammenarbeit
Status: in Kraft am 8.4.1981;
zuletzt novelliert durch MEX/USA/6/10/89
Zusatz: inoffiz.: Arrangements between the Comision Nacional de Seguridad Nuclear y Salvaguardias of Mexico and the United States Nuclear Regulatory Commission for the Exchange of Technical Information and Cooperation in Nuclear Safety Matters

Registriernummer: MEX-USA/14/8/1983
Vertragspartner: **Vereinigte Staaten von Amerika, Mexiko**
Datum: 14.8.1983
Quelle: (22 ILM 1025 (1983))
Gegenstand: allg. Umweltschutz
Status: in Kraft am 16.2.1984
Zusatz: Agreement Between the United States of America and the United Mexican States on Cooperation for the Protection and Improvement of the Environment in the Border Area

Registriernummer: CAN-USA/28/4/86
Vertragspartner: **Vereinigte Staaten von Amerika, Kanada**
Datum: 28.4.1986
Quelle: unveröffentlicht

Gegenstand: allgemeine Notfallplanung
Status: in Kraft am 28.4.1986
Zusatz: Agreement between the Government of the United States of America and the Government of Canada on Cooperation in Comprehensive Civil Emergency Planning and Management

Registriernummer: CAN-USA/28/4/87
Vertragspartner: **State of Michigan, Province of Ontario**
Datum: 28.4.1987
Quelle: unveröffentlicht
Gegenstand: Frühwarnung, Hilfeleistung
Status: in Kraft am 28.4.1987
Zusatz: inoffiz: „Letters of Agreement" zwischen Department of State Police und Emergency Planning Ontario, vom 6.1.1987 bzw. 28.4.1987

Registriernummer: CAN-USA/21/6/89
Vertragspartner: **U.S. NRC, AECB**
Datum: 21.6.1989
Quelle: unveröffentlicht
Gegenstand: Informationsaustausch, allg. Zusammenarbeit
Status: in Kraft am 21.6.1989
Zusatz: Administrative Arrangement between the United States Nuclear Regulatory Commission and the Atomic Energy Control Board of Canada for Cooperation and the Exchange of Information in Nuclear Regulatory Matters

Registriernummer: MEX-USA/6/10/89
Vertragspartner: **U.S. NRC, Comision Nacional de Securidad Nuclear y Salvaguardias**
Datum: 8.9.1989 bzw. 6.10.1989
Quelle: unveröffentlicht
Gegenstand: Frühwarnung, Informationaustausch: grenznahe Anlagen, Notfallplanung
Status: in Kraft am 6.10.1989
Zusatz: Implementing Procedures for the Exchange of Technical Information and Cooperation in Nuclear Safety Matters between the Nuclear Reguilatory Commission of the United States and the Comision Ncaional de Seguridad Nuclear y Salvaguardias of Mexico

Registriernummer: CAN-USA/13/8/91
Vertragspartner: **State of Ohio, Province of Ontario**
Datum: 13.8.1991
Quelle: Ohio Plan for Response to Radiation Emergencies at Licensed Nuclear Facilities (Section III, Figure III-18).
Status: in Kraft am 13.8.1991; wird jährlich erneuert
Zusatz: Letter of Agreement between the State of Ohio Emergency Management Agency and the Province of Ontario Ministry of the Solicitor General

L. Multilaterale Verträge

International Atomic Energy Agency

Registriernummer:	IAEO / Frühwarn
Vertragspartner:	**unbeschränkt**
Datum:	26.9.1986
Quelle:	IAEA, INFCIRC/335, 18.11.1986
Gegenstand:	Frühwarnung
Status:	in Kraft am 27.10.1986
Zusatz:	Convention of Early Notification of a Nuclear Accident

Registriernummer:	IAEO / Hilfe
Vertragspartner:	**unbeschränkt**
Datum:	26.9.1986
Quelle:	IAEA, INFCIRC/336, 18.11.1986
Gegenstand:	Hilfeleistung
Status:	in Kraft am 26.2.1987
Zusatz:	Convention on Assistance in the Case of a Nuclear Accident or Radiological Emergency

Nordische Staaten

Registriernummer:	Nord / 17 / 10 / 63
Vertragspartner:	**IAEO, Dänemark, Finnland, Norwegen, Schweden**
Datum:	17.10.1963
Quelle:	525 UNTS 76; SO 1965: 85
Gegenstand:	Hilfeleistung
Status:	in Kraft am 19.6.1964; für Dänemark 17.8.1964
Zusatz:	Nordic Mutual Emergency Assistance Agreement in Connection with Radiation Accidents between the International Atomic Energy Agency and Denmark, Finland, Norway, Sweden

Registriernummer:	Nord / 7 / 12 / 73
Vertragspartner:	**Dänemark, Finnland, Norwegen, Schweden**
Datum:	7.12.1973
Quelle:	(17 NLB 38 (1977))
Gegenstand:	Erfahrungsaustausch
Status:	in Kraft am 15.11.1976
Zusatz:	Guidelines for Nordic Cooperation Concerning Nuclear Installations in the Border Areas between Denmark, Finland, Norway and Sweden in Respect of Nuclear Safety Conditions

Registriernummer:	Nord / 20 / 1 / 89
Vertragspartner:	**Dänemark, Finnland, Norwegen, Schweden**
Datum:	20.1.1989
Quelle:	(19 Env.Pol'y & L. 136 (1989))
Gegenstand:	allgemeine Hilfeleistung
Status:	./.
Zusatz:	Agreement between Denmark, Finland, Norway and Sweden on Cooperation over National Territorial Borders with the Aim of Preventing or Limiting Damage to Man or Property or the Environment in the Event of Accidents

United Nations Economic Commission for Europe

Registriernummer: ECE/25/2/91
Vertragspartner: **Mitgliedstaaten der U.N. ECE**
Datum: 25.2.1991
Quelle: 30 ILM 802 (1991)
Gegenstand: Grenzüberschreitende Umweltverträglichkeitsprüfung
Status: noch nicht in Kraft
Zusatz: Convention on Environmental Impact Assessment in a Transboundary Context

M. Entscheidungen / Richtlinien / Empfehlungen Internationaler Organisationen

Europäische Gemeinschaft

Registriernummer: 85/337/EWG
Vertragspartner: **Mitgliedstaaten der EG**
Datum: 27.6.1985
Quelle: ABl. L 174/40, 5.7.1985
Gegenstand: Umweltverträglichkeitsprüfung
Status: nationale Umsetzungsfrist: 3.7.1988
Zusatz: Richtlinie des Rates vom 27. Juni 1985 über die Umweltverträglichkeitsprüfung bei bestimmten öffentlichen und privaten Projekten

Registriernummer: 87/660/EURATOM
Vertragspartner: **Mitgliedstaaten der EG**
Datum: 14.12.1987
Quelle: Abl. L 371/76, 31.12.87
Gegenstand: Frühwarnung
Status: nationale Umsetzungsfrist: 14.2.1988
Zusatz: Ratsentscheidung vom 14. Dezember 1987 über Gemeinschaftsvereinbarungen für den beschleunigten Informationsaustausch im Falle einer radiologischen Notstandssituation

Registriernummer: 89/618/EURATOM
Vertragspartner: **Mitgliedstaaten der EG**
Datum: 27.11.1989
Quelle: ABl. L 357/31, 7.12.1989
Gegenstand: Unterrichtung der Bevölkerung im Notfall
Status: nationale Umsetzungsfrist: 27.11.1991
Zusatz: Richtlinie des Rates vom 27. November 1989 über die Unterrichtung der Bevölkerung die bei einer radiologischen Notstandssituation geltenden Verhaltensregeln und zu ergreifenden Gesundheitsschutzmaßnahmen

Registriernummer:	90/313/EWG
Vertragspartner:	**Mitgliedstaaten der EG**
Datum:	7.6.1990
Quelle:	ABl. L 158/56, 23.6.1990
Gegenstand:	Umweltinformation, allgemein
Status:	nationale Umsetzungsfrist: 31.12.1992
Zusatz:	Richtlinie des Rates über den freien Zugang zu Umweltinformationen

Rat für gegenseitige Wirtschaftshilfe (RGWH / COMECON)

Registriernummer:	RGWH/6/4/84
Vertragspartner:	**Mitgliedstaaten des COMECON**
Datum:	6.4.1984
Quelle:	(IAEA Leg.Ser.No. 15, 482)
Gegenstand:	Frühwarnung; Informationsaustausch: grenznahe Anlagen
Status:	./.
Zusatz:	Criteria for the Levels of Radioactive Releases from Nuclear Power Plants into the Environment at which it is Necessary to Inform the Other CMEA Member Countries

Literaturverzeichnis

Adede, A.: The IAEA Notification and Assistance Conventions in Case of a Nuclear Accident (1987)

— „Toward a Convention for the Settlement of International Claims Arising from Transboundary Nuclear Pollution Damage“, BNA, IER, Analysis & Perspective 351 (1988)

— „Overview of Legal and Technical Aspects of Nuclear Accident Pollution“, in: D. Magraw (Hrsg.), International Law and Pollution 129 (1991)

Albano et al.: „Emergency Planning for the First Philippine Nuclear Power Plant“, in International Atomic Energy Agency, Emergency Planning and Preparedness for Nuclear Facilities, Proceedings of a Symposium, Rome, 4-8 November 1985, 65 (1986)

Albright: „Chernobyl and the U.S. Nuclear Industry“, 42 Bulletin of Atomic Scientists 38 (November 1986)

Anthony: „Nuclear Safety Philosophy in the United Kingdom“, 27 Nuclear Safety 443 (1986)

Asculai/Collins: „The IAEA's Emergency Assistance Services“, 30 IAEA Bulletin No. 3, 22 (1988)

Autexier: „Participation à la procedure administrative non-contentieuse française des personnes concernees en cas de pollution transfrontalière“, in: G. Ress (Hrsg.), Grenzüberschreitende Verfahrensbeteiligung im Umweltrecht der Mitgliedstaaten der Europäischen Gemeinschaften 130 (1985)

Baram, M.,/*Partan*, D. (Hrsg.): Corporate Disclosure of Environmental Risks. U.S. and European Law (1990)

Bernhardt: „Custom and Treaty in the Law of the Sea“, 205 RdC 247 (1987)

Bethe: „U.S. Panel Assesses Chernobyl“, 42 Bulletin of Atomic Scientists 45 (Dezember 1986)

Beyerlin, U.: „Klagebefugnis von Ausländern gegen grenzüberschreitende Umweltbelastungen“, 44 ZaöRV 336 (1984)

— „Klagebefugnis ausländischer Grenznachbarn vor deutschen Verwaltungsgerichten“, 14 EuGRZ 116 (1987)

— Rechtsprobleme der lokalen grenzüberschreitenden Zusammenarbeit (1988)

Birkhofer: „Aufbau und Sicherheitseinrichtungen sowjetischer Reaktorbaulinien, Vergleiche mit deutschen Anlagen“, in Tschernobyl: Konsequenzen für die Bundesrepublik Deutschland, eine Dokumentation des VDI, 20 (1987)

Bischof: „Rechtsgrundlagen der internationalen Hilfeleistung bei Katastrophen- und Unglücksfällen, unter besonderer Berücksichtigung des Atomrechts“, in: V. Götz/D. Rauschning/G. Zieger (Hrsg.), Wirtschaft und Technik im Völkerrecht 227 (1982)

Bleckmann: „Die Völkerrechtsfreundlichkeit der deutschen Rechtsordnung", DöV 310 (1979)

Blix: „The Post-Chernobyl Outlook for Nuclear Power", 28 IAEA Bulletin No. 3, 9 (1986)

Blomquist / Hänninen / Vuorinen, „Emergency Planning by the Public Authorities in Finland", in International Atomic Energy Agency, Emergency Planning and Preparedness for Nuclear Facilities, Proceedings of a Symposium, Rome, 4-8 November 1985, 13 (1986)

Bothe: „Der Rechtsschutz ausländischer Nachbarn gegen umweltbelastende Anlagen im Grenzbereich", in FS zur 150-Jahr-Feier des Rechtsanwaltsvereins Hannover e.V. (1831-1981) 42 (1981)

— „Grenzüberschreitender Verwaltungsrechtsschutz gegen umweltbelastende Anlagen", 1 UPR 1 (1983)

Boyle: „Nuclear Energy and International Law: An Environmental Perspective", 60 BYIL 257 (1989).

Bruha: „Internationale Regelungen zum Schutz vor technisch-industriellen Umweltnotfällen", 44 ZaöRV 1 (1984)

Burmeister / Winter: „Akteneinsicht in der Bundesrepublik", in: G. Winter (Hrsg.), Öffentlichkeit von Umweltinformation 87 (1990)

Carillo / Murtra: „Incorporacion de las recomendaciones del OEIA al plan español de emergencia nuclear", in: International Atomic Energy Agency, Emergency Planning and Preparedness for Nuclear Facilities, Proceedings of a Symposium, Rome, 4-8 November 1985, 43 (1986)

Colson: „Gravelines, Cattenom, Tchernobyl et les autres...", 2/3 Rev.J.Env. 179 (1986)

Copič / Martinčič / Špiler: „Emergency Planning in Yugoslavia", in International Atomic Energy Agency, Emergency Planning and Preparedness for Nuclear Facilities, Proceedings of a Symposium, Rome, 4-8 November 1985, 27 (1986)

Diez: „Probleme des internationalen Nachbarrechts", 35 Schweiz.JIR 9 (1979)

Dupuy: „Limites materièlles des pollutions tolerées", in: M. Bothe / M. Prieur / G. Ress (Hrsg.), Rechtsfragen grenzüberschreitender Umweltbelastungen, Fachtagung Saarbrücken, 13.-15. Mai 1982, 27 (1984)

Ebbin, S. / *Kasper,* R.: Citizen Groups and the Nuclear Power Controversy: Uses of Scientific Technological Information (1974)

Ehlers: „Internationale und nationale Regelungen zum Schutz von Nord- und Ostsee vor radioaktiven Einträgen", in: N. Pelzer (Hrsg.), Friedliche Kernenergienutzung und Staatsgrenzen in Mitteleuropa 206 (1986)

Fletcher: „Fairness and Utility in Tort Theory", 85 Harvard Law Review 531 (1972)

Focarelli: „La reciprocità nel trattamento degli stranieri in Italia come forma di ritorsione o rappresaglia", 72 Riv.D.I. 825 (1989)

Gündling: „Die Wiederaufbereitungsanlage als Problem des Völkerrechts", in: A. Rossnagel (Hrsg.), Rechtsprobleme der Wiederaufbereitung 155 (1987)

Hafner: „Das Übereinkommen über Hilfeleistung bei nuklearen Unfällen oder strahlungsbedingten Notfällen", 39 ÖzöRV 19 (1988)

Handl: „Balancing of Interests and International Liability for the Pollution of International Watercourses: Customary Principles of Law Revisited", 13 Can.YBIL 156 (1975)

— „Territorial Sovereignty and the Problem of Transnational Pollution", 69 AJIL 50 (1975)

— „An International Legal Perspective on the Conduct of Abnormally Dangerous Activities in Frontier Areas: The Case of Nuclear Power Plant Siting", 7 ELQ 1 (1978)

— „The Principle of ‚Equitable Use' as Applied to Internationally Shared Natural Resources: Its Role in Resolving Potential International Disputes over Transfrontier Pollution", 14 RBDI 40 (1978-79)

— „The Environment: International Rights and Responsibilities", [1980] ASIL Proceedings 223

— „Managing Nuclear Wastes: The International Connection", 21 Nat.Res.J. 275 (1981)

— „National Uses of Transboundary Air Resources: The International Entitlement Issue Reconsidered", 26 Nat.Res.J. 405 (1986)

— „Transboundary Nuclear Accidents: The Post-Chernobyl Multilateral Legislative Agenda, 15 ELQ 203, 205-211 (1988)

— „Environmental Security and Global Change: The Challenge to International Law", 1 Y.B.Int'l Env.L. 3 (1990)

Hatzfeld, H. / *Hirsch,* H. / *Kollert* R. (Hrsg.): Der Gorleben Report (1979)

Hoegberg: „The Swedish Nuclear Safety Program", 29 Nuclear Safety 421 (1988)

Jain: Shared Natural Resources and the Concept of Appreciable or Significant Damage in International Law", 26 Indian JIL 138 (1986)

Jamgochian: „Regulatory Aspects of Emergency Planning", in: International Atomic Energy Agency, Emergency Planning and Preparedness for Nuclear Facilities, Proceedings of a Symposium, Rome, 4-8 November 1985, 523 (1986)

Jans: „Die Rechtsstellung der Nachbarstaaten und ihrer Bürger bei Errichtung und Betrieb von Kernanlagen. Eine Schilderung der Situation im niederländisch-deutschen Grenzgebiet", in: N. Pelzer (Hrsg.), Friedliche Kernenergienutzung und Staatsgrenzen in Mitteleuropa, 76 (1986)

Kapteyn: „Vergoeding schade Tsjernobyl — volkenrechtelijke aspecten", 42 NJB, 1329 (1986)

Kilian: „Völkerrechtliche Schranken grenzüberschreitender Umweltbelastungen — Diskussionsbericht —", in: M. Bothe / M. Prieur / G. Ress (Hrsg.), Rechtsfragen grenzüberschreitender Umweltbelastungen, Fachtagung Saarbrücken, 13.-15. Mai 1982, 57 (1984)

Kirgis: „Technological Challenge to the Shared Environment: United States Practice", 66 AJIL 290 (1972)

Kloepfer: „Internationalrechtliche Probleme grenznaher Kernkraftwerke", 25 AVR 277 (1987)

Kloepfer, M. / *Kohler,* C.: Kernkraftwerk und Staatsgrenze (1981)

Krämer: „The Implementation of Community Environmental Directives Within the Member States: Some Implications of the Direct Effects Doctrine", 3 J.Env.L 39 (1991)

Kriech, M.: Grenzüberschreitender Umweltschutz im schweizerischen Recht (1986)

Kriz: „Emergency Planning for Nuclear Power Plants in Czechoslovakia", in: International Atomic Energy Agency, Emergency Planning and Preparedness for Nuclear Facilities, Proceedings of a Symposium, Rome, 4-8 November 1985, 119 (1986)

Kromarek: „Grenzüberschreitende Umweltbelastungen aus der Sicht der Praxis — Resumé de la discussion —", in: M. Bothe/M. Prieur/G. Ress (Hrsg.), Rechtsfragen grenzüberschreitender Umweltbelastungen, Fachtagung Saarbrücken, 13.-15. Mai 1982, 83 (1984)

Lammers: „First (Preliminary) Report of the Committee", in: International Law Association, Report of the Sixty-First Conference, Paris 1984, 377 (1985)

— „The Present State of Research Carried out by the English-Speaking Section of the Centre for Studies and Research", in: Hague Academy of International Law, Centre for Studies and Research in International Law and International Relations, Transfrontier Pollution and International Law 89 (1985)

Lang: „Frühwarnung bei Nuklearunfällen", 39 ÖZöRV 9 (1988)

Lenaerts: „Nuclear Border Installations: A Case-Study", 13 European Law Review 159 (1988)

Lindhe/Jensen: „Emergency Planning in Sweden", in: International Atomic Energy Agency, Emergency Planning and Preparedness for Nuclear Facilities, Proceedings of a Symposium, Rome, 4-8 November 1985, 13 (1986)

Loibl: „Transboundary Environmental Cooperation: Dispute Avoidance and Settlement", 1 Y.B.Int'l Env.L. 76 (1990)

Malone: „The Chernobyl Accident: A Case Study in International Law Regulating State Responsibility for Transboundary Nuclear Pollution", 12 Col.J. Env.L. 203 (1987).

Metcalf: „The Regulatory Approach to Ensuring the Adequacy of Emergency Planning for Nuclear Power Stations in South Africa", in: International Atomic Energy Agency, Emergency Planning and Preparedness for Nuclear Facilities, Proceedings of a Symposium, Rome, 4-8 November 1985, 143 (1986)

Miehsler: „Zur Autorität von Beschlüssen internationaler Institutionen", in: C. Schreuer (Hrsg.), Autorität und internationale Ordnung 35 (1979).

Moser: „Offene Fragen des Genehmigungsverfahrens bei Kernkraftwerken an der Staatsgrenze, insbesondere im Hinblick auf das Völkerrecht", 73 NUCLEAR INTER JURA 195 (1973)

— „Das österreichisch-ungarische Abkommen über kerntechnische Anlagen", 43 ÖJZ 78 (1988)

— „Reziprozität im Atomhaftungsrecht", in: N. Pelzer (Hrsg.), Deutsches Atomenergierecht im internationalen Rahmen (1992)

— „Das Übereinkommen über die Hilfeleistung bei nuklearem Unfall oder radiologischem Notfall", 45 ÖJZ 767 (1990)

Muldoon, P./*Scriven,* D./*Olson,* J.: Cross-Border Litigation: Environmental Rights in the Great Lakes Ecosystem (1986)

Murley: „Developments in Nuclear Safety", 31 Nuclear Safety 1 (1990)

von Mutius: „Akteneinsicht im atom- und immissionsrechtlichen Genehmigungsverfahren" DVBl. 1978, 665

Note: „Parens Patriae and the Union Carbide Case: The Disaster at Bhopal Continues", 21 Cornell Int'l.L.J 181 (1988)

Oppermann, T. / *Kilian*, M.: Gleichstellung ausländischer Grenznachbarn in deutschen Umweltverfahren? (1981)

— „Transnationale Ausgestaltung deutscher Grundrechte?", in: F. Kronek / T. Oppermann (Hrsg.), Im Dienste Deutschland und des Rechtes, FS für W. Grewe 521 (1981)

Pacteau: „The Principle of Equal Right of Access of Foreigners in Cases of Transfrontier Pollution and Prospects of its Incorporation into French Law", Organisation for Economic Co-operation and Development, Legal Aspects of Transfrontier Pollution 203 (1977)

Pätzold: „Grenzüberschreitende Zusammenarbeit im Umweltbereich. Aktuelle rechtliche Tendenzen in Mitteleuropa", in: J. Schwarze / W. Graf Vitzthum (Hrsg.), Grundrechtsschutz im nationalen und internationalen Recht, FS f. Simson zum 75. Geburtstag 277 (1983)

Parry, C.: Sources and Evidences of International Law (1965)

Partan: „The ‚Duty to Inform' in International Environmental Law", 6 Boston Univ.JIL 43 (1988).

Pelzer: „Errichtung und Betrieb von Kernanlagen im Lichte des Völkerrechts", 25 Energiewirtschaftliche Tagesfragen 563 (1975)

— Problems Raised by Participation of Foreign Citizens in National Licensing Procedures — Aspects of Public International Law, NUCLEAR INTER JURA '83, San Francisco, 11.- 15. September 1983

— (Hrsg.): International Harmonization in the Field of Nuclear Energy Law, Proceedings of NUCLEAR INTER JURA ,85 (1986)

— „The Impact of the Chernobyl Accident on International Nuclear Energy Law", 25 AVR 294 (1987)

— „Überlegungen zur Novellierung des atomrechtlichen Haftungs- und Deckungsrechts in den 90er Jahren", in: R. Lukes (Hrsg.), Reformüberlegungen zum Atomrecht 455 (1991)

Perez: „Nuclear Power in Cuba after Chernobyl", 29 Journal of Interamerican Studies and World Affairs 108 (1987)

Persson: „Politische und rechtliche Situation des Austiegsbeschlusses in Schweden — Situation im Juni 1990", in: N. Pelzer (Hrsg.), Kernenergierecht zwischen Ausstiegsforderung und europäischem Binnenmarkt 263 (1991)

Pinto: „Reflections on International Liability for Injurious Consequences Arising out of Acts not Prohibited by International Law", 16 NethYBIL 17 (1985)

Pisillo Mazzeschi, R.: „Due diligence" e responsabilità internazionale degli stati (1989)

Prieur: „Le droit à l'environnement et les citoyens: La participation", 4 Rev.J.Env. 397 (1988)

Rajastan: „Indian Emergency Plans Revealed", Nuclear Engineering International 6 (August 1987)

Randelzhofer / Simma: „Das Kernkraftwerk an der Grenze", in: D. Blumenwitz / A. Randelzhofer (Hrsg.), FS für Friedrich Berber 389 (1973)

Raum-Degreve: „Le Grand-Duché de Luxembourg et le prévention juridique de la pollution transfrontière", in: Les pollutions transfrontières en droit comparé 75 (1988)

Rauschning: „Allgemeine Völkerrechtsregeln zum Schutz gegen grenzüberschreitende Umweltbeeinträchtigungen", in FS für Hans-Jürgen Schlochauer, 557 (1981)

— „Legal Aspects of the Conservation of the Environment", Report of the Committee, in International Law Association, Report of the Sixtieth Conference, Montreal 1982, 157 (1983)

— „Klagebefugnis von Auslandsbewohnern gegen eine inländische Atomanlagengenehmigung", 25 AVR 312 (1987)

Rebentisch: „Grenzüberschreitende Umweltbelastungen aus der Sicht der Praxis — Sicht der Verwaltung —", in: M. Bothe / M. Prieur / G. Ress (Hrsg.), Rechtsfragen grenzüberschreitender Umweltbelastungen, Fachtagung Saarbrücken, 13.-15. Mai 1982, 79 (1984)

Reisman: „International Lawmaking: A Process of Communication", [1981] ASIL Proceedings 101

Rengeling: „Rechtsprobleme grenzüberschreitender Planung", in: N. Pelzer (Hrsg.), Friedliche Kernenergienutzung und Staatsgrenzen in Mitteleuropa 31 (1986)

— Der Stand der Technik bei der Genehmigung umweltgefährdender Anlagen (1985)

Ress: „Grenzüberschreitende Beteiligung im Verwaltungsverfahren — Bundesrepublik Deutschland —", in: M. Bothe / M. Prieur / G. Ress (Hrsg.), Rechtsfragen grenzüberschreitender Umweltbelastungen, Fachtagung Saarbrücken, 13.-15. Mai 1982, 85 (1984)

— (Hrsg.), Grenzüberschreitende Verfahrensbeteiligung im Umweltrecht der Mitgliedstaaten der Europäischen Gemeinschaften (1985)

Rest: „Tschernobyl und die internationale Haftung — Völkerrechtliche Aspekte", Vers.R. 933 (1986)

Sachariew: „The Definition of Thresholds of Tolerance for Transboundary Environmental Injury under International Law: Development and Present Status", 37 NethILRev 193 (1990)

Salmon: „La pollution des fleuves et lacs et le droit international, Rapport provisoire", 58 Ann.Inst.D.I. (Bd. 1) 193 (1979)

Sands, P.: Chernobyl: Law and Communication: Transboundary Nuclear Air Pollution — The Legal Materials (1986)

Schleisiek: „Nukleare Sicherheit von Wiederaufbereitungsanlagen", Kernforschungszentrum Karlsruhe, Wie sicher ist die Entsorgung? 9 (1982)

Schreuer: „Zur verwaltungs- und völkerrechtlichen Problematik des Salzburger Flughafenfalls", 26 ÖJZ 542 (1971)

Schröder: „Binnenmarktrelevante Schwerpunkte der Gemeinschaftspolitik zur nuklearen Sicherheit", in: N. Pelzer (Hrsg.), Kernenergierecht zwischen Ausstiegsforderung und europäischem Binnenmarkt 133 (1991)

von Schwanenflügel: „Das Öffentlichkeitsprinzip des EG-Umweltrechts — Zur Bedeutung der Richtlinie über den freien Zugang zu Umweltinformationen —", DVBl.1991, 93

Scovazzi: „La partecipazione del pubblico alle decisioni sui progetti che incidono sull'ambiente", 4 Riv.Giur.Amb. 485 (1989)

Seiler: „Rechtsfragen grenznaher Endlager für radioaktive Abfälle", in: N. Pelzer (Hrsg.), Friedliche Kernenergienutzung und Staatsgrenzen in Mitteleuropa 99 (1986)

Simma / Handl: „Der österreichisch-tschechoslowakische Vertrag über grenznahe Kernanlagen im Licht des völkerrechtlichen Nachbarrechts", 40 ÖJZ 174 (1985)

Spice: „Update on Nuclear Waste Plant in U.S.-Mexico Border Region", 2 Transboundary Resources Reporter Nr. 2, 6 (1988).

Steinberg: „Rechtliche Perspektiven der energiewirtschaftlichen Nutzung der Kernenergie", 46 JZ 431 (1991)

Strohl: „Tchernobyl et le problème des obligations internationales rélatives aux accidents nucléaires", 4 Politique Etrangère (1986)

— „Réalités et perspectives de l'harmonisation des législations nucléaires — le point de vue d'une organisation régionale / internationale", in: N. Pelzer (Hrsg.), International Harmonization in the Field of Nuclear Energy Law, Proceedings of NUCLEAR INTER JURA, 85, 581 (1986)

Uibopuu: „Tschernobyl im Lichte des Sowjetrechts", 30 Recht in Ost und West 269 (1986)

Uschakow: „Tschernobyl und das sowjetische Recht", Vers.R. 17 (1986)

van den Damme / Beckers / Moureau: „Nuclear Facilities Emergency Planning in Belgium", in: International Atomic Energy Agency, Emergency Planning and Preparedness for Nuclear Facilities, Proceedings of a Symposium, Rome, 4-8 November 1985, 3 (1986)

Verdross, A. / *Simma,* B.: Universelles Völkerrecht (3. Aufl. 1984)

Vinck: „International Cooperation in Licensing of Nuclear Power Plants", in Nuclear Energy Maturity: Proceedings of the European Nuclear Conference, Paris, 21-25 April 1975 (1976)

Weber: „Beteiligung und Rechtsschutz ausländischer Nachbarn im atomrechtlichen Genehmigungsverfahren", DVBl.1980, 330

Wedekind: „Public Understanding and Nuclear Energy", 32 IAEA Bulletin No. 2, 5 (1990)

Wetstone / Rosencranz: „Transboundary Air Pollution: The Search for an International Response", 8 Harvard Environmental Law Review 89, (1984)

Wikdahl: „Sweden: Nuclear Power Policy and Public Opinion", 33 IAEA Bulletin No. 1, 29 (1991)

Wildhaber: „Die Öldestillerieanlage Sennwald und das Völkerrecht der grenzüberschreitenden Luftverschmutzungen", 21 Schweiz.JIR 97, (1975)

— „Generalbericht", in: S. Ercmann (Hrsg.), Transatlantisches Kolloquium über nachbarschaftliche Beziehungen: Europäische und nordamerikanische Perspektiven 213 (1987)

Willheim: „Private Remedies for Transfrontier Pollution Damage: A Critique of OECD's Doctrine of Equal Right of Access", 7 Austr.YBIL 174 (1981)

Winter, G.: „Direktwirkung von EG-Richtlinien", DVBl.1991, 657

— (Hrsg.): Öffentlichkeit von Umweltinformation (1990)

— „Zusammenfassender Bericht", in: ders. (Hrsg.), Öffentlichkeit von Umweltinformation 1 (1990)

Woehrling, „Grenzüberschreitende Beteiligung im Verwaltunsgverfahren — Frankreich —", in: M. Bothe / M. Prieur / G. Ress (Hrsg.), Rechtsfragen grenzüberschreitender Umweltbelastungen, Fachtagung Saarbrücken, 13.-15. Mai 1982, 101 (1984)

Wolfrum: „Die grenzüberschreitende Luftverschmutzung im Schnittpunkt von nationalem Recht und Völkerrecht", DVBl.1984, 493

Zehetner, F.: „Grenznahe Kernanlagen: Grenzüberschreitende Hilfe bei Störfällen und Unfällen", in: N. Pelzer (Hrsg.), Friedliche Kernenergienutzung und Staatsgrenzen in Mitteleuropa 118 (1986)

— „Zur völkerrechtlichen Problematik grenzüberschreitender technisch-industrieller Umweltkatastrophen", UPR 201 (1986)

— Rechtliche Maßnahmen zur Abwehr grenzüberschreitender Umweltbeeinträchtigungen, Gutachten zum zehnten österreichischen Juristentag, 1988 (1988)

Zieger: „Rechtsfragen grenznaher kerntechnischer Einrichtungen" Siebtes Deutsches Atomrechts-Symposium, 16/17. März 1983 in Göttingen, Referate und Diskussionberichte 213 (1983).

Sachverzeichnis

Argentinien 63, 124, 126
Ausländergleichbehandlung, s. Gleichbehandlung von Auslandsbewohnern

Barsebäck 23-25, 59, 62
Belgien 27, 31, 41, 53, 57, 65, 75, 124-126, 130, 135-136, 140, 142-144
Benachrichtigungspflicht, völkerrechtliche 67- 68
s. auch IAEO Konvention über die Frühwarnung
- Auslösungstatbestand 68-72, 116
  - INES Klassifizierung 71, 110
- Entscheidung des EG-Rats 70, 158
Beteiligung, völkerrechtlicher Anspruch auf
s. auch Gleichbehandlung von Auslandsbewohnern
- an Entscheidungsprozessen des Anlagestaates 17, 20-21, 27
- als Gebot der Billigkeit 27
Betriebssicherheit, s. kerntechnische Anlagen
Bohunice 23, 61, 86-87
Brasilien 63, 124, 126

Cattenom 22-23, 26-27, 30, 41, 55, 62-63, 86, 90, 96
Chooz 22-23, 27, 60, 62-63, 86, 96
Cienfuegos 23, 86
Creys-Malville 39, 91
CSFR (CSSR) 41, 61, 83, 87
s. auch Tschechoslowakei

Dänemark 24, 26, 38, 46, 59, 66, 75-76, 105, 126-129, 131, 133, 135, 139, 146-148, 151, 157
Daya-Bucht 23
DDR 23, 40-41, 70, 78, 83, 93, 127, 129, 131, 133-134, 144, 146, 148
Deutschland, Bundesrepublik 26-27, 35-36, 40-42, 45, 53, 59-60, 65- 67, 69, 75, 89, 125, 127-134, 136, 140, 142, 145, 149-150, 152-153
Diskriminierungsverbot, völkerrechtliches 55-58, 116

ECE, s. United Nations Economic Commission for Europe
EG-Richtlinie
- über den Zugang zu Umweltinformation 104-05, 106, 109, 159
- über die Umweltverträglichkeitsprüfung 80, 107, 158
Endlagerstätten, nukleare
- im Grenzbereich 24, 43-44
  - und Mitspracherecht des gefährdeten Staates 42, 116
  - und grenzüberschreitende Schutzzone 43
- und Störfallrisiko 14-15, 44, 116
Entsorgung
- von Kernbrennstäben 46
- von Kernkraftanlagen (Kernkraftwerken) 17, 23, 37, 51
EURATOM-Vertrag 26, 117
- Informations- und Überwachungsverfahren, nach dem 41, 77, 85
- Sicherheitsinspektorat, nukleares 45, 85
Europäisches Parlament 40, 49, 53
Europarat, Parlamentarische Versammlung 54, 57
Evakuierungsmaßnahmen, s. Notfallplanung; Tschernobyl

Fermi-2 23, 31
Fernüberwachungssystem
- für Kernkraftwerke (kerntechnische Anlagen) 61, 72
Fessenheim 85

Finnland 32, 36, 38-39, 71, 127, 134-135, 144, 148, 151, 157
Fisheries Jurisdiction-Fälle 28
Frankreich 27, 39, 41, 46, 52-53, 55, 59, 65-66, 69, 75, 105-106, 124-126, 129-130, 135-137, 139-140, 149-150

Genehmigungsverfahren, s. Beteiligung
Gleichbehandlung von Auslandsbewohnern 87
s. auch EG-Richtlinie; OECD; United Nations Economic Commission for Europe
- als Völkerrechtsprinzip 91, 98-100
- und aktive Informationsvermittlung 106-07, 109, 111
- und passive Informationspflicht der Behörden 105-106, 111
- unter Vorbehalt der Gegenseitigkeit 102
- Zugang zu innerstaatlichen Entscheidungsinstanzen 91, 95- 98, 100, 111
- Zugang zu Umweltinformation 104-105, 111, 117
Greifswald 23, 50
Grenzkraftwerk 20, 22-25, 27-30, 35, 48, 57-60, 62-64, 79, 114-115, 117
s. auch Notfallplanung, grenzüberschreitende; territoriale Souveränität
- und Abwehranspruch des gefährdeten Staates 22-23, 28, 115
- und Mitentscheidungsrecht des gefährdeten Staates 20, 22- 23, 30, 35, 48
  - grenzüberschreitende Schutzzone als Auslösungstatbestand 21, 115
- und völkerrechtliche Grundrechte der Staaten 25-27,
- Verbot von, 24
grenznahe Kernkraftwerke (kerntechnische Anlagen) 26, 43, 63-64, 69, 75
- und Mitspracherecht des benachbarten Staates 35, 37, 40
  - als Informations- und Konsultationsanspruch 37, 39- 41, 47, 115
  - als Funktion der Entfernung (der Anlage) von der Staatsgrenze 37
  - als distanzunabhängiger Anspruch 40-42
grenzüberschreitende
- Benachrichtigungspflicht, s. Benachrichtigungspflicht
- Gefährdung, s. kerntechnische Anlagen
- Hilfeleistung 65,66,73,74
  s. auch IAEO Konvention über Hilfeleistung
  - Anspruch auf Vorabregelung 58, 62, 65-66, 116
- Notfallplanung, s. Notfallplanung
- Schutzzone, s. Notfallplanung
- Umwelteinwirkungen, s. Umweltschutzrecht, internationales
grenzüberschreitender
- Gefährdungstatbestand 17, 82
- Schutzbereich, s. Nofallplanung
Grenzwerte
- Emissions- 51, 116
- und Umweltradioaktivität 55
Großbritannien 30, 39, 53, 59, 105, 137-139, 144, 152
Grundsatz des gleichberechtigten Zugangs, s. Gleichbehandlung von Auslandsbewohnern

Hilfeleistung, s. grenzüberschreitende Hilfeleistung; IAEO Konvention über Hilfeleistung

IAEO
- Assistenzleistungen auf dem Gebiet der nuklearen Sicherheit und des Strahlenschutzes 84-85
  - ASSET-Programm 85-86, 117
  - OSART 85
- Guidelines for Mutual Assistance 65
- Guidelines on Reportable Events 59
- International Nuclear Event Scale, s. INES Klassifizierung
- Konvention über Hilfeleistung 58, 62, 65, 73
- Konvention über die Frühwarnung 58-59, 66-68, 71-72, 83
  - als Rahmenvereinbarung 69
  - und Auslösungtatbestand (der Benachrichtigungspflicht) 68-72
INES Klassifizierung, s. Benachrichtigungspflicht

Informationspflicht, völkerrechtliche, s. Informationsverfahren; IAEO
Informationsverfahren 74, 89
- grenzüberschreitendes 78, 101, 107
  s. auch IAEO
  - aktive Informationspflicht, s. Gleichbehandlung von Auslandsbewohnern
  - Gegenstand 78, 117
- Informationspflicht, völkerrechtliche 74-75, 77, 117
  - distanzunabhängig 76, 117
- Kosten 78-79, 110
Irland 26
Isar I, II 39
Italien 44, 139, 151

Japan 66, 139-140

Kalibergbau (Rheinverschmutzungs)-Fall 90, 96
Kanada 24, 31, 56, 65, 105-106, 139, 155
kerntechnische Anlagen
s.auch Notfallplanung
- Betriebssicherheit, völkerrechtlicher Anspruch auf 49, 116
  - Betriebsbedingungen 38, 56-57
  - Sicherheitsstandards, internationale 49, 51, 54-55, 116
    - und IAE0 54, 84
  - und völkerrechtliche Sorgfaltspflicht ·53
- grenzüberschreitende Gefährdung durch, 12, 19, 114-115
- Normalbetrieb, s. Umwelteinleitung radioaktiver Stoffe
- Standortwahl 37-38
- Störfall, s. Störfallrisiko und Notfallplanung, nukleare
Kernwaffenversuch-Fälle 18
Konsultationen (zwischenstaatliche)
- allgemeine Konsultationspflicht 81-82, 84
- als Tatsachenfestellungsverfahren 30,84
- Gegenstand, von 83
- nach dem EURATOM-Vertrag 85
- und IAEO Praxis 84
- Vertragspraxis 82-83
Konvention über die Frühwarnung, s. IAEO
Konvention über Hilfeleistung, s. IAEO
Korea, Republik 66, 139-140
Kosloduj 50, 54-55
Kritikalitätsunfall 14
Krsko 23, 85
Kuba 23, 86

Lac Lanoux-Fall 28, 57, 82
Leibstadt 27, 60, 63, 86, 96, 98, 103
Lotus-Fall 26, 98
Lubmin, s. Greifswald
Luxemburg 26-27, 41, 52, 59, 66-67, 93, 124, 129, 137, 140-141

Mexiko 65, 142, 155
Michigan 44, 64, 66, 140, 156
Mitentscheidungsrecht, s. Endlagerstätten, nukleare; Grenzkraftwerk
Mitspracherecht, s. Endlagerstätten; grenznahe Kernkraftwerke

Nachbarrecht, völkerrechtliches 15, 43, 98-99, 111
Nachbarschaft, Prinzip der guten 112
Neckarwestheim 85
Niederlande, die 75, 106, 124-126, 129, 142-143
Nordseekontinentalsockel-Fälle 28
Norwegen 38, 46, 132-133, 135, 139, 144-145, 148, 157
Notfallplanung 30-34, 64-65, 110
- Evakuierungsmaßnahmen (Evakuierungsplanung) 30, 32, 36, 46
- grenzüberschreitende
  - Notfallplanung 48, 62-64
    - Kommunikationssystem 58-59, 62, 116
    - und Notfallübungen 63
    - Warnsystem 21, 39, 58-59, 61, 116
  - Schutzzone
    - als Auslösungstatbestand eines Mitentscheidungsrechts des gefährdeten Staates s. Endlagerstätten, nukleare; Grenzkraftwerk; Wiederaufbereitungsanlagen
- Schutzzone 21, 34-36
- und Überwachung, der Umweltradioaktivität 36, 60-61, 110

OECD
- Empfehlung des Rats
  - und gleichberechtigter Zugang zu innerstaatlichen Entscheidungsinstanzen 91, 94, 102, 104, 107-108
- Entscheidung des Rates
  - und Zugang zu Umweltinformation 102, 108, 109
Ohio 64, 71, 140, 156
Ontario 31, 64, 71, 140, 156
Österreich 14, 24, 26, 35, 39-41, 45-47, 61, 66-67, 70, 83, 86, 134, 145-147, 152

Polen 128, 146-147
Portugal 26-27, 66-67, 147, 152-153

Rat für gegenseitige Wirtschaftshilfe 37, 159
Räumungsmaßnahmen, s. Evakuierungsmaßnahmen
Risikoabschätzung, s. Störfallrisiko
Risikobegriff 15, 17, 114
Rüthi 23-24

Saarland 41, 77, 93
Saarland/Minister für Industrie, Post und Fernmeldewesen und Fremdenverkehr, u.a. 41, 77
Schutzzone, s. Notfallplanung, nukleare
Schweden 25, 38 ,59, 76, 83, 105-106, 127, 130-132, 134-135, 144, 147-149, 151, 157
Schweiz 32-33, 42, 44, 59, 66, 76, 136-139, 149-150
Sellafield 14, 23, 45, 85
Sicherheit von Kernkraftwerken
s. auch kerntechnische Anlagen
- Reactor Safety Study, amerikanische 13
- Reaktorsicherheitsstudie, Deutsche 13
Sicherheitsinspektorat, nukleares, s. Euratom-Vertrag
Sorgfaltspflicht, s. kerntechnische Anlagen
Sowjetunion 14, 38-39, 83, 128, 132, 134, 146, 148, 151-152, 154
Spanien 27, 41, 66-67, 106, 147, 152-153
Standortwahl, s. kerntechnische Anlagen
Stockholmer Umweltdeklaration
- Prinzip 21, der 15-16
Störfallrisiko 13-15, 19, 20, 113, 116
- als Restrisiko 20, 36
- Risikoabschätzung 17, 19
- und Staatsgrenze 17, 44

Tatsachenfeststellungsverfahren
s. auch Konsultationspflicht
- überparteiisches 30
Technologie, Gebot der fortschrittlichsten 51-52, 56
- „Stand der Technik" 51-52, 54, 58
- und wirtschaftliche Zumutbarkeit 53
territoriale Souveränität
- und grenzüberschreitende Einwirkungen 16, 22, 114
  s. auch Endlagerstätten, nukleare; Grenzkraftwerk; grenznahes Kernkraftwerk
  - Beweislast hinsichtlich Rechtmässigkeit 26-27
  - Interessenausgleich 28
Three Mile Island 13, 32, 49, 51
Trail Smelter-Fall 15-17, 89
Tschechoslowakei 42, 85, 132, 145-146, 153
s. auch ČSSR
Tschernobyl 11, 13, 32, 38, 49-52, 59-60, 69-71, 73, 75, 82-85
- Evakuierungsmaßnahmen, im Zusammenhang mit Unfall in 33- 34, 115
- und Haftung für grenzüberschreitende Unfallschäden 11
Türkei 151, 154

Umwelteinleitung nuklearer Stoffe
- im Normalbetrieb kerntechnischer Anlagen 13, 18
Umweltinformation
- Zugang zu, 105, 117
  s. auch EG-Richtlinie; Gleichbehandlung von Auslandsbewohnern; OECD
Umweltradioaktivität, s. Grenzwerte; Umwelteinleitung radioaktiver Stoffe
Umweltschutzrecht, internationales 81, 88
s. auch territoriale Souveränität
- und Vermeidung erheblicher grenzüberschreitender Einwirkungen 17

Umweltverträglichkeitsprüfung 79-81, 158
- ECE Konvention über die, 29, 78, 80-81, 83, 92, 107
- EG-Richtlinie, s. EG-Richtlinie
Unfallrisiko, nukleares
s. Störfallrisiko
Ungarn 40, 66, 132-133, 145, 154-155
United Nations Economic Commission for Europe
- ECE Code of Conduct on Accidental Pollution of Transboundary Inland Water 92, 108
- ECE Konvention über die Umweltverträglichkeitsprüfung, s. Umweltverträglichkeitsprüfung
- ECE Konvention (Vertragsentwurf) über grenzüberschreitende Auswirkungen von Industrieunfällen 108-109
USA 32, 36, 38, 56, 64-65, 86, 97, 105-106, 139, 140, 142, 155-156

Vereinigte Staaten, s. USA
Verhandlungspflicht, völkerrechtliche
und Grundsatz von Treu und Glauben 28, 82
Völkerrechtskommission der Vereinten Nationen
- Entwurf der, zum Thema „The Law of the Non-Navigational Uses of International Watercourses" 74
- Arbeit der, zum Thema „Haftung aus Schäden für rechtmäßiges Verhalten" 16, 29, 67, 78, 84
Vorsorgemaßnahmen 17, 21, 58, 60, 61
s. auch grenzüberschreitende Hilfeleistung; Notfallplanung
- völkerrechtlicher Anspruch auf 58, 116
Vorsorgeprinzip 59

Wackersdorf 13-14, 39, 45-47
Wiederaufbereitungsanlage 13, 42, 48
s. auch Sellafield
s. auch Wackersdorf
- und grenzüberschreitender Schutzbereich 48
World Charta for Nature (Weltcharta für die Natur) 51, 93, 104
World Commission on Environment and Development (WCED) 28, 67, 80, 94, 104-105, 108

Zugang zu Umweltinformation, s. Gleichbehandlung von Auslandsbewohnern; OECD; Umweltinformation

Kolibri 360 GmbH
Ferdinand-Jühlke-Straße 7
99095 Erfurt, Deutschland
produktsicherheit@kolibri360.de

Druck:
CPI Druckdienstleistungen GmbH
im Auftrag der
Kolibri 360 GmbH
Ferdinand-Jühlke-Str. 7
99095 Erfurt